本书为2016年国家社会科学基金项目"环境容量[...]
济增长的时空模拟与政策响应管理研究"（项目编号[...]
果，受到江西省高校人文社会科学基地——南昌大学旅游研究院出版资助

热点城市旅游环境容量与旅游经济增长的关系研究

RESEARCH ON THE
RELATIONSHIP BETWEEN
TOURISM CARRYING CAPACITY
AND TOURISM ECONOMIC GROWTH IN
URBAN TOURISM DESTINATIONS

王 佳 曹开颖 ◎ 著

经济管理出版社
ECONOMY & MANAGEMENT PUBLISHING HOUSE

图书在版编目（CIP）数据

热点城市旅游环境容量与旅游经济增长的关系研究/王佳，曹开颖著.—北京：经济管理出版社，2023.7

ISBN 978-7-5096-9161-8

Ⅰ.①热…　Ⅱ.①王…②曹…　Ⅲ.①城市旅游—旅游环境容量—关系—旅游经济—经济增长—研究—中国　Ⅳ.①F592

中国国家版本馆 CIP 数据核字（2023）第 143079 号

组稿编辑：杜　菲
责任编辑：杜　菲
责任印制：张莉琼
责任校对：陈　颖

出版发行：经济管理出版社
　　　　　（北京市海淀区北蜂窝 8 号中雅大厦 A 座 11 层　100038）
网　　　址：www.E-mp.com.cn
电　　　话：(010) 51915602
印　　　刷：唐山玺诚印务有限公司
经　　　销：新华书店
开　　　本：720mm×1000mm/16
印　　　张：14.75
字　　　数：227 千字
版　　　次：2023 年 7 月第 1 版　　2023 年 7 月第 1 次印刷
书　　　号：ISBN 978-7-5096-9161-8
定　　　价：88.00 元

·版权所有　翻印必究·
凡购本社图书，如有印装错误，由本社发行部负责调换。
联系地址：北京市海淀区北蜂窝 8 号中雅大厦 11 层
电话：(010) 68022974　　邮编：100038

序

  为解决人民日益增长的美好生活需要与不平衡不充分发展之间的矛盾，发展旅游产业逐渐成为促进人的全面发展和实现共同富裕的重要抓手。旅游产业在满足人民群众对美好生活向往过程中充当支撑经济社会发展的支柱产业或主导产业，有鉴于此，在经济高质量发展的新阶段，迫切需要加快转变旅游发展方式、转换增长动力，推动旅游创新、协调、绿色、开放、共享发展。在旅游强国上升为国家战略的时代背景下，深入贯彻落实习近平总书记对旅游工作的重要指示精神，各大城市积极推进全域旅游发展，通过拉动旅游消费，促进国际国内"双循环"，构建新发展格局。

  我国旅游产业持续健康发展对增加城乡就业、强化基础设施建设、促进经济增长、建设美丽中国起到积极作用，但仍存在增长动能不足、易受外部风险干扰、重速度轻质量、发展不均衡不充分、资源过度开发、超载经营、交通堵塞、环境恶化、文化冲突、居民生活质量下降等问题。尤其是旅游发展数量规模超过当地生态环境最大极限的问题即旅游超载现象，对地方经济高质量发展、社会可持续进步、文化原真性保护和创新性转化等造成较大负面影响。

  为规避旅游超载问题，促进旅游健康发展，旅游环境容量作为一种调控工具被政府部门、企业组织广泛运用。2015 年 4 月 1 日，国家旅游局发布了《景区最大承载量核定导则》，提出各大景区要核算游客最大承载量，并制定游客流量控制预案。以往旅游环境容量测算多以最大游客数量作为评价指标，在较短时间范围内对控制游客规模起到一定作用，但忽略了区域生态环境恢复力、空气质量、地方环境治理成效等综合要素对环境容量的影响。北京、上海、重庆等多地的"十四五"旅游发展规划提出要将城市承载力再提升、再扩容，提高旅游承载力指数和旅游服务质量标准。基于此，动态视角下外在因素是如何影响旅游环境容量的当前态势以及未来趋势，除游客核算之外是否还有其他更有效的旅游环境容量测算方法，这些问题既值得认真探讨，也应该深入研究。

热点城市旅游环境容量与旅游经济增长关系命题的提出，既是对九大热点城市旅游环境容量和旅游经济增长的现状与趋势的把握，也是对旅游环境容量约束下热点城市旅游经济可持续增长理论与实践探索的需要。南昌大学旅游学院王佳博士一直从事旅游资源环境与区域旅游发展的理论与应用研究，近年来以国家社会科学基金项目为基础，对旅游容量管理、旅游经济增长方式等论题，进行了深入的具开拓性的探讨。她认为，旅游环境与旅游经济协调发展是新时代旅游转型升级的必经之路和迫切需要，更是旅游地可持续发展的关键所在。

《热点城市旅游环境容量与旅游经济增长的关系研究》一书的策划撰稿和编辑出版，是针对旅游经济发展与旅游环境容量之间均衡发展最优路径所做的一种努力和尝试，更是以王佳、曹开颖博士为主的学术研究团队多年来的集体智慧和辛勤劳动的成果。这是一部深度阐释旅游经济增长和旅游环境容量的时空演化规律、全面探讨外部旅游环境容量要素对旅游经济增长的作用机理、系统解析旅游经济发展与旅游环境容量之间的非均衡发展特征及其主要影响因素、科学探索旅游环境容量约束下旅游经济可持续增长最优路径的专著。

本书共分为七章，对旅游环境容量与旅游经济增长的关系进行全面系统的研究。第一章主要探讨旅游环境与旅游经济增长关系研究的必要性并指出其存在的问题，第二章全面阐述旅游环境容量、旅游经济增长与旅游恢复力的相关理论，第三章比较分析热点城市旅游经济增长与环境质量现状，第四章科学构建环境容量约束下旅游经济增长系统动力学模型，第五章重点进行热点城市旅游环境承载力的时空模拟与比较分析，第六章创新建设热点城市旅游经济增长的政策响应管理体系，第七章给出全书主要结论。

我的感觉是，这本书是作者站在实践发展的前沿和理论构建的高度，立足于"生态、协调"理念，结合国内外发展经验，着眼于旅游目的地旅游发展新形势，从为什么、是什么、有什么、怎么样到如何做，循序渐进地进行旅游环境容量与旅游经济增长协调发展研究的有价值的成果。这本书是作者们刻苦钻研、智慧劳作的结晶，更是他们服务于城市旅游发展的具体体现，对于全面推动旅游产业转型升级、创新城市旅游发展模式、提升城市旅游竞争力、形成典型城市旅游目的有着重要的现实意义和理论价值。希望王佳博士继续努力，以热点城市旅游研究为突破口，聚焦我国城市旅游发展、经济增长与环境容量关系协调的研究，多出优秀成果，为城市旅游决策提供参考，助力我国城市旅游品牌做大做强，助推我国国际型、世界型旅游城市的建设和形成。

南昌大学江西发展研究院 院长

2023 年 7 月

目 录

第一章
导 读

一、研究背景

　　新时代对国家旅游发展提出新要求，各大城市掀起旅游消费热潮。党的十八大以来，中国经济发展在质和量上取得历史性成就，"推动经济实现质的有效提升和量的合理增长"是新时代的关键任务。自1979年邓小平同志在"黄山谈话"中确立中国现代旅游业产业化发展道路以来，凭借优惠的国家政策、良好的经济社会发展条件、便利的旅游基础设施以及丰富的旅游资源禀赋，中国旅游经济总体表现出规模增长态势，在国民经济体系中扮演着越来越重要的角色，成为增加就业、促进居民增收、文化交流、保护资源的重要推动力。为解决中国人民日益增长的美好生活需要与不平衡不充分发展之间的矛盾，旅游产业逐渐成为促进人们全面发展和共同富裕的重要渠道，也是满足人民群众对美好生活向往的国家支柱产业、主导产业，迫切需要加快转变旅游发展方式、转换增长动力，推动旅游创新、协调、全面、开放发展。在旅游强国上升为国家战略的时代背景下，全国围绕习近平总书记对旅游工作提出的重要思想，各大城市积极推进全域旅游开发，拉动旅游消费。上海发挥经济优势，力争打造"世界著名旅游城市"、"世界一流的旅游目的地城市"，北京凭借资源与经济优势，将旅游产业作为国际交往的重要手段，打造世界旅游目的地，杭州努力建设"国际重要的旅游休闲中心"，成都力争将旅游业打造成为"战略性支柱产业"、"幸福导向型产业"，加快建设国家中心城市。

旅游经济增长为区域旅游发展带来了，同时造成了环境问题。中国旅游经济的快速发展，其主要增长动力从旅游资源驱动（1979~1993 年）、资本驱动（1994~2014 年）到技术驱动（2014 年至今）（齐子鹏和王颖，2015）。目前，中国旅游经济增长呈现出快速、高效的态势，对于增加就业、促进经济增长起到积极作用。2019 年末，中国共拥有 A 级以上景区 12402 个，国内旅游人数达到 60.06 亿人次，入境旅游人数为 14531 万人次，出境旅游人数达到 15463 万人次，旅游总收入高达 6.63 万亿元，对 GDP 的贡献达到 10.94 万亿元，约占 GDP 总产值的 11.05%。旅游直接和间接就业为 7987 万人，占全国就业人数总量的 10.31%。中国已成为世界第一大出境旅游客源国和全球第四大入境旅游接待国。然而中国旅游经济增长仍存在增长动力不足、重速度轻质量、不均衡现象突出、旅游过度开发、超载经营、交通堵塞、环境恶化、文化冲突、居民生活质量下降等问题。旅游发展超过当地最大极限的问题即旅游超载现象，因其对社会、经济、文化的负面影响而备受学者关注。

促进旅游环境与旅游经济协调发展是当前亟需解决的艰巨任务。为促进旅游可持续发展，规避旅游超载问题，旅游环境容量作为一种调控工具被政府部门、企业组织所广泛运用。2015 年 4 月 1 日，原国家旅游局发布的《景区最大承载量核定导则》正式实施，该导则提出各大景区要核算游客最大承载量，并制订游客流量控制预案。以往旅游环境容量测算多以最大游客数量作为评价指标，在短期时间范围内对控制游客规模起到一定作用，但忽略了区域恢复力、空气质量、地方环境治理等综合要素对环境容量的影响。"十三五"旅游发展规划提出建立旅游环境监测预警机制和景区游客流量控制与环境容量联动机制，实行预警提醒和限制性措施。2020

年 1 月和 9 月，自然资源部办公厅陆续印发了《资源环境承载能力和国土空间开发适宜性评价指南（试行）》及《市级国土空间总体规划编制指南（试行）》，对各地开展资源环境承载能力工作做出指导。北京、上海、重庆等多地的"十四五"旅游发展规划中提出要将城市承载力再提升再扩容，提升旅游承载力和旅游服务质量。然而，频繁发生的旅游超载问题不禁让学者思考，动态视角下旅游经济增长与旅游环境容量之间的关系如何，外在因素又是如何影响旅游环境容量的当前态势以及未来趋势的，除游客核算外是否还有其他更有效的旅游环境容量测算方法，这些问题值得深入探讨。

鉴于此，本书旨在分析旅游环境容量与旅游经济增长的作用机理，构建城市旅游目的地的旅游环境容量测算体系，分析新时期旅游经济增长与旅游环境之间的交互关系，并运用系统动力学方法建立由资源、环境保护、经济系统构成的旅游环境容量测度模型，利用 Vensim 9.0 软件仿真模拟九大热点旅游城市的旅游经济发展规律，比较分析当前、经济、环境、资源四种旅游发展模式下的旅游环境容量发展态势，提出促进旅游经济与环境协调发展的政策响应管理体系，为促进旅游协调发展、旅游产业转型升级提供参考。

二、研究意义

（一）学术价值

本书将旅游环境容量理论融入旅游经济研究领域，建立针对不同城市、不同时间段的旅游环境容量动态评价模型，运用回归分析法探讨外部旅游环境容量要素对旅游经济增长的作用机理，合理解析旅游经济发展与旅游环境容量之间的非均衡发展特征及其主要影响因素，并探讨如何科学运用旅游环境容量调控手段来促进旅游经济增长。

本书运用系统动力学方法建立包含旅游经济要素的旅游环境容量系统动力学动态测度模型，从时空角度对旅游环境容量进行仿真模拟，分析旅游经济增长和旅游环境容量的时空演化规律，将资源模式、经济模式、环境驱动模式三种调控方案与当前模式相比较，分别探讨其对旅游经济增长以及环境容量的影响效果，得出旅游环境容量约束下旅游经济可持续增长的最优路径。

（二）应用价值

本书运用系统动力学模型分析旅游经济影响要素与旅游环境容量各要素之间的因果关系，更为客观、科学、动态地表达了旅游环境容量与旅游经济增长之间的作用机理，并能够进行基于现实数据的预测分析以及不同调控方案下的比较分析，在以定性分析为主的环境容量调控中加入定量分析，为区域制定旅游经济可持续策略提供决策依据。

本书基于旅游超载、交通拥堵、环境污染问题阻碍旅游经济发展的现实，将旅游环境容量作为促进旅游经济增长的重要手段，从时、空两个维度客观比较不同类型旅游城市在不同时间段的旅游环境容量和旅游经济增长差异，更为清晰地研究城市旅游经济增长规律，建立绿色、低碳的环保政策与高效的管理体系，形成旅游环境容量约束—旅游经济增长—政策响应管理的运行机制。

三、研究进展

（一）旅游经济增长研究进展

1. 国外旅游经济增长研究

旅游经济活动具有典型的时空属性，表现在旅游经济增长规模、旅游经济增长的区域贡献等方面的时空差异，这主要是由旅游资源禀赋、基础设施和区位条件、政策偏好、旅游者需求与动机、交通基础设施、相对价格和收入等要素的异地性和历时性所决定的。旅游经济发展对区域经济、社会、文化和环境有一定影响，可通过适度税收政策、强制环境法律管理等方式促进旅游经济与环境保护的协调发展。截止到 2022 年 4 月，以"tourism growth & tourism economic growth"为关键字，在 Elsevier SD 数据库进行搜索，共得到 46200 篇期刊与著作，其研究内容主要从旅游经济增长关系假说、旅游经济增长测度方法与模型、旅游经济增长影响因素三个方面进行阐述。

（1）关系假说。40 多年来，旅游业与区域经济增长之间的作用关系一直是旅游领域探讨的重要话题。1976 年，Ghali 率先从实证角度运用一般最小二乘法探讨旅游与经济增长之间的关系，自此之后，学者尝试通过探索和定义特定国家或地区的整体经济增长与旅游业增长之间的因果关系，来判断旅游发展是否对当地经济发展做出贡献及其贡献程度，并形成以下三种主要假说：一是旅游发展拉动经济增长（Tourism-Led Growth，TLG）假说；二是经济驱动旅游发展（Economic-Driven Tourism Growth，EDTG）假说；三是旅游与经济双向互惠增长（Reciprocal Causal Growth，RCG）假说。

大量研究验证了旅游发展拉动经济增长（TLG）假说，并指出旅游业是长期影响国内经济增长的战略因素，对其他相关产业产生直接、间接或诱导影响。Balaguer 和 Cantavella-Jorda（2002）根据出口导向型增长假说提出 TLG 假说，假设经济增长不仅可以增加经济体的劳动力数量和资本额，还可以扩大出口，并通过西班牙旅游直接影响经济的实证分析进行了验证。相关研究在全球广泛展开，如研究发现阿鲁巴岛（加勒比海）（Sr & Croes，2003）、毛里塔尼亚海岛（Durbarry，2004）、西班牙（Proença，2008）、土耳其（Gunduz & Hatemi-J，2005）、赞比亚（Odhiambo，2012）等地区均支持 TLG 假说。Dritsakis（2012）验证了七个地中海国家的旅游业对 GDP 产生显著积极作用。Pablo-Romero 和 Molina（2013）针对旅游发展与经济增长关系梳理了 87 篇文献，其中有 55 篇支持 TLG 假说。Zuo 和 Huang（2018）基于收益的基本经济规律，考察旅游专业化水平与经济增长之间的关系，验证了 TLG 假说。Jeyacheya 等（2020）利用东南亚发展中国家经济体的数据，对旅游业带动经济增长进行探究，并得到验证。Baidoo 等（2021）以撒哈拉以南非洲地区为研究对象，研究发现旅游业对该地区的经济增长是显著的，实证检验了 TLG 假说。

与 TLG 假说相反，部分学者赞同旅游业由经济驱动旅游发展（EDTG）假说主导，认为旅游发展需要依托优越的经济基础、丰富的资源禀赋、良好的投融资环境、完善的基础设施和稳定的政治环境。Oh（2005）以韩国为研究对象，用 20 多年的旅游与经济数据测度旅游与经济之间的关系，结果表明旅游业与经济增长不存在长期协整关系，但经济增长对南方旅游业的发展起到积极推动作用。Katircioglu（2009）分析塞浦路斯 1960～2005 年国际旅游与国际进出口贸易、区域经济之间的关系，发现区域经济的增长会促进国际进出口贸易、旅游投资，从而增加国际往来游客规模。Aliyev 和 Ahmadova（2020）探究了 1997～2018 年格鲁吉亚旅游业与经济增长之间的因果关系，结果表明格鲁吉亚存在资源诅咒的可能性，旅游发展对经济增长的影响是负的，这验证了 EDTG 假说。Gounder（2021）基于非洲岛国毛里求斯 2003～2020 年的月度数据，采用溢出指数框架研究旅游业增长与经济增长之间的动态联系，其研究结果也验证了 EDTG 假说。

旅游与经济双向互惠增长（RCG）假说认为，旅游与经济增长之间存在双向反馈关系，即其他经济部门的投资会带动旅游业发展，旅游业的投资也会推动区域经济繁荣。Dritsakis（2004）分析 1960～2000 年希腊旅游业与经济增长之间的关系，发现旅游业、经济增长和实际汇率三者间存在协整关系。Kim 等（2006）发现中国台湾地区的旅游与经济增长相互反馈，Tang（2011）、Pérez-Rodríguez 等（2015）分别验证了马来西亚、西班牙旅游与经济增长间存在相互因果关系。Chiril 等（2020）采用溢出指数方法分析了中欧和东欧国家经济增长与旅游业增长之间的关系，其实证结果表明，经济增长与旅游的关系从规模和方向上都是不稳定的，特定的旅游活动对经济增长有促进作用，经济增长对旅游有一定的依赖性。Yong（2021）利用 VAR 模型和 VECM 模型并进行格兰杰因果检验发现，旅游业与经济增长之间存在很强的关系，经济增长在带动旅游业发展的同时，旅游业发展也促进了经济增长。

此外，也有学者指出旅游业并不是区域经济活动的主体要素，因此旅游业与经济增长之间不存在显著因果关系，旅游业发展政策和旅游投资对经济增长的影响较小。总结来讲，旅游与经济之间的关系尚未形成定论，它们之间的关系取决于旅游专业化水平、旅游发展阶段、旅游依赖程度等因素。

（2）测度方法与模型。为探究旅游发展与经济增长间的因果关系，国外学者采用各种经验技术及方法进行测量。常用的方法包括基于自回归分布式滞后（ADLM）的 Johansen 协整和时间序列分析、基于 VECM 的格兰杰因果关系、线性结构方程模型、VAR 模型、投入产出分析法（Input-Output Analysis，I-O）、可计算的一般均衡法（Computable General Equilibrium，CGE）、旅游卫星账户（Tourism Satellite Account，TSA）、Quantile-on-Quantile（QQ 方法）等方法。研究方法的使用需要选择合理的研究对象、研究数据和研究指标，因研究对象、研究数据与选取指标的差异，学者采用相同的研究方法研究旅游经济关系，其结果可能会不同，而不同的研究方法针对相同的研究对象，其结果也存在较大差异。

时间序列分析方法主要包括协整分析、格兰杰因果检验、最小二乘法、误差修整模型、VAR 模型等。协整分析和格兰杰因果检验是最具代表性的时间序列分析方法，Nara 和 Parasd（2003）采用格兰杰因果检验与协整模型，分析 GDP 与旅游收入之间的关系，结果表明在短期内 GDP 会促使旅游收入水平上升，而在长期内，旅游收入对 GDP 的发展能够产生影响。Brida 等（2008）运用因果检验和协整分析模型，采用脉冲响应方法以墨西哥旅游产业为对象分析旅游支出对经济增长的影响，结果表明旅游支出对旅游的影响是短暂的，但对经济的影响是长期的。Husein 和 Kara

（2011）、Tang（2011）构建误差修正模型（Error-Correction Model，ECM）来测度旅游与经济增长之间的关系。

　　面板数据计量方法适用于多元变量、多维数据的分析，在旅游与经济增长之间关系研究中得到广泛运用。Lanza 等（2003）率先运用面板数据分析方法，针对 13 个 OECD 国家测算 1977～1992 年旅游增长与经济增长之间的关系。Sequeira 和 Maçãs Nunes（2008）运用面板数据测度发达国家、发展中国家的旅游发展与经济增长之间的关系，结果表明旅游专业化程度对经济增长有着重要促进作用。Apergis 和 Payne（2012）运用面板数据分析方法和面板错误修正模型，以 1997～2005 年 9 个加勒比海国家为研究对象，分析旅游与经济增长之间的关系。另外，学者还研究了旅游专业化（Specialisation）、统一货币（Common Currency）、旅游流对区域经济增长的影响。

　　向量自回归（VAR）模型和向量误差校正（VECM）模型是单体静态方程模型的扩展，能够分析多个时间维度的相互依赖性，常被运用于分析旅游发展与外部经济因素之间的相互作用。为了反映旅游业对减贫、就业及社会福利等经济问题的贡献度，学者们运用 Logit 模型、CGE 模型和基尼系数进行定量测度，而所涉及的旅游增长效率、旅游经济增长质量等方面的研究，常采用 DEA 数据包络模型进行分析。

　　（3）影响要素。影响要素分析关系到旅游经济增长模型变量的选择，主要包括国家规模及发展水平、金融环境、资本资源、交通等方面。

　　国家规模对旅游经济增长产生影响。例如，Lanza 和 Pigliaru（2000）认为只有规模小的国家才具有高度专业化的旅游业。一个国家的经济发展水平对旅游经济增长有着一定影响，旅游业不会促进发展中国家的经济增长，但发达国家的旅游业和经济增长之间呈正相关关系。与此形成鲜明对比的是，有学者认为旅游业对发达国家和发展中国家的增长产生了积极影响，其中发展中国家的增长效应相对较高。

　　旅游经济增长属于经济增长的一部分，因此区域金融发展与金融状况作为经济增长的重要影响因素对旅游经济增长也会产生影响。有学者运用自回归分布式滞后模型估算了 2008 年金融危机对亚洲旅游业的影响。结果发现金融危机对亚洲的入境和出境旅游产生了负面影响。

此外，公共投资、资本投入和旅游专业化程度会影响旅游经济的发展。旅游经济增长还受到经济事件、国际政治冲击、旅游政策调整等其他不确定因素的影响。

（4）变量选择。研究变量关系到旅游经济增长与经济增长关系的测度结果。旅游经济增长的表达通常运用旅游总收入、旅游总人数、人均旅游收入、人均旅游者人数、旅游总收入增长率、旅游者人数增长率、旅游人数占总人数比重、旅游总收入占 GDP 比重、入境旅游收入、入境旅游收入比例、入境旅游人数、入境旅游人数比例等变量，在数据不完整的情况下，有些学者用旅游人均消费额度、旅游资源数量、居民人均过夜数等替代。区域经济指标通常用人均 GDP、GDP、GDP 增长率等变量表达。其他控制变量还包括受教育程度、旅游从业人员、资源、资本、国家规模、旅游专门化程度、进出口贸易等（见表 1-1）。

表 1-1　旅游与经济增长关系研究的主要指标

作者	指标
Balaguer 和 Cantavella-Jorda（2002）	国际旅游收入（International Tourism Receipts）、GDP、实时汇率（Effective Real Exchange Rate）
Durbarry（2004）	旅游收入（Tourism Receipts）、资本存量（Capital Stock）、人力资本（Human Capital）、实际糖出口（Real Sugar Exports）、制造业出口（Manufactured Exports）
Katircioglu（2009）	国际旅游收入（International Tourism）、国际出口与进口（International Trade Exports and Imports）、区域经济收入（Economic Growth）
Lee 和 Chien（2008）	GDP、旅游收入（Tourism Receipts）、入境游客数量（International Tourist Arrivals）、实时汇率（Real Exchange Rate）
Cortes-Jimenez 和 Pulina（2010）	入境旅游收入（Inbound Tourism Income）、GDP、物理资本（Physical Capital）、人力资本（Human Capital）
Gocovali（2010）	资本（Capital）、劳动力（Labour）、旅游收入（Tourism Receipts）
Kumar 和 Kumar（2012）	信息通信技术（Information and Communications Technology，ICT）、旅游收入、资本存量、人均居民收入

作者	指标
Apergis 和 Payne（2012）	人均 GDP、国际游客数量（International Tourist Arrivals）、实时汇率（Effective Real Exchange Rate）
Nunkoo 等（2019）	旅游人数（Tourist Arrivals）、旅游夜晚数（Tourist Nights）、实际地方营业税（Real local business tax）、实际所得税（Real income tax）、实际 GDP（Real GDP）、旅游密度（Tourism Intensity）
Jeyacheya 等（2020）	人均 GDP（GDP Per Capita）、国际移民（International Arrivals）、国际旅游收入（International Tourism Receipts）、旅游业对 GDP 贡献（Tourism Contribution to GDP）、旅游就业总人数（Total Employment in Tourism）
Nyasha 等（2021）	旅游支出（Tourism Expenditure）、旅游收入（Tourism Receipts）、国内储蓄（Domestic Savings）、国内投资（Domestic Investment）、贸易开放（Trade Openness）、政治稳定性（Political Stability）

（5）国外旅游经济增长研究述评。梳理国外旅游经济增长相关文献发现，学者主要采用格兰杰检验、协整分析、ECM、VAR、面板计量模型等方法对旅游发展与经济增长间的关系进行验证，并以国家层面的研究对象为主，结论通常反映为三种假说或不存在相关性，初步形成旅游经济增长研究理论框架。由于不同模型所选取的变量指标、研究对象、研究范围、研究期限以及研究方法存在差异，再加上对个体异质性、自变量相关性、残差项相关性等问题的处理程度不同，尚未形成统一定论，所得出的相关关系反映出作者对旅游发展机理的理解，缺少业内认可的旅游经济增长概念模型，缺乏普适性的权威增长模型，更未将旅游经济增长模型与其他研究相结合。未来旅游经济增长研究应加强动态研究与模型的应用性分析，以及环境与旅游的关系研究。

2. 国内旅游经济增长研究

旅游经济增长研究是学术界研究的热点问题。在国内，旅游经济发展水平、效益和效应测度表明旅游经济发展具有非均衡性，其动因除旅游产业因素、区域基础要素外，生态环境承载也对旅游经济发展起到约束作用，通过产业技术创新、产品结构调整、空间结构优化等方式可提升旅游环境承载宽度和深度，能够提高旅游经济可持续增长动力。

2022 年 4 月 13 日，笔者以"旅游经济"和"旅游经济增长"为关键词，在中国知网（CNKI）进行检索，分别得到 4073 篇和 334 篇文献，在剔除重复性文献、会议论文的基础上，以 758 篇中文核心及其以上期刊文献，以及 1116 篇硕博文献为样本，从时间轴对中国旅游经济增长文献进行数量分析，结果表明中国从 2000 年后，相关旅游经济研究成果逐渐增加，关注旅游经济增长的测度方法、贡献度、地位、影响和对策等定性分析。2012~2022 年，文献数量达到 1265 篇，占总数的 67.5%，是旅游经济增长的快速发展时期，研究从定性转向定量分析，运用计量、统计、地理信息系统等经济学、空间地理学方法进行测度，研究内容主要集中在旅游经济增长影响、旅游经济增长区域差异与旅游经济可持续增长模式等方面。因此，本书从旅游经济增长测度、旅游经济增长差异、旅游经济增长影响和旅游经济增长模式四个方面，探讨旅游经济增长的内容与方法、现状与趋势，梳理中国旅游经济增长理论优势与不足，总结相关经验，以期为中国旅游经济增长实践提供理论指导（见图 1-1）。

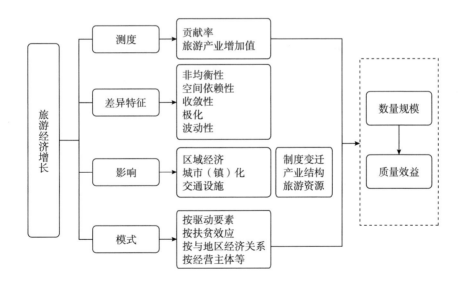

图 1-1　研究内容框架

（1）旅游经济增长测度研究。经济增长作为一个国家或地区生产力水平高低的外在表现，其增长的源泉、特征与影响等问题一直是社会关注的焦点问题。随着经济发展与理论研究的深入，古典主义经济学、新古典主义经济学和结构主义经济学逐渐成为经济增长理论的三大主流经济学派，其研究内容从思想分析向模型分析、外生均衡分析向内生机制分析转变，其研究范畴从农业、工业、制造业、信息技术产业等领域向第三产业扩展。旅游产业作为国民经济的重要组成部分，经济增长理论模型与方法在旅游研究中广泛运用，推动了旅游经济增长理论体系的逐步完善。

中国旅游经济的快速发展，与相关理论研究的不断完善息息相关。国内学者对旅游经济增长概念的理解最初比较重视规模，引入"旅游增加值"的概念，通过测度旅游产业中各相关行业的旅游剥离系数，定量测算旅游业经济产值及其对国民经济的贡献。2000 年，联合国发布测算旅游经济影响的国际标准——*Tourism Satellite Account：Recommended Methodological Framework*（以下简称 TSA 账户），为中国旅游经济增加值测算提供了计算方法与模型。旅游增加值和旅游贡献率的定量测算结果反映了各地旅游产业规模的扩大以及对中国经济贡献程度的提高，旅游逐渐成为国民经济增长点（魏小安，1997）。这种数量型旅游经济增长模式促使中国旅游产业规模从无到有、从小到大，然而如何提高旅游资源与资本等要素的生产效率、促使中国旅游经济实力从弱到强、实现集约化发展才是改革转型时期旅游经济质量化增长的关键。为科学测算旅游经济增长水平，吴玉鸣（2014）引入索洛经济增长模型构建柯布—道格拉斯生产函数，选择资本和劳动作为投入变量，技术进步作为外生变量，估测各要素投入对旅游经济增长的弹性系数。为测度中国旅游经济增长，刘佳等（2017）基于效率、结构、环境系统三个维度构建旅游经济增长质量的综合评价指标体系，对中国旅游经济增长质量指数进行测度，进而揭示其总体水平、各子系统质量水平的动态变化特征以及中国旅游经济增长质量的空间分异及其演化特征。赵金金等（2020）从结构、效率、稳定性、可持续性、影响力构建区域旅游经济增长质量评价指标体系，采用均方差法和加权平均法测度旅游经济增长质量指数，并分析其演化特征。孟政宇等（2021）从文化与旅游产业融合视角，运用多种计量回归模型分析文化与旅游产业融合对旅游经济增长的影响效应及调节因素。

（2）旅游经济增长差异特征研究。随着旅游经济增长测度方法的逐渐成熟，旅游经济增长差异研究成为旅游经济研究领域的热点话题。大量文献运用旅游总收入或旅游总人数、入境旅游收入或入境旅游人数、国内旅游收入或国内旅游人数、旅游企业收入、旅游总收入占 GDP 比重、人均旅游总收入（人数）等单一指标代表旅游经济增长水平，以变异系数、泰尔指数、标准差、极差、基尼系数、洛伦兹曲线、首位度指数、核密度估计、马尔科夫链等测算指标进行时空差异分析。随着研究的深入，单一指标与单一方法测度表现出片面性，学者尝试构建综合指标，运用主成分分析法、因子分析法、空间统计计量分析法（如 ESDA、Arcgis）、新经济地理学（如核心—边缘模型等）、新古典经济学（如经济增长收敛模型）等模型与方法进行旅游经济增长差异研究，发现中国旅游经济增长遵循区域经济增长差异理论，不仅存在区域维度的空间相关性、极化与收敛特征，而且存在时间维度的波动性，具体如下：

1）旅游经济增长空间上表现出非均衡性、空间依赖性、收敛性与极化特征。中国各省份经济带等区域间旅游经济存在非均衡特征，区域差异明显，经济越发达、旅游资源越丰富、交通越便利的区域旅游经济增长往往表现出更为强劲的发展动力。旅游经济增长的非均衡性主要是由旅游经济活动的时空属性以及旅游经济增长规模、区域贡献等因素的时空差异决定。此外，旅游资源禀赋、政策因素、基础设施和区位条件、旅游者需求与动机、文化背景、交通基础设施、价格和收入、市场化程度、开放度等要素的异地性和历时性决定了旅游非均衡发展趋势（张凌云，1998；陆林和余凤龙，2005）。

若考虑空间效应的影响，中国旅游经济增长具有显著的空间依赖性，相邻省份的旅游经济增长会促进区域旅游经济增长（赵金金，2016）。朱海艳等（2019）以2005~2015年时间序列数据为研究对象，利用 Moran's I

指数分析中国31个省份旅游经济的空间依赖性及其变化，应用空间滞后模型和地理加权回归模型从全域和局域空间分析当地人口、景区质量、客运能力和第三产业水平对国内旅游经济的影响。进一步研究发现，旅游经济增长在空间上表现出四种相关模式：高增长省被高增长的其他省包围、低增长省被低增长的其他省包围、低增长省被高增长的其他省包围、高增长省被低增长的其他省包围。大部分地区旅游经济增长率在空间上不显著，旅游业发达省份旅游经济增长速度低于欠发达省份，低增长和高增长省份在空间上积聚（向艺等，2012）。因而，中国旅游经济增长应逐步走出恶性竞争的错误观念，积极寻求区域间合作，探索旅游空间合作增长模式，如组建旅游城市群、旅游经济带、旅游圈等。

中国旅游发展存在空间极化现象（赵磊，2011）。赵磊等（2014）利用 Esteban-Ray 极化测度方法，选取旅游产业专业化作为测度指标，构建ER 指数、EGR 指数、LU 指数定量分析中国三大区域与八大区域的旅游发展空间极化程度，结果表明，三大区域旅游发展空间极化程度逐渐减弱，而八大区域旅游发展空间极化效应则表现出先增强后减弱再增强特征，整体以"减弱"为主。东部地区是中国旅游发展的增长极，极化效应显著，但扩散效应不明显（赵黎明等，2018）。

中国旅游经济存在收敛效应。不同地区旅游经济收敛特性有所不同，东部、中部、西部三大地区旅游经济均不存在俱乐部收敛（王淑新等，2011）。从全国范围来看，以1990~2008年入境旅游统计数据为观测样本，发现中国入境旅游以2%的速度无条件收敛，以8%的速度条件收敛，这表明中国入境旅游发展在资本边际收益递减规律的主导作用下存在收敛效应，并受旅游资源、人力资本、感知距离等因素的影响（张鹏等，2010）。从省域视角分析，河南省旅游经济在2003~2012年不存在显著的收敛效应，尽管区域差异显著，但不存在俱乐部收敛，没有出现两极分化现象（骆泽顺和林璧属，2015）。新疆地区旅游不存在俱乐部收敛，人均旅游经济增长收敛效应较小，其中南疆、北疆相对收敛，且南疆收敛速度较北疆快20年（张子昂等，2016）。中国旅游经济发展历程可分为三个阶段，第一阶段为资源驱动阶段，旅游资源丰富的地区，如桂林、黄山、张家界、九寨沟等，成为第一批知名旅游目的地；第二阶段为资本驱动阶段，由于资本投入而衍生的旅游目的地，如华侨城、长隆、横店、乌镇、杭州、上海等，成为第二批知名旅游城市或旅游小镇，集中在东部经济发达地区；第三阶段为技术驱动阶段，创新创意旅游开发与设计、新型旅游业态成为旅游消费者关注的重点，形成低空旅游、冰雪旅游、体育旅游、文化体验旅游、乡村旅游、休闲农业旅游等新型旅游产品，其研究对象主要集中在各大少数民族区域、特色乡村、文化古镇、文化创意园区等创新创意旅游目的地、旅游区、产业园。现今，全国贯彻旅游强国战略，积极推进旅游产业改革，以旅游拉动消费，旅游市场逐渐繁荣。中国旅游经济发展实践印证了中国旅游经济的收敛效应，区域间旅游经济虽存在不均衡特征，但区域间差距逐渐缩小，旅游均衡发展态势彰显出重要的产业存在价值与意义。

2）旅游经济增长在时间上表现出周期性波动特征。在宏观经济增长过程中会发生经济周期性波动的经济现象。因而，旅游业作为宏观经济的重要组成部分，表现出明显的周期性波动特征。匡林（2000）选取旅游者接待人次作为分析指标，比较分析世界旅游经济周期与中国旅游经济周期特征，发现中国旅游经济周期从"三高一低"向"两中一高一低"转变，并且未来中国旅游经济周期将呈现微波化趋势。生延超等（2014）以国内旅游人次、入境旅游人次、旅游总收入作为评价指标，分析中国经济增长特征，结果表明中国旅游经济增长呈现出典型的周期性波动且属于"基钦周期"。张广海和汪立新（2016）则提出中国旅游经济周期波动与中国宏观经济的周期波动轨迹总体保持一致，且中国旅游经济增长随着时间变化周期长度趋长，增长幅度减缓。

（3）旅游经济增长影响研究。根据经济增长理论，旅游经济增长的影响因素既包括区域经济水平、城市（镇）化、交通设施等外生因素，又包括资源禀赋、制度变迁、产业结构等内生因素。

1）旅游经济增长与区域经济水平。旅游经济影响研究始于19世纪末，兴于 20 世纪 60 年代，而中国旅游经济影响研究始于 20 世纪 90 年代，主要关注旅游产业地位及与经济增长关系的研究，分为两部分：第一，阐述中国旅游业在国民经济中的地位、作用与特点。既包括以旅游收入占GDP 比重、旅游业增加值占 GDP 比重等单一指标的测度方法（林刚和龙雄彪，1998），还包括以产业增加值占 GDP 比重、需求收入弹性、就业容量、行业关联度等因子组成的旅游经济贡献评价综合指标体系（魏卫和陈雪钧，2006）。第二，运用定量方法分析旅游发展与区域经济增长的关系。从研究方法上进行划分，可分为指数测度与模型测度两大类别，其中指数法测度通常运用相关系数、贡献率、弹性系数、灰色关联度等指标；模型测度主要包括 VAR 模型和误差修正模型的协整和格兰杰因果检验、回归分析、方差分析及脉冲响应等计量方法。

旅游经济增长与区域经济发展的关系研究表明，旅游经济增长与经济发展之间存在三种关系：一是旅游经济增长拉动区域经济增长。旅游发展对经济增长具有长期显著积极影响，特别是入境旅游在带动产业发展和扩大就业方面发挥着重要作用（武春友和谢风媛，2010；张世兵，2013；赵磊和王佳，2015）；旅游业与经济增长之间存在非线性关系，旅游业对经济增长具有正向促进效应，符合旅游驱动经济增长假设（赵磊和方成，2017）；旅游经济增长对区域经济增长具有显著正向影响的同时，产业结构欠缺合理化会抑制其影响效应，而产业结构高级化可以正向调节其影响效应（赵磊和唐承财，2017）。二是区域经济增长驱动旅游发展，罗文斌等（2012）构建 Engel-Granger 两步协整模型，以时间序列数据为研究对象，得出经济增长与旅游发展只存在单向格兰杰因果关系，这与国际上其他研究结果存在差异。三是旅游与经济发展相互促进（刘春济等，2016）。刘长生和简玉峰（2008）以个体数据和面板数据为基础构建两者相结合的VAR 模型，分析旅游业发展与经济增长之间的关系，结果表明两者之间存在长期均衡和双向因果关系，并且旅游业发达地区的双向因果关系更为显著。闫蓬勃（2020）指出旅游休闲经济可以通过文化和生态的作用间接推动区域经济的增长，并且在促进区域经济增长方面具有显著作用。刘芳和方丽（2021）探究山东旅游产业经济增长与区域经济增长关系，结果表明山东区域经济的高速发展对旅游产业发展具有较为显著的推动作用。

2）旅游经济增长与城市（镇）化。城镇化带来城市交通的改善、基础设施水平的提高、城市可供支配劳动力的增多以及城市资本的积累，在一定程度上体现了区域经济发展水平。可见，城市（镇）化是区域经济增长的重要影响因素，也是旅游产业发展的重要动力，城市的发展程度直接影响旅游经济增长水平（王兴斌，2000），同时，旅游是推动城市发展的"发动机"（王晓云，2004），两者之间相互促进、相互影响（周少雄，2002）。为进一步论证两者之间的关系，众多学者运用定量方法进行实证分析，主要包括三种观点：一是城市（镇）化带动旅游产业的发展。从时间角度出发，将国际旅游收入和城市化率分别表征旅游发展水平和城市化水平，构建两者之间关系模型，结果表明"城市（镇）化带动旅游发展"比"旅游带动城市（镇）化发展"更为可信。城镇化与旅游经济发展水平之间存在稳定的协整关系，旅游经济发展是城镇化的单向格兰杰因果作用关系，但城镇化对旅游经济的直接推动作用并不明显，而是通过作用于物质资本和劳动力、市场化进程和产业结构升级，间接地对旅游经济增长产生正向的影响（余凤龙等，2014）。城镇化能够促进居民出游率的增长，且这种促进作用由于地理环境带来的外部溢出效应存在区域差异（冯庆和孙根年，2016）。二是旅游推动城市（镇）化进程。徐秀美等（2012）通过收集云南城市化水平与旅游产业对 GDP 的贡献率两项时间序列数据，运用单位根检验、协整关系检验和格兰杰因果关系检验方法，证明了云南旅游产业发展与城市化水平之间存在协整关系，且旅游产业发展对城市化发展具有积极推动作用。三是旅游与城市（镇）化之间存在动态发展关系。城市发展与旅游经济增长处于动态变化中，既相互促进，彼此影响，存在明显的耦合发展特征（高楠等，2013），又相互制约，行为上表现出非线性特征（徐红罡，2005）。张雪梅和郑循刚（2019）指出云南城镇化与旅游经济存在双向作用关系。杨秀平和张大成（2018）构建了旅游经济与新型城镇化耦合协调度模型，分析兰州旅游经济与城镇化的相互关系。城镇化规模和质量均对旅游经济增长质量具有正向的空间溢出效应，同时旅游产业受到地区城镇化和邻近地区城镇化进程的交互影响（王坤等，2016）。城市化与中国旅游总收入、国内旅游收入之间存在长期均衡关系，当城市化水平达到一定程度时，旅游发展对城市化贡献作用逐渐增强，而城市化对旅游经济增长的贡献率急剧减小（舒小林等，2014）。张雪梅和郑循刚（2019）使用主成分回归分析研究云南城镇化对旅游经济的影响，结果表明城镇化促进云南经济发展，有利于调整产业结构，改善交通条件，同时带来人力资本，从而促进旅游经济的发展。邓吉祥和刘晓（2021）基于湖南各州市相关指标研究发现，城镇化率对当地旅游经济均有较强的区域内溢出效应，且区域城镇化对旅游经济的影响处于回波效应大于扩散效应阶段。

由此可见，理清旅游经济增长与城市（镇）化之间的关系多依托回归分析、协整检验等方法，方法略显单一，由于数据、地域、指标与方法存在差异，两者之间关系的验证结果有所不同，无法达成共识。随着城市旅游的逐渐成熟，乡村旅游、农业旅游、城郊旅游、度假旅游、古镇旅游等新型旅游产品的开发对区域城镇化有着越来越重要的影响，亦成为学界关注的热点问题。因此，城市（镇）化与旅游经济增长研究，不仅需要方法上的探索，更需要内容上的扩展。

3）旅游经济增长与交通设施。相对完善的水陆空交通体系是促进旅游发展的基础要素。众多学者通过相关分析法、空间分析法、调查问卷法、耦合协调度分析、社会网络分析法等研究旅游交通与旅游经济发展的相互作用。关于交通基础设施与区域旅游发展之间关系的研究，第一种观点论证交通基础设施对区域旅游发展起到积极作用。研究表明交通作为旅游收入的主要来源，被视为旅游吸引物的有机组成，便捷性和通达性较好的地区表现出强劲的旅游竞争力，并影响旅游要素的集聚、流通与发展格局，降低运输成本，从而促进区域旅游经济发展。第二种观点认为交通基础设施对区域旅游经济增长没有显著影响（左冰，2011）。第三种观点认为交通基础设施对区域旅游发展起到阻碍作用。针对这三种观点，通过门槛回归模型，有学者对交通与区域旅游发展做非线性估计，结果表明，当交通水平处于高层次区制时，对旅游经济增长产生显著负向影响，当处于中层次区制时，对旅游经济的影响表现出不显著特征，当处于低层次区制时，对旅游经济增长具有显著积极影响。

不同交通基础设施对旅游经济增长的作用存在差异，铁路设施对旅游经济增长作用不显著，高速铁路、航空网络、高速公路、内河航道对旅游经济产生促进作用，且区域间交通基础设施对旅游经济的影响存在差异（张广海和赵金金，2015）。翟向荣（2011）以京津城际高速铁路为研究对象，分析高铁对旅游经济的影响，结果表明高速铁路对天津旅游业的发展乃至天津经济的发展都起着积极作用。于秋阳和杨斯涵（2014）运用引力模型和灰色关联度分析西安高铁对旅游产业发展的影响及其变化特征。王新越和赵文丽（2017）采用耦合协调度模型分析交通与区域旅游经济增长的关系，结果表明旅游经济发展水平整体上高于高铁交通通达性水平；两者耦合协调度水平整体偏低，且存在显著空间集聚性。孔令章等（2019）基于旅游交通可达性视角，构建旅游经济联系模型，并运用社会网络分析方法分析沿线城市在旅游经济联系网络中的作用，结果表明高铁时空压缩效应促使沿线城市旅游交通可达性和旅游经济联系普遍提升。苏建军等（2012）采用协整分析和格兰杰因果关系检验方法分析交通客运量与旅游客流量的关系，测算了入境旅游对航空客运和国内旅游对公路客运的依赖程度。王兆峰（2018）分析了武陵山区公路交通对旅游经济的影响，结果表明公路交通的发展会影响旅游线路的延伸和旅游区域的扩大，公路交通布局能够影响旅游经济增长的质和量。郝晨（2020）在研究高铁对旅游经济增长的影响时发现，旅游经济依赖程度越高的城市，高铁开通对其旅游经济的促进作用越强，具有独特性旅游资源的城市，高铁开通对其旅游经济的促进作用也越强，高铁的开通能够给周边城市带来积极的外溢效应，即高铁的开通不仅能够提高本城市旅游经济总量和国内旅游经济，还能够促进周边未开通高铁的地区的旅游经济增长。郭建全和李维（2021）基于中国30个省份的面板数据研究发现，交通基础设施在旅游发展水平的中介作用下对旅游经济增长有显著的正向效应。

4）旅游经济增长与资源禀赋。"资源诅咒"是发展经济学中难以攻克的命题，也是旅游经济发展中急需解决的现实难题，旅游资源的数量与质量影响着区域旅游经济发展水平、旅游经济区域差异、旅游经济绩效水平等（王蓉蓉和齐志男，2012）。旅游资源是旅游产业发展的基础要素，不同类型旅游资源对旅游经济增长的作用不同，旅游自然资源、旅游服务资源和旅游文化资源均对旅游经济增长有显著的积极作用，且三者的影响程度依次递减，这说明中国旅游经济增长对自然旅游资源投入的依赖性较强（杨天英等，2017）。文化是旅游产业发展的灵魂，文化资源的丰富程度与开发利用效能关系到旅游经济增长质量，文化旅游资源利用方式有待优化。岳悦（2017）指出历史文化资源利用效率的高低在一定程度上会影响中国旅业业的发展。同时，旅游经济增长对旅游资源有一定影响，一方面，旅游开发有利于促进区域旅游资源的有效配置与合理保护，特别对于少数民族地区、古镇古村以及贫困山区等区域，旅游发展起到保护地区资源与文化传承的积极作用；另一方面，不恰当的旅游增长方式会造成自然景观破坏、资源损毁与文化流失等负面影响，寻找两者之间的协调发展模式依然是研究重点。

为有效测度两者之间的关系，有学者引入定量测量模型与方法。基于旅游资源优势度分析，发现旅游资源优势度与旅游经济水平大致呈正相关关系，而与旅游经济增长速度之间呈负相关关系（韩春鲜，2009）。卓全娇（2018）指出旅游资源丰度对旅游经济效应的影响相对较大。金海波（2017）以长江经济带11个省市为研究对象构建旅游资源优势度指标，分析旅游资源禀赋与旅游经济水平和旅游经济增长率的耦合特征，结果表明长江经济带旅游经济发展过程中存在着"资源诅咒"现象。罗浩等（2016）根据新古典经济增长理论，构建包含旅游资源要素的旅游业增长模型，结果表明东部和中部地区主要依靠资本驱动经济增长，西部地区主要依靠旅游资源驱动，各地区旅游经济增长依赖资源的程度有所差异。王玉珍（2010）基于空间错位特征分析，运用变异系数、旅游经济区位熵、空间同步错位等方法分析旅游资源禀赋与旅游经济发展的关系，结果表明省域范围内，旅游资源与旅游经济之间表现出同步性与错位性两种特征，并存在"资源诅咒"现象。方叶林等（2013）指出旅游资源利用效率差异是导致旅游资源和旅游经济发展产生错位的主要原因。由于选取单一指标测度旅游资源优势度与旅游收入之间关系存在缺陷，张洪和时浩楠（2015）构建多指标评价体系，针对安徽16个地市运用主成分分析法计算空间错位指数，结果表明旅游经济与旅游资源的空间错位特征以旅游经济反向偏离旅游资源为主，且偏离程度多为轻度偏离。张广海和龚荷（2015）指出旅游资源禀赋和旅游业发展水平之间并不存在对应关系。张莞（2018）指出旅游资源毕竟是发展旅游业的前提和基础，如今旅游业的发展已经从资源依赖型向资本驱动型转变，今后资本、科技、创新、合作将成为推动旅游业大发展的新动力。杨柳等（2021）从旅游贡献率、旅游拉动率及旅游依存度三个方面探究法门寺佛教旅游资源对地方经济增长的贡献。

综上所述，旅游资源与旅游经济之间的关系研究主要运用旅游资源优势度、旅游资源丰度、旅游资源密度和旅游资源效度等单一指标，以及旅游资源竞争力等综合指标体系来表征旅游资源，以旅游总收入、旅游外汇收入、国内旅游收入、旅游总人数、人均旅游消费、旅游企业营业总收入等单一与综合指标表征旅游经济增长水平，运用位序得分法、耦合分析、指数分析、聚类分析、主成分分析、空间错位指数、重力动态演变、二维组合矩阵模型等方法开展相关分析（邓祖涛和尹贻梅，2009）。

5）旅游经济增长与制度变迁。以科斯和诺斯为代表的新制度经济学派认为，制度是经济增长的根本原因，这掀起了学界重视制度对经济增长的影响研究。中国旅游产业发展的政策制度环境在不断改革与创新，其释放的能量是影响区域旅游经济增长水平的重要原因。制度是社会中个人所必须遵循的游戏规则和行为规范。旅游制度是旅游产业各相关组织、企业、个人所必须遵循的行为准则。旅游制度有多种分类方法，按制度与旅游业的从属关系划分，可分为旅游内在制度（包括旅游管理体制和政策及旅游行业和企业管理制度等）与旅游外在制度（与旅游相关的外部制度和政策，如宪法秩序、行政区划体制、土地制度等）。按制度的正式性划分，可以分为正式制度与非正式制度，相关研究有宏观制度变迁与旅游发展、区域旅游管理体制变迁与旅游发展、制度与旅游企业、制度与旅游民族区域旅游增权、税收政策与旅游发展、旅游政策评估与旅游经济增长等。这些均揭示了我国旅游经济增长与各层级制度的变迁、市场化改革密切相关，旅游经济增长需要以强健的制度环境为基础。学界对于如何衡量与表征制度对旅游经济发展的影响效应尚未达成共识，无论是将其作为宏观外在变量，间接分析制度与旅游发展的关系，还是将其作为内生变量，构建旅游经济增长影响模型，均未能将制度因素全面纳入内生经济增长模型中。曹芳东等（2011）运用传统柯布—道格拉斯生产函数构建旅游经济增长模型，利用市场化指数表示制度变迁，将其作为内生变量，定量评价制度变迁对旅游经济增长的贡献程度，并通过 ADF 单位根、E-G 两步协整模型和格兰杰因果模型检验，结果表明制度变迁对旅游经济增长存在单向的格兰杰因果作用关系，这是区域旅游经济差异产生与扩大的重要原因，面向市场化的制度改革与创新将是中国旅游经济均衡增长最大的"红利"（余凤龙等，2013）。王荣琳（2020）以四川为例，利用线性回归模型探讨了国家旅游景区质量等级划分与评定制度对旅游经济发展的影响，结果证实景区评选制度对旅游经济发展具有正向的显著影响。刘英基和韩元军（2020）通过建立旅游经济发展质量提升的行动逻辑框架，研究发现制度环境是旅游经济发展质量提升的保障机制，制度环境对旅游经济发展质量总体上具有正向促进作用。

6）旅游经济增长与产业结构。产业结构变动既是促进经济增长的核心变量，也是造成经济波动的重要因素。旅游产业发展遵循经济增长理论，其增长规模和波动规律亦受到旅游产业结构的影响。旅游产业结构变动按其对旅游经济增长的作用机理不同可以分为两个维度：一是旅游需求以及旅游产业内部生产要素的流动导致产业结构变动，从而产生资源优化配置效应，由此带来的"结构红利"促进旅游经济的增长，将推动旅游产业结构合理化；二是在旅游产业发展过程中，由于产业竞争造成的产业结构变动与产业创新，产生了知识的"溢出效应"，由此带来全要素生产率的提高，促进旅游经济的增长，该变动将推动旅游产业结构高级化（何勋和全华，2013）。旅游产业结构变迁对旅游业劳动生产率增长具有积极贡献作用（杨勇，2009），且具有时段性特征（陈太政等，2013），会随着旅游经济的增长而出现下降趋势，旅游经济增长的稳定性表现出越来越强的趋势（生延超，2012）。旅游产业结构变动表现出高级化与合理化两种形式，均是促进旅游经济发展的基础性动力，在发展趋势上，旅游产业结构高级化的贡献逐渐增强，合理化作用逐渐减弱；在波动效应上，合理化的偏效应对旅游经济波动具有抑制作用（李峰等，2013；刘春济等，2014）。经济新常态下，消费升级已成为促进旅游经济增长的重要保障，消费升级可通过引致产业集聚及促进结构优化的方式催生出专业化经济和多元化供给体系，有效推动旅游经济增长（刘震等，2021）。旅游产业高级化在加快第三产业转型升级的同时，也促进旅游经济增长的波动变化（石慧雪，2021）。

7）旅游经济增长与其他要素。特别地，旅游经济与生态环境之间存在互动共生、耦合发展的关系（崔峰，2008；庞闻等，2011），其对旅游经济增长的影响作用不可小觑。旅游发展与生态环境之间相互约束，因此旅游开发要重视旅游经济与生态环境协调发展（崔园园，2015）。在资源与环境生产要素双重匮乏条件下，旅游经济增长会面临巨大困境（罗富民和陈向红，2010）。查建平等（2015）运用数据包络分析法分析生态环境破坏所带来的负面效应对旅游经济增长产生负面影响，并构建了碳排放约束下的旅游经济增长分解模型，证明了污染排放效应对旅游经济增长的影响最大（查建平，2015）。耿松涛和谢彦君（2013）认为从区域角度来看，15个副省级城市旅游经济与生态环境的耦合水平差异较大，北方城市旅游发展水平较南方相对落后，但旅游产业发展生态承载能力较强；相反，南方城市旅游经济发展水平高于北方，但旅游生态环境问题日益突出，协调旅游经济增长与生态环境的关系才是旅游可持续发展之路。王群等（2016）从脆弱性和应对能力的角度出发，以浙江省淳安县为研究对象，采用集对分析法分析 1987~2012 年区域旅游地社会、经济和生态子系统恢复力，结果表明社会子系统恢复力增长最强劲，经济子系统恢复力具有波动性，生态子系统变幅最小。王群等（2017）运用通径分析方法，从治理、社会、经济及生态系统四个维度构建社区恢复力认知模型，定量测度千岛湖社区认知恢复力，识别脆弱性及应对能力对社区恢复力的影响。李捷（2020）通过国外游客数量、旅游外汇收入、载客汽车数量和旅游从业人员四个指标构建影响云南旅游经济增长的边缘化因素指标体系，并运用灰色关联法分析各指标因子与云南旅游经济增长的关联度。

　　人才因素对旅游经济增长的作用日益突出。人才是知识和技术的有机载体，旅游景区的规划与设计、旅游产品的开发、旅游管理的执行等都需要旅游专业人才的支持，因此，研究旅游人才对旅游经济增长的影响作用具有较大的实践和应用价值。王兆峰（2008）分析人力资本投资对西部地区旅游产业发展的影响。刘长生等（2009）研究了旅游信用、人力资本与旅游产业发展的互动关系。柳红波（2012）从社区居民受益权的角度出发，探讨人力资本理论在民族社区旅游开发中的应用研究。刘佳等（2017）依托结构偏离度计算方法与模型，分析了我国东部沿海地区 11 个省市的旅游人才结构演变与旅游经济增长的相互作用。刘军等（2018）分析了山东省旅游人才结构对区域旅游经济增长的效应，结果表明旅游人才结构对区域旅游经济增长具有显著影响，其作用由大到小依次为空间结构、旅行社行业结构、星级酒店行业结构、旅游景区行业结构。王公为（2018）认为旅游人力资本对旅游经济增长具有促进作用，但这种作用会随着时间和空间的不同而有所差异。宋艺（2020）提出旅游经济的增长要提高第三产业从业服务人员的素质，特别要注意旅游管理人才的培养和引进。

　　此外，价格水平、技术水平、公共服务、产业集聚、区域合作等也是影响旅游经济增长的关键要素。李妍（2017）运用关联模型，以海南为例，进一步分析影响因素对旅游经济发展的正负关系，结果表明零售商品的价格指数、三星级以上酒店总数与旅游经济呈负向相关关系，人力资源、物质资源、信息金融服务、交通资源、宏观经济条件呈正向影响。刘瑞明（2018）认为景点评选、政府公共服务供给对旅游经济有一定影响，地区景点被评为国家级风景名胜区后，起初并未显著带动当地旅游经济增长，这主要是由于滞后的景区配套公共服务，2012 年开始的景区考核评估制度有效增强了旅游经济带动作用，表明政府公共服务的重要性。刘佳等（2013）认为旅游产业集聚对区域旅游经济增长有着显著正向作用，且空间溢出效应较强，但有显著局部性，因而引起旅游经济增长的非均衡性。谭娜和黄伟（2021）基于文创园区评选这一准自然实验，采用多期双重差分法考察了文化产业集聚政策对地区旅游经济增长的影响，并对文化产业集聚政策的旅游经济带动效应予以了实证支持。罗富民（2009）认为区域旅游合作通过减少旅游生产要素投入、提高旅游生产要素的生产效率及闲置旅游生产要素使用效率和旅游市场的交易效率，推动旅游经济增长。

　　（4）旅游经济增长模式研究。梳理中国旅游经济发展历程与旅游经济影响研究发现，中国旅游经济在内外因素的影响下，从最初的依靠物质投入的粗放型经济增长向高效集约型增长方式转变，其驱动力包括资源、资本、市场、劳动力、政府、投资、环境与技术驱动等，由此衍生出的不同视角、不同区域的旅游经济增长模式值得进一步探讨。根据旅游资源贡献率，旅游经济增长方式可划分为劳动驱动、资本驱动、旅游资源驱动、资本—旅游资源共同驱动、资本—劳动共同驱动、劳动—旅游资源共同驱动和劳动—资本—旅游资源均衡驱动七种类型（罗浩等，2016）。根据旅游扶贫方式，旅游发展可分为政府主导型、景区带动型、农旅结合、移民迁移安置四种模式（原思敏，2011）。根据旅游业发展调节机制，可分为政府主导型、经济带动型、资源型、市场型旅游发展模式（许振晓和王国新，2005）。根据旅游发展与国民经济的关系，可划分为超前型与滞后型旅游发展模式（邵蕊等，2013）。我国旅游经济的发展模式仍存在以牺牲环境为代价吸引超量游客的不可持续发展模式，因而越来越多的学者以可持续发展为基础，从发展目标、经营主体、产品开发、发展阶段等角度，从全国、省域、城市、县域、古镇、乡村、民族地区、欠发达地区等不同研究对象，探讨生态文明、生态旅游、低碳旅游、循环经济、绿色发展、特色小镇、休闲农业、产业链发展等可持续发展模式。

（5）国内旅游经济增长研究述评。在研究内容方面，随着旅游产业的快速发展与成熟，旅游经济增长研究不再仅以单一指标或构建综合指标等简单的方法来表征旅游发展水平，而是逐渐综合考虑内外因素和时空因素构建动态的评价模型，更为客观地测度旅游经济增长。研究范畴从国内外比较、全国范围、省域、市域、县域延伸至乡村、古镇、民族区域、经济带、城市群等领域，既包括宏观分析又包括微观比较研究，研究视角从经济学扩展至地理学、生态学、资源学、制度经济学等多个视角，基本形成了中国旅游经济增长理论研究框架。研究内容从旅游经济增长定量测度扩展到旅游经济增长差异、旅游经济增长影响与旅游经济增长模式研究，其中差异及影响机理分析占文献总量的主体，且影响因素更关注经济因素，基于资源、环境、文化、信息技术等环境、社会、技术要素的旅游经济增长研究相对缺乏，运用理论研究服务于当地旅游经济增长的对策研究严重滞后。因此，在全面贯彻全域旅游发展、绿色发展和文化强国战略背景下，急需进一步拓展在资源、环境容量约束、文化传承、技术创新视角下旅游经济增长理论与对策研究。另外，旅游经济增长研究多立足于历史经验数据进行分析，在不同发展模式下，不同城市旅游经济发展蓝图、旅游经济增长实力与旅游经济增长国际影响力如何，相关文献十分匮乏，值得学者深入探讨。

在测度方法方面，运用变异系数、标准差、泰尔指数、基尼系数、极差系数、洛伦兹曲线、核密度估计、首位度指数、马尔科夫链等定量分析时空差异。引入回归分析、趋势分析、相关分析、主成分分析、耦合分析、协整分析、偏离—份额法（SSM）、空间关联分析、计量分析等多种方法验证旅游经济增长与其他因素的关系及其影响因素。根据改良的索洛方程构建柯布—道格拉斯生产函数，作为旅游经济增长因素测度模型。利用数据包络分析（DEA）模型、投入—产出法进行效率分析。在定量测度过程中，不同学者在理论选择、指标确定、方法运用程度、假设条件、时空等其他因素考量、数据选取与处理等方面存在差异，其研究结论大相径庭，其他学科的研究方法是否适用于旅游经济增长领域值得探究，学者在方法的运用与选择、指标的构建方面应因地制宜。基于时间维度的动态模拟、仿真分析方法在经济学领域得到运用，将其引入旅游经济增长动态测度与趋势分析，会进一步完善旅游经济增长方法体系。

（二）旅游环境容量研究进展

旅游环境容量约束是旅游可持续发展、科学规划与管理的前提条件。可接受改变的极限（Limits of Acceptable Change，LAC）方法、游客体验与资源保护（Visitor Experience & Resource Protection，VERP）方法、游客影响管理方法均是旅游环境容量管理与决策的重要工具，这三种工具主要侧重游客管理。然而旅游环境容量管理不仅是最大游客数量控制，更应综合考虑旅游业和旅游地的复杂性因素，构建生态系统适应性管理（Adaptive Ecosystem Management，AEM）和容量多因素评分测试模型（Multiple Attribute Scoring Test of Capacity，MADTECE），科学运用计算机仿真、地理信息系统等技术对旅游社会承载力、旅游社区居民心理满意度或旅游综合承载力进行定量测度。

1. 国外旅游环境容量研究

（1）概念分析。环境容量的概念率先在 1945 年被 Dasmann 提出，并于 20 世纪 60 年代运用到休闲旅游研究中（Mexa & Coccossis，2004）。自此，旅游环境容量的概念一直是学界讨论的热点问题。学者对于旅游环境容量的定义主要从生态学、经济学、社会学等角度进行解析。生态学角度主要强调旅游者与物理环境承受力之间的协调，将旅游环境容量定义为区域在不影响地区生态功能（Martin & Uysal，1990）、不影响自然禀赋、不造成基础设施过度拥挤（Roe et al.，1997）的前提下所能够承受的游客数量。经济学角度的定义则认为旅游环境容量是旅游目的地在不导致不经济或消极影响的前提下所能够承载并吸收的游客数量（Swarbrooke，1999）。

随着旅游发展与旅游研究的深入，社会学家开始关注旅游带来的社会问题，呼吁应充分考虑游客的旅游体验质量、居民感知、居民满意度、居民容忍度以及其他社会因素对旅游环境容量的影响。因此，旅游环境容量被认为是区域在不造成游客体验质量下降、不导致旅游目的地不可逆转的负面影响的前提下（Saveriades，2000），旅游目的地所能承载或所能接受的游客最大容量（Mathieson & Wall，1982），或地区发展最大限度。游客拥挤感知、区域清洁度、安全性、行为管理等均是影响旅游环境容量的重要社会因素（Chen & Teng，2016）。

其他学者提出综合旅游环境承载力的概念，将生态因素、社会因素、经济要素均作为旅游目的地游客承载数量的影响因素。世界旅游组织认为旅游环境容量是个综合的概念，涉及物理、感知、经济、社会、生态等多种要素，并将其定义为"在不造成物理环境、经济治理、社会环境的破坏，不带来旅游者满意度下降的前提下，旅游地所能承载的游客数量"。Zacarias 等（2011）认为旅游环境容量是旅游目的地基于物理环境、生态环境和管理条件所能承载的最佳游客数量。Cupul-Magaña 等（2017）则基于环境特征、人类活动与管理条件强调旅游目的地游客可接受范围与最小影响的测量（见表1-2）。此外，游客满意度、游客经验、游客行为特征、利益相关者参与、居民经历等其他社会环境、心理学、人类学要素被验证是主题公园旅游环境承载力的决定要素（Zhang et al.，2017）。

表 1-2　旅游环境容量定义

视角	特征	作者
生态旅游环境容量	基于生态功能保护的游客数量限度	Martin 和 Uysal（1990）、Mexa 和 Coccossis（2004）
经济旅游环境容量	不造成经济压力条件下游客数量限度	Swarbrooke（1999）
社会旅游环境容量	不造成不可接受的游客经历或社会发展衰减的前提下，最大或最适宜的游客数量或区域发展限度	Mathieson 和 Wall（1982）、Saveriades（2000）、Chen 和 Teng（2016）

续表

视角	特征	作者
综合旅游环境容量	在不造成物理环境、生物环境、经济环境、社会文化和心理条件不可接受的下降的前提下，最大或最佳的游客（区域增长）限度	Zacarias 等（2011）

（2）界限划分。旅游环境容量作为一种有效的调控工具逐渐被运用于旅游调控管理，引发学者越来越关注旅游环境容量指标体系的构建、旅游发展最大极限或最佳范围的测量等方面的研究。基于旅游环境容量的概念模型，旅游极限可分为三大类：

1）物理极限测度。为保护资源，旅游环境容量的最大极限可通过物理—生态要素中的极限标准进行测度，如水资源、电力资源、交通、土地、空气、噪声、社区设施的极限标准值，以及这些要素对自然和文化资源的作用强度。

2）游客极限测度。游客流量调控作为一种管理工具被广泛运用到旅游目的地，不仅能够避免过度拥挤，而且对保护自然环境起到一定的积极作用。然而有学者提出异议，认为游客容量管理不仅是最大游客数量控制，更应综合考虑游客经验与行为。因此，构建最大可变游客限度模型（Limits of Acceptable Change Model，LAC）、游客影响管理模型（Visitor Impact Management，VIM）、游客经验与资源保护框架（Visitor Experience and Resource Protection，VERP）等模型，可用于测度最适宜游客数量。Santana-Jiménez 和 Hernández（2011）在考虑游客超载感知因素的前提下运用人口密度来测度旅游目的地的最大容量。Ivanova（2015）基于游客停留时间、游客（居民）个性特征、游客空间感知、季节性等游客存在要素，构建 LAC 模型用于测度旅游环境容量。

3）基于社区的极限测度。旅游环境容量不仅涉及游客之间的关系，还涉及游客与社区居民之间的关系。因此衍生出基于社区视角的旅游环境容量可持续发展极限测度，旨在实现游客与居民的满意。Jurado 等（2012）综合考虑可持续发展策略下的区域发展极限，构建由强可持续、弱可持续两大类指标构成的评价模型。Cisneros 等（2016）针对滨海旅游目的地，基于生态环境、城市、天气等其他因素构建沙滩环境容量，并划分物理容量、实际容量与有效或可允许容量三大阈值区间。Marsiglio（2017）为实现旅游业可持续发展的长效作用，首先探讨经济效益与环境成本之间的平衡，然后基于经济与环境要素测量最佳游客数量。Zhang 等（2017）分析了主题公园资源吸引力、空间属性要素对游客行为的影响，以期优化旅游环境容量管理。

另外，旅游环境容量应考虑旅游业和旅游地的复杂性因素，衍生出生态系统适应性管理（Adaptive Ecosystem Management，AEM）和容量多因素评分测试模型（Multiple Attribute Scoring Test of Capacity，MADTECE）等，为提高旅游环境容量管理效率起到积极作用。

（3）国外旅游环境容量研究述评。以上研究表明，旅游环境容量研究框架基本形成，对于调控景区（点）游客容量起到一定积极作用，但是仍然存在以下缺陷（见图 1-2）：

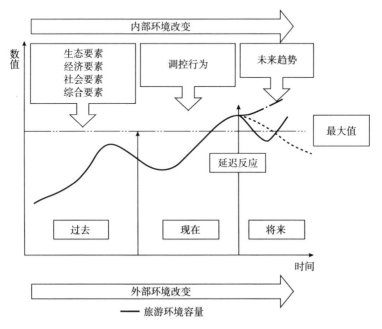

图 1-2 旅游环境容量理论研究的不足

1）系统框架。学界对于旅游环境容量的概念达成一定共识，普遍认为旅游环境容量是旅游目的地在不呈现衰退态势的前提下能够承受的旅游发展最大规模（旅游发展水平或游客数量）。旅游环境容量研究主要体现在生态旅游环境容量、经济旅游环境容量、社会旅游环境容量、综合旅游环境容量等方面，并分析旅游环境容量的内部与外部影响要素，这些相关要素也被认为是旅游可持续发展的重要因素。但是这些内外要素之间的关系如何？这些要素如何影响旅游环境容量与旅游经济增长？本书将从这方面着手，构建更为完善的研究框架，分析要素之间的相关关系，提高旅游环境容量管理系统的有效性。此外，大多数研究倾向于游客容量研究，或关注滨海地区、自然保护区、社区等微观空间领域的旅游环境容量研究，忽略了基于城市的中宏观旅游环境容量测度，因而本书将从城市角度进行旅游环境容量分析。

2）阈值划分。传统旅游环境容量研究主要基于历史数据或当前统计数据测度最大物理界限，或最适宜旅游发展水平及旅游者感知水平，用于判断旅游发展是否存在超载危机。但是阈值区间一旦确定，在一定时期内无论外界要素如何变化，阈值区间都呈现稳定不变状态。此外，相关调控管理政策的执行具有延迟性，如当一个旅游目的地遇到超载危机时，相关管理人员将会制定减少游客数量的调控管理策略，可调控政策执行已为时已晚，许多资源或环境已经造成破坏。根据巴特勒生命周期理论（TALC）模型，旅游目的地发展具有动态特征，当旅游目的地适应由环境带来的变化后，旅游目的地发展的极限水平将发生改变。当旅游产品更新、旅游供给环境改变等环境要素得到优化时，旅游发展的极限水平将随之得到提升。因此，旅游环境容量可通过外在和内在环境要素的提升而得到优化，旅游发展的极限水平会随着环境的改变而发生变化。本书对城市旅游环境容量的测度将集中探讨城市旅游目的地对旅游发展的承载能力，而不依赖于设定发展极限值。

3）动态趋势。旅游环境容量被大多数学者和旅游管理者认为是一种有效的管理工具，相关实证研究对实践起到指导作用，但是对于调控之后旅游环境容量的发展态势和调控效果缺乏追踪探讨。有些学者提出旅游环境容量应关注游客需求、外部环境的动态发展。Lobo（2015）基于环境、气温、旅游动态发展等要素构建旅游者环境容量动态测度模型，并划分警戒区间。旅游环境容量不仅是游客数量限制，而且是一个有利于提高游客体验、提高可持续管理效能的动态管理工具。当旅游目的地旅游环境容量评价指标上升到最大极限值，相关调控政策将会立即执行。而执行之后，旅游目的地需要一定时间才能修复或调整，这是旅游环境容量调控管理不可避免的延迟效应。基于此，探讨内外环境要素对旅游环境容量的影响，模拟与比较不同策略下旅游环境容量当前发展态势，并预测旅游环境容量未来变化趋势，有利于完善旅游环境容量的定量研究与动态研究内容，对于减少延迟效应、提高管理效能也能起到积极作用。

2. 国内旅游环境容量研究

旅游地环境容量或旅游环境承载力测算同样受到国内学界关注，用最大游客容量测算方法进行游客管理，构建最优旅游环境容量定量测度模型进行环境管理，引入系统动力学、BP 神经网络分析、耦合协调度、旅游流时空卡口识别法等方法建立旅游环境容量动态评价模型，在缓解旅游环境污染、促进旅游经济—环境—资源协调发展方面起到积极作用。目前，旅游环境容量研究已经初步形成理论体系，其研究内容主要包括概念分析、评价、应用等方面。

（1）国内旅游环境容量概念分析。20 世纪 80 年代，旅游容量概念逐渐进入我国学者的研究视野，并随着时间的推移而不断深入。从时间轴来看，我国旅游环境容量研究可分为三个阶段。

1）概念引入阶段（20 世纪 80 年代）。该阶段，学者逐渐清晰旅游环境容量的概念，针对不同研究对象界定了相应的旅游容量内涵，初步形成了旅游环境容量概念框架。赵红红（1983）率先引入旅游容量概念，并将旅游容量定义为在特定的空间区域与时间范围内所能容纳的旅游数量，但该定义对于时间与空间范围以及研究对象限定缺乏明确的界定。刘家麒（1981）分析了旅游容量研究的意义、影响旅游容量的因素及旅游容量的估算等内容，继而分析了风景区旅游环境容量及其与旅游规划之间的关系。保继刚（1987）指出旅游容量是指在一定条件下所能承载的游客数量，既满足游客的最低游览要求，又能达到风景区的质量标准。

2）快速发展阶段（20世纪90年代）。该阶段，楚义芳（1989）提出旅游容量是一个概念体系，并将旅游环境容量细分为基本容量和非基本容量。崔凤军（1995）深入认识旅游环境容量，并界定了旅游容量的限定条件（即不发生对当代人和未来人有害的变化），但仍将旅游容量限定在游客规模上。杨锐（1996）结合可持续发展理论，提出旅游容量是自然环境、社会环境和人工环境所能承载的旅游及其相关活动在规模、强度和速度上各极限值的最小值。

3）完善拓展阶段（21世纪至今）。该阶段，张广海和刘佳（2008）将旅游地的经济、社会和生态环境要素作为旅游容量的限定条件，认为旅游容量的承载对象是旅游发展而非人类活动程度，其研究视角更广阔。周国海（2011）阐述了当时的研究现状，提出旅游活动是旅游容量的对象而非游客数量，但大部分学者用游客数量来表示旅游环境容量。曾辉（2015）认为旅游环境承载力是旅游地的自然环境和经济环境现存状态不对当代人和未来人造成危害的前提下，旅游地所能承受的最大游客数量。

（2）国内旅游环境容量评价。国内环境容量评价研究主要集中在对旅游环境容量的理论基础、构成体系、指标体系和测算方法进行探讨。戴学军等（2002）运用可持续发展理论研究了旅游环境容量。张晓明（2004）将理论与实际相结合，从理论到管理论证了旅游环境容量。杨秀平和翁钢民（2005）从可持续发展角度构建了由状态模型和发展模型组成的旅游环境可持续承载动态模型。翁钢民等（2006）以动态视角强调应保持旅游环境容量各要素之间的平衡，并对其理论体系、评估方法及管理应用做出了系统探讨。章小平和朱忠福（2007）从不同视角对旅游环境容量作了定量分析，并得出具有参考价值的结论。陈玲玲（2011）基于非线性理论，对游客数量与旅游环境容量之间的关系进行了研究。

随着理论研究与实践的不断发展，旅游环境容量在研究方法上不断优化。杨秀平和翁钢民（2005）将传统层次分析法进行升级，并提出改进后的动态模型，根据景区旅游环境容量单项测评指标的季节变动，采用权变理论突出旅游淡季、平季、旺季的环境容量的动态变化特征。侯志强（2006）基于 Poisson 分析过程对游客行为及景区管理进行了研究。李江天和甘碧群（2007）将生态足迹理论与传统量化方法相结合构建容量评估模型。文波和冉杰（2010）借助物元分析法对旅游环境容量进行了分析。

由于传统旅游环境容量的研究往往是"补救"措施，存在滞后性特征，因而旅游环境容量预警研究日渐兴起。翁钢民和赵黎明（2005）将预警理论引入旅游领域，初步构建了旅游环境容量预警体系，开启国内该领域研究的先河。王辉和林建国（2005）将旅游者生态足迹模型应用到旅游环境容量预警研究。杨春宇等（2006）对生态旅游环境承载力预警系统做了研究，结合系统论、控制论、决策论对生态旅游环境承载力预警的系统构成、运行机制、计算模型等做了探讨。曾琳（2006）在明确旅游环境承载力预警概念和功能的基础上，着重分析了预警系统构成中的五大核心模块，并对其预警流程及预控对策进行了深入探讨。梅占军（2008）将统计学、计量经济学、管理数学等相关理论与方法应用到旅游环境容量预警机制研究中。杨秀平（2013）基于模糊推理、灰色神经网络等理论，构建了旅游环境容量预警系统并对其耦合机理进行了分析。

从以上分析可以看出，关于旅游环境容量的研究内容，主要是理论探索和测算方法两大块。国内学者通过研究不同景区和不同研究视角而提出不同的旅游环境容量理论，这些理论大多是与实践紧密结合，能够满足实际的需要，但由于是针对实际问题而展开的，导致国内这一研究领域实践先于理论。关于旅游环境容量的测算方法，国内学者现阶段以传统游客测算方法为主，综合测度方法也得到重视，但测度方法主要是静态分析，具有滞后性，缺乏动态研究。

（3）国内旅游环境容量管理工具。旅游发展实践让旅游管理者与旅游学界认识到如果只是简单地将旅游环境容量调控视为数量计算和数量控制，其结果往往是重复性超载问题的出现，无法从根本上解决景区的超载问题。事实上，旅游环境容量还会受到游客行为类别、资源敏感度、空间分布、时间和管理水平等多种因素的影响。随着旅游容量理论在实践中的运用，国外学者逐渐将旅游环境容量作为一种环境调控管理工具，形成LAC（可接受的改变极限）、游客行为管理等旅游容量管理工具。国内学者在旅游容量管理方面除引入国外先进理论框架外，还重视旅游容量预警管理，不断探索符合我国旅游发展现状的管理模式。

1）引入国外旅游容量管理理论。国外的旅游环境容量管理研究相对较成熟，主要理论有ROS（游憩机会图谱）、LAC（可接受的改变极限）、VERP（游客体验与资源保护），这些理论来自美国国家公园为提高游客体验和促进资源的持续利用而构建的国家公园管理模型。美国国家公园通过分析国家公园中资源条件、环境条件和社会人文条件中游客体验的影响因素，制定相应指标，并实时监测各项指标值，确保各项指标在正常值区间，以达到提高游客体验的目的。上述三个理论模型完善了旅游容量指标体系，实现了指标的可测量性，并提供了科学的指标筛选方法和合理的旅游规划操作过程。我国旅游容量管理根据ROS、LAC、VERP等容量管理理论的应用理念、设置要素、标准与管理过程等，结合我国旅游发展实践，进行了相关管理实证研究。

在ROS管理方面，刘明丽和张玉钧（2008）阐述了游憩机会图谱在国外游憩资源管理中的应用，并提出我国应如何运用ROS的策略。之后学者探讨ROS理论在森林旅游目的地、风景名胜区、社区、城市公园等多种类型旅游目的地中的运用。张杨等（2015）基于居民对环境的重要性评价，运用游憩机会图谱的"连续轴"，构建了社区游憩机会图谱（Community Recreation Opportunity Spectrum，CROS）。杨围围和乌恩（2016）运用结构方程模型分析了亲子家庭城市公园游憩机会满意度的影响因素。王敏和彭英（2017）依据游憩机会图谱理论，构建了城市公园体系规划框架，有助于提升城市公园体系的综合效能，提高居民生活质量。史云等（2017）基于ROS游憩机会图谱对茶园游憩活动进行了设计，以强化游客的体验效果。赵敏燕等（2018）构建了大都市森林公园环境解说的游憩机会谱系。周佳丽和汪秋菊（2021）基于游憩机会图谱理论，采用内容分析法明确国家矿山公园游憩功能分区的维度与依据，在此基础上构建国家矿山公园游憩机会图谱。李雪萍等（2022）以拉市海高原湿地保护区为研究对象，将案例地游憩环境分为原始自然型、半原始自然型、乡野型及城郊型四种类型，参考游憩机会图谱"连续轴"思想构建出"四标四类"的拉市海高原湿地游憩机会图谱。

在 LAC 理论运用方面，清华大学资源保护和风景旅游研究所在其承担的黄山、泰山、镜泊湖等旅游规划中对 LAC 理论进行了尝试性的实践和运用。LAC 理论被运用到国家地质公园规划管理、园林规划与管理、自然资源规划管理、沙漠型景区、乡村旅游景区等旅游目的地。易平和方世明（2014）将可接受改变的极限理论（LAC）运用于地质公园旅游规划管理中，指出相应的理论框架和适用条件，形成现状—规划—监测—响应的地质公园旅游规划管理体系。韦健华（2014）依托旅游容量传统概念和改进的 LAC 基本理论，分别从环境接受概率、游客体验效用、旅游需求预期三个角度构建了森林公园旅游容量评价模型及其评价标准。石磊等（2016）以沙湖型旅游景区为例，提出了中国沙漠型景区的旅游环境容量测算技术——沙漠游憩使用管理框架（DRUM）。全君彦（2018）根据 LAC 理论对古村落旅游环境容量管理进行了研究。林祖锐等（2018）以 LAC 理论为指导，结合古村落旅游容量特征构建古村落旅游容量指标体系。唐泓凯等（2020）基于 LAC 理论，以海南热带雨林国家公园境内的七仙岭国家森林公园作为研究对象，采用 LAC 的九步技术路线建立旅游综合容量评价体系，为园区的优化设计、后续的规划与开发提供了较为科学的理论依据和实际参考价值。

在 VERP 理论运用方面，宋文姝（2011）分析了 VERP 框架的特点、启示与存在的问题。沈海琴（2013）在分析美国国家公园管理模型的基础上，指出 ROS、LAC、VERP 都是分析公园物质环境和社会环境，并根据结果制定相应对策以达到提高游客体验的目的。王根茂等（2019）基于

VERP 理论，结合实地调研，通过相关利益主体的分析制订了湖南南山国家公园体制试点区游客体验和资源保护的行动方案，为实现试点区游憩资源的永续利用提供了对策建议。赵若曦（2020）基于 VERP 理论，以八达岭长城区域为研究地点，通过问卷调查、访谈、实地调查等方法调查了公园内环境、设施情况，游客出行动机、使用情况、拥挤感知、满意度等，并采用多种数据分析方法对区域承载力结果进行分析。王梦桥和王忠君（2021）以美国拱门国家公园为例，指出 VERP 理论被认为是国家公园游憩管理中最具使用价值的工具之一，当前我国正致力于建设以国家公园为主体的自然保护地体系，VERP 理论则为中国国家公园游憩管理提供了一个理性思路。

2）旅游容量预警研究。预警是在危险发生之前发出警示信号的一种风险防范机制。预警理论常用于军事训练、生态风险管理、经济风险管理等方面，从 21 世纪开始被引入旅游领域，形成旅游预警理论。旅游容量预警是一种提前预防、事中监测控制和事后调控管理相结合的旅游风险防范与管理机制，以期有效避免或减少旅游容量弱载或超载造成的损失。近年来，国内旅游容量预警研究体系逐渐完善。杨春宇等（2006）率先将预警理论和方法运用于分析旅游活动所造成的旅游环境变化过程，以解决旅游容量研究缺乏综合性、系统性、动态性和预警性的现实性问题。赵永峰等（2008）提出预警系统应成为旅游容量的组成部分。闫云平（2013）构建预警系统，以西藏地区景区为研究对象，设计空间数据库管理平台，实现旅游容量评估和预警功能。刘佳等（2012）梳理了我国旅游容量的预警研究，认为预警理论有助于政府和旅游管理部门做出科学合理的管理策略，并为其提供旅游规划、开发与管理的技术指导，但当前中国旅游容量预警研究的理论架构和方法体系还不完善，需要进一步研究。马守春等（2018）基于生态安全预警相关文献，借鉴生态旅游环境容量指标体系及其容量值，结合景区实际，建立了雅鲁藏布大峡谷景区生态旅游环境容量监测预警模型，并确定了旅游监测预警的标准及等级。何海洋（2020）以东宁—绥芬河地区为研究区，在梳理分析研究区地质环境承载力需求的基础上，合理构建了地质环境承载力评价指标体系，开展了地质环境承载力本底与状态评价、影响因素对承载力的驱动机制、现状和趋势预警研究。冯超群（2021）以黄鹤楼公园为研究对象，基于旅游容量量化研究成果，构建了旅游容量预警系统，实现了对黄鹤楼公园以及黄鹤楼内游客游览质量的预测和监测，为缓解景区拥堵问题，提高游客游览质量提供了一定的科学依据。

总的来说，我国旅游环境容量管理仍然局限在游客数量控制上，无论是从景区供给方面的调控策略，如门票提价与门票数量控制，还是从游客需求角度改变景区游览路线和景区吸引物，其结果都是调控游客流向，增加游客消费选择。旅游管理者无论选择哪种管理工具，都需要综合考虑旅游活动对环境、游客、成本、居民等的影响，优选最佳管理方法，以降低旅游活动带来的负面影响。

（4）国内旅游环境容量研究述评。国内旅游环境容量研究已有30余年，研究内容集中在旅游容量概念、评价模型、管理方法、指标体系等，主要以控制游客量为出发点，在量化模型应用中以合理游客量为最终指标。旅游容量概念体系初步形成，认知也更加全面，普遍认同旅游容量具有阈值属性及动态属性。评价模型更加科学，物元分析法、综合指标法、状态空间法、生态足迹法、系统动力学等在研究中得到运用，指标体系构建更加有针对性，计算模型得到不断的改进。实证研究范畴从宏观分析逐渐细化到微观领域，旅游城市、乡村旅游目的地、文物古迹类景区、主题公园及旅游度假区等旅游目的地的旅游容量研究得到关注。研究理论向交叉学科拓展，初步形成了旅游学、地理学、经济学、管理学、规划学、运筹学、环境经济学、生态学等多学科融合发展的态势。然而旅游环境容量概念缺乏全面、系统、权威的理论阐释，旅游环境容量管理往往陷入数字管理陷阱，评判标准主观性较大，忽略了旅游流的时空差异，还存在旅游环境容量管理等同于景区游客容量控制的传统思维。指标体系的选择、评价模型构建、阈值标准的界定以及管理工具的应用等将是今后研究的重点。应建立时空动态评价模型，以市域、省域或国家作为研究对象，进行中宏观旅游环境容量定量测度，形成宏观与微观二级管理体系，并将其纳入旅游规划与管理全过程，提高旅游环境容量约束效果，促进旅游可持续发展。

综上所述，国内外关于旅游经济增长差异、发展动力、影响作用等方面的研究成果较为丰富，形成了多样化的旅游环境容量测度方法体系，初步探讨了旅游经济与旅游环境的协调发展问题，但未将旅游环境容量研究有效融入旅游经济增长研究领域，旅游环境容量缺乏宏观层面的动态测度及对旅游经济的影响研究，并且仿真模拟在旅游经济增长与旅游环境容量中的动态研究较为缺乏。

因此，本书在国内外研究基础上，基于全域旅游发展、旅游产业转型升级的发展背景，以缓解旅游超载、旅游拥堵、环境破坏等现实问题为目标，构建旅游环境容量动态评估模型，通过旅游经济增长与旅游环境容量的相关分析，探讨两者之间的非均衡特征，得出环境容量影响旅游经济可持续增长的关键要素；基于系统动力学，构建旅游环境容量约束下旅游经济增长系统动力学模型，比较各旅游城市原始增长模式与资源模式、环境模式、经济模式下的旅游经济增长特征和旅游环境容量态势，确定区域最优增长路径，建立政策响应管理体系，以保障旅游经济可持续、均衡增长。

四、研究方法

本书采用理论研究、系统分析与实地调查相结合的研究方法。

（一）系统动力学模型

系统动力学模型（SD）是一种动态仿真系统，具有较强的科学性、客观性，能够清晰地反映系统各要素间的关系，对研究对象的历史数据要求较低，并具有动态特性，适宜于分析复杂性、动态性和多变性的中长期预测，在旅游经济系统运行、旅游产业竞争力和旅游产业链领域得到运用。本书基于旅游环境容量构建旅游经济增长系统动力学模型，对我国九个热点城市，以 2010 年为基期，模拟 2010~2030 年旅游经济增长指数和旅游环境容量态势，并对不同旅游环境容量调控方案进行比较，寻找区域旅游经济发展最优路径。

（二）回归分析

回归模型是常用于分析影响要素之间相互关系的工具，其中针对多元影响要素的模型主要有线性回归模型。本书建立资源、固定资本、人力资本等要素与旅游经济之间的线性回归方程，并探讨旅游资源容量、旅游生态容量、旅游经济容量要素对旅游经济的影响机理。

五、研究思路

本书的研究思路如图 1-3 所示。本书建立旅游环境容量动态评估模型，分析热点城市旅游经济增长特征与旅游环境质量特征，基于环境要素构建旅游经济增长模型，探讨旅游环境要素如何影响旅游经济增长，并确定主要动力因素；接下来基于系统动力学构建旅游环境容量系统动力学模型，确定变量、流程图和方程式，同时采用实证分析和比较分析得到不同旅游环境容量调控方案下不同城市、不同时间段的旅游经济增长指数与旅游环境容量态势；最后，在理论分析和经验论证的基础上，就如何在旅游经济增长过程中发挥旅游环境容量调控作用提出对策建议。

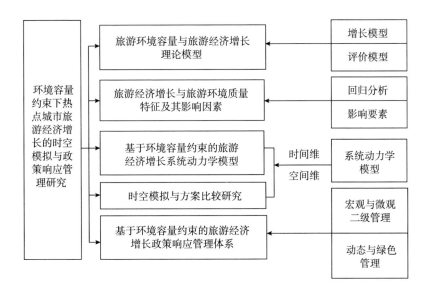

图 1-3　研究思路及结构

第二章
基础理论解读

一、旅游环境容量基础理论

（一）旅游环境容量概念

伴随旅游业的快速发展、旅游资源的过度开发以及游客规模的逐年增多，旅游活动对环境产生的负面影响越来越严重，如旅游资源枯竭、旅游生态环境恶化、历史遗址遗迹受到不可逆转的破坏等。究其原因，在于旅游管理者开发旅游资源的过程中只重视经济利益而忽视资源环境的承载能力，对旅游资源过度开发，无论是自然景观还是人文景观的建设均超过了资源本体的环境容量。环境容量最初运用在生物学领域，是指生物种群所能增长的最大极限值。1963 年，拉佩芝（Lapage）率先将环境容量的概念运用在旅游学领域，提出"旅游环境容量"（Tourism Carrying Capacity）一词，并指出通过限制游客数量能够保证游客的满意度以及区域旅游环境质量。1964 年，Wagar 提出旅游环境容量的定义，即一个旅游目的地在保证游客体验质量前提下所能承受的最大使用量。自此之后，学者对旅游环境容量的概念进行了广泛探讨，将生态学、经济学、社会学理论引入旅游环境容量理论研究，初步形成了旅游环境容量概念体系。基于生态学视角，旅游环境容量是在不影响生态环境和自然资源的前提下，旅游地所能承载的最大游客数量（Phillips，1992；赵红红，1983）。基于经济学视角，旅游环境容量是在不造成当地经济下降的前提下，旅游地所能承载的最大游客数量。基于社会学视角，旅游环境容量是在不造成游客满意度、游客心理旅游体验下降的前提下，旅游地所能承载的最大游客数量或最适宜游客数量（Mathieson & Wall，1982；保继刚，1987；崔凤军，1995）。随着概念体系的逐渐成熟，学者意识到经济因素、环境因素和社会因素均会对旅游环境承载力产生影响，因此衍生出综合旅游环境容量的概念，将旅游环境容量定义为在不造成自然、社会环境负面影响下，旅游目的地的自然环境、社会环境和资源环境要素极限值的最小值（吴志才和彭华，2003）。孙连群等（2017）则认为旅游环境容量是指在一定时间条件下，一定旅游资源的空间范围内的旅游活动能力，也就是在不严重影响旅游资源特性、质量及旅游者体验的前提下，旅游资源的特质和空间规模所能维持的最高旅游利用水平。彭岩波等（2020）提出旅游环境容量是指在未引起对资源的负面影响、降低游客满意度、对该区域的社会经济文化构成威胁的情况下，对一个给定地区的最大使用水平，一般量化为旅游接待地的旅游人数最大值。综上所述，旅游环境容量的概念表现出以下特征：一是前提条件是不造成当前及今后长时间范围内旅游资源、环境和社会的负面影响；二是极限值的界定从游客数量转变为最大游客数量、最优游客数量或最大旅游活动量；三是旅游环境容量的影响从物理影响转变为物理影响与心理影响的组合，综合考虑生态、资源与心理等多种要素。

鉴于此，本书总结众多学者的概念界定，将旅游环境承载力的内涵从游客容量扩展为综合与动态的环境容量，即在不造成当前以及未来旅游资源、旅游经济和旅游生态环境恶化的情况下，旅游目的地承载日益增长的旅游活动的能力。

（二）旅游环境容量测算

1. 概念

旅游环境容量测算是旅游环境容量管理的前提条件，能够为旅游资源利用制定开发限度，为旅游相关利益者提供一定的行为规则，对于旅游目的地管理和旅游环境健康可持续发展有着十分重要的意义。国内外旅游环境容量定量评价通常是先构建旅游环境容量模型，确定组成结构，选择评价指标与界定标准，运用一定方法进行测度。不同的旅游环境容量组成结构和测算方法，以及不同的研究对象，其旅游环境容量评价结果不相同。

根据旅游环境容量的概念，其影响要素不单单指旅游目的地的自然环境，还包括社会、经济、人文、心理等多个要素，因此旅游环境容量往往被分为生物容量、社会文化容量、心理容量、管理容量、资源容量、空间容量等多个组成部分进行评价（见表2-1）。旅游环境容量的组成结构关系到旅游环境容量评价指标的选取，以及旅游环境容量界限的划分。

表 2-1　旅游环境容量分类

作者	年份	类型
Lime 和 Stankey	1979	生物物理容量、社会文化容量、心理容量、管理容量
O'Relly	1986	自然容量、经济容量、社会容量
崔凤军和杨永慎	1995	生态容量、资源容量、心理容量、旅游经济容量
骆培聪	1997	生态容量、空间容量、生活环境容量、心理容量
保继刚和楚义芳	1999	生态容量、资源容量、心理容量、经济容量、社会容量
明庆忠等	1999	自然环境容量包括生态容量、空间容量、资源容量；人文旅游环境容量包括社会容量、经济容量、旅游经济环境容量、旅游氛围环境容量、旅游政策管理容量、人文景观保护容量
李艳娜和张国智	2000	旅游生态容量、旅游空间容量、旅游设施容量、旅游者和社区居民的心理容量
文传浩等	2002	自然环境容量、社会环境容量、经济环境容量
丛艳国和魏立华	2004	生态容量、资源容量、经济容量、心理容量
黄震方等	2008	社会经济容量、生态环境容量、资源环境容量

续表

作者	年份	类型
孙元敏等	2015	旅游生态环境容量、旅游资源空间容量、旅游经济容量、旅游心理容量
吴丽媛等	2016	旅游空间环境容量、旅游生态环境容量、旅游经济环境容量、旅游社会心理环境容量
王文和陆斌	2020	旅游生态环境容量、旅游功能设施环境容量、旅游空间环境容量、旅游社会心理环境容量
赵建春和王蓉	2021	旅游生态环境容量、旅游空间环境容量、旅游社会环境容量

《旅游规划通则》① 中将旅游容量分为旅游空间容量、旅游设施容量、旅游生态容量和旅游社会心理容量，并针对旅游景区提出了日空间容量和日设施容量的计算公式。之后，学者不断修正与改进旅游环境容量结构与测算公式，初步形成了方法多样的旅游环境容量测算体系。孙元敏等（2015）以南澳岛为研究对象，构建了由旅游生态环境容量、旅游资源空间容量、旅游经济容量和旅游心理容量组成的旅游环境容量体系，并提出调控供水能力、住宿接待能力和交通运输能力等能够提高该区域的旅游环境容量。高洁等（2015）构建了以生态环境容量、资源空间容量、经济发展容量为基础的旅游环境容量模型，其中生态环境容量包括生活污水环境容量、固体废弃物环境容量和大气环境容量，经济发展容量包括水资源容量和住宿设施容量。刘玮（2015）构建了森林公园的旅游环境容量，并将其细分为游客容量、建筑容量、场地容量、游览区容量、水源和能源容量。冯婉仪和张珊（2020）基于生态环境容量（空气环境容量、海水环境容量）、旅游空间容量（景点空间容量、游道空间容量）和社会环境容量构建海洋环境的容量指标评价体系，其研究结论对海洋环境保护与发展意义重大。黄倩等（2021）以生态环境容量、经济容量、社会心理容量、资源空间容量构建上饶市旅游环境容量。综合众多学者的旅游环境容量构成

---

① 《旅游规划通则》（GB/T 18971—2003）为中华人民共和国国家标准，由国家质量监督检验检疫总局于 2003 年 6 月 1 日经中国标准出版社出版发布。该标准由原国家旅游局提出，由全国旅游标准化技术委员会归口并解释。

思路，本书旨在探讨旅游经济增长与旅游环境容量之间的关系，因此重点测度利用经济要素、旅游资源要素和旅游生态要素对旅游环境容量的影响。基于此，本书将旅游环境容量分为旅游经济承载力、旅游资源承载力、旅游生态承载力三个组成部分，且三个系统要素之间相互影响、相互作用。

2. 测算方法

根据旅游环境容量构成，选择合适的测度方法，旅游环境容量调控管理才能科学有效。旅游环境容量测算方法主要分为数值法和指标评价法两大类。

（1）数值法。数值法是将旅游环境容量各组成部分进行概念界定与公式量化，最终计算出区域环境容量极限值。根据常用的旅游环境容量组成部分，这里主要从生态环境容量、资源空间环境容量、旅游经济环境容量、旅游社会环境容量分析具体测算公式。

1）生态环境容量（Ecological Environment Capacity，EEC）。以自然景观和优越的环境作为吸引物的旅游目的地，其卫生环境、大气环境、土壤环境均会受到旅游活动的影响，若旅游开发超过生态环境的极限值，将会造成不可逆转的生态环境问题。因此，针对这些旅游目的提出生态环境容量的概念，划分大气环境容量、水体环境容量、土地环境容量、固体废弃物容量四个分容量，测算由旅游活动产生的废水、固体废弃物、废气污染极限值。

大气环境容量（Atmospheric Environment Capacity，AEC）测算公式如下：

$$AEC = \frac{总悬浮颗粒物容量}{每人日均产生总悬浮颗粒物}$$

水体环境容量（Wastewater Environment Capacity，WEC）测算公式如下：

$$WEC = \frac{日生活污水处理能力}{人均生活污水每日产生量}$$

土地环境容量（Land Environment Capacity，LEC）测算公式如下：

$$LEC = \frac{景区游览用地面积}{人均用地面积}$$

固态废弃物容量（Solid Environment Capacity，SEC）测算公式如下：

$$SEC = \frac{日处理固态废弃物能力}{人均每日产生固态废弃物量}$$

生态环境容量的计算公式如下：

$$EEC = Min（AEC，WEC，LEC，SEC）$$

2）资源空间环境容量。旅游资源空间环境容量是测度一定时间和空间范围内资源承载的游客数量，通常测度资源的瞬时容量和周转率来计算资源最大容量。其中资源的瞬时容量是资源的有效游览空间面积除以每人最低游览空间标准，周转率根据游客在景区内游览平均时长和资源开放的时间，得到资源的最大资源空间容量。旅游资源容量测度根据景区地形、游线设计和资源特点，可分为面积法、线路法和卡口法进行测算。

面积法计算公式如下：

$$旅游资源空间容量 = \frac{可游览面积}{游客可占用的合理游览面积} × 周转率$$

其中，景区的日平均周转率是景区开放时间与每位游客在景区游览所需要的游览时间之比。

线路法计算公式如下：

$$旅游资源空间容量 = \frac{游线长度}{每位游客占用游道长度} × 周转率$$

卡口法是实测景点主要出入口等卡口处单位时间内通过的游客量总和。

旅游资源空间容量常用于测量旅游景区的环境容量，在旅游规划中体现最大游客量，以便于景区管理者调控游客容量，优化景区规划。

3）旅游经济环境容量。旅游经济环境容量主要包括停车场、供电、供水、给排水、通信等基础设施容量与交通、住宿、餐饮等旅游服务设施容量。测量公式如下：

$$C_w = \frac{日旅游活动供水量}{过夜游客耗水×过夜游客比例+不过夜游客耗水×不过夜游客比例}$$

$$C_e = \frac{日旅游活动供电量}{过夜游客耗电×过夜游客比例+不过夜游客耗电×不过夜游客比例}$$

$$C_b = \frac{住宿设施数量×全年可游天数×设施平均利用率}{P\ 住宿游客比×平均住宿天数}$$

$$C_t = \sum 交通设施数量×周转率×客座数量$$

其中，C_w 表示供水总量所承载的游客量；C_e 表示供电总量所承载的游客量；C_b 表示住宿设施床位总量所承载的游客量；C_t 表示海岛对外交通所承载的游客量。此四者均为日容量。

4）旅游社会环境容量。旅游社会环境容量的测量主要根据游客的体验心理、社区居民对旅游的心理接受程度，分为游客心理容量和社区居民心理容量。旅游社会心理容量因涉及人的感知和心理因素，表现出不确定性和主观性，会因时间、空间、对象的不同而呈现出差异。不同年龄、不同受教育水平、不同经济收入、不同职业的旅游目的地社区居民，对旅游活动带来的负面影响的感知也有差别。因此，旅游社会心理容量较难定量测度，一般通过设计评价指标，运用问卷调查、访谈等方法获得一手数据，来估量旅游目的地居民或游客的最大心理承受能力或最合理心理容量。旅游社会心理容量具体公式如下：

$S = A×Pa$

其中，S 表示旅游社区居民或游客的心理容量；A 表示旅游区或依托的居民点面积或游客游览面积；Pa 表示当地居民或游客不产生反感的游客密度最大值。

（2）指标评价法。指标评价法是将旅游环境容量各组成部分用指标表示，通过指标数据收集与处理，确定指标权重，运用综合分析法进行计算。旅游目的地的旅游环境容量因旅游目的地类型的不同而不同，但都遵循着一定的时空演化规律。学者根据不同研究对象采用不同的方法进行旅游环境容量综合评价。综观旅游容量研究，这里主要针对水域型旅游目的地、山岳型旅游目的地、乡村型旅游目的地进行分析。

1）水域型旅游目的地。其环境容量研究主要针对湖泊、河流、海洋和湿地的旅游环境容量进行探讨。冯晓华等（2007）以艾丁湖旅游区为研究对象，构建由旅游资源空间容量、旅游生态容量、旅游经济容量和居民心理容量构成的旅游环境容量静态模型，并运用"木桶原理"理论测定该区域旅游发展的瓶颈值。刘佳等（2012）针对山东半岛蓝色经济区，构建了由资源、经济、生态、社会四个子系统组成的滨海旅游环境承载力评价体系，并运用物元评价模型和灰色预测法对该区域的滨海旅游环境承载力进行定量测度。张桦和储九志（2013）针对城市、城郊和郊野三种不同类型的湿地公园，构建了由生态、地理、资源、设施及管理组成的湿地公园旅游环境容量测算标准。张冠乐等（2016）以宁夏沙湖景区为研究对象，测度其生态旅游环境容量，结果表明以植被环境容量为最敏感因子的生态环境容量，是此类型景区旅游环境容量的瓶颈。王文和于金生（2020）以三亚滨海浴场为研究对象，从沙滩和海水资源及基础设施等角度，定量研究了该滨海浴场的旅游环境容量。赵建春和王蓉（2021）以海南省三亚市经典海岛景区——蜈支洲岛观光景区为研究对象，采用空气环境容量、海洋环境容量等定量分析法测算观光景区的生态环境能力、设施配置能力、区域环境能力以及社会环境能力。游长江等（2021）以中国热带海洋性岛屿这一类小型海岛为研究对象，以全球资源和环境条件相同或相似的旅游海岛的平均实际控制容量系数作为南海岛屿旅游环境容量指数测度的标杆，测度小型海岛综合旅游环境容量指数。

2）山岳型旅游目的地。其环境容量主要涉及山体、森林等资源的生态承载极限值。周国海（2011）以张家界森林公园为例，分析了山岳旅游目的地旅游环境容量的变化规律。严春艳和张明（2013）针对华山风景区采用"最低因子定律"分析其旅游环境容量。胡伏湘等（2010）运用面积法和线路法测量了崀山风景区的旅游环境容量。王德刚等（2015）以泰山为研究对象，从时空维度提出了山岳型遗产地环境容量动态管理的新方法——旅游流时空卡口识别，为实现区域环境、资源与游客管理的安全可控提供了依据。吴丽媛等（2016）运用旅游环境容量静态模型，对武夷山风景名胜区旅游环境容量进行了研究。孔博等（2011）以贵州省六盘水市风景名胜区为研究对象，构建由空间承载量、社会承载量、经济承载量组成的旅游环境容量体系，分析其影响因素，定量测度区域环境容量极限值，为发挥区域旅游经济拉动效应和环境优化效应提供依据。黄骁等（2020）以国家公园为研究对象，构建生态旅游环境容量评价指标体系，其研究结论既对旅游资源的储备具有重要意义，又给国家公园生态旅游可持续发展提供了重要保障。蒋益等（2021）从珠峰大本营自身的承受能力出发，构建了生态旅游容量指标体系，对西藏珠峰景区生态旅游环境容量进行研究。李璋和段晓迪（2022）以苍山地质公园为研究对象，在环境容量的基础上，增加建筑容量的测算，进而研究公园整体环境容量控制与管理。

3）乡村型旅游目的地。因其特殊性而独具特色的研究，如林祖锐等（2018）以国家级历史文化名村小河村为例，根据 LAC 理论，结合古村落旅游容量特征构建了古村落旅游容量指标体系。其他旅游目的地，如杨秀平（2008）融入"权变"思想，考虑旅游环境容量的动态特征，提出了改进型层次分析法，针对森林公园分析了旅游环境容量随时间变化的动态波动特征。周庆等（2017）以原始部落翁丁古寨为研究对象，从旅游生态容量、旅游空间容量、旅游设施容量、旅游心理容量对其旅游环境容量极限开展研究和分析，可为翁丁古寨的环境及文化保护提供技术支撑，促进翁丁古寨旅游可持续发展。骆晓庆等（2018）以青木川古镇为研究对象，通过测算生态环境容量、资源空间容量、旅游经济容量、社会心理容量四个指标，对其旅游环境容量进行研究。

综上所述，旅游环境容量测度初步形成了定量评价体系，评价方法以静态分析为主，缺乏动态分析，测度方法相对简单，指标并未考虑外部因素的变化特征以及对经济社会的影响。

（三）旅游环境容量评估模型

旅游环境容量的评估模型主要分为静态模型和动态模型。静态模型主要运用单一指标，测定一定时间和空间范围内的旅游环境容量现状，而动态模型考虑时间维度的动态变化特征，运用统计学、计量学、系统动力学等方法对旅游环境容量历史、当前或未来进行测度。

静态模型主要运用单一因子类及单一指标类方法。单一因子类方法是构建限制指标作为旅游目的地环境容量的阈值，该方法仅适用于环境条件简单、旅游容量影响因素单一的情况。单一指标类方法是利用木桶原理，从自然环境、社会环境以及经济环境要素中选取最重要的限制因素，计算其极限值作为旅游目的地的承载能力。但以该方法确定区域旅游环境容量极限值之后可能会限制区域的发展，且该方法测定的极限值具有一定滞后性，不会随着时间的变化而改变。

动态评价模型主要是考虑时间变化，以及因时间变化而引起的影响因子变化，运用动态分析方法对旅游环境容量进行评价，主要包括统计学方法和系统动力学模型。统计学动态模型是从时间维度考量数据的变化趋势，分析旅游容量相应的变化规律，并采用数学方法对相关因子之间的关系进行描述，从而反映不同时期旅游环境容量的动态变化（李金海，2001）。该方法从时间序列的角度总结旅游容量变化规律，并建立相应的数学公式，但该方法时间周期长、成本高，并且显示的是数值变化。系统动力学模型利用计算机数值模拟手段对社会动态系统进行仿真，这样能大幅度减少调研周期，同时得到合理的结果，这也是当前研究的热点问题。系统动力学模型是用仿真模拟方法，构建旅游环境容量系统，并建立相关要素之间的方程式，从而获得旅游环境承载力现状以及未来发展趋势，并能够比较不同方案下旅游环境承载力的变化的方法，该方法所用数据要求低、所需样本少，是对复杂系统分析的重要工具。例如，Lawson 等（2003）通过计算机仿真建模对社会容量进行自动检测和自适应管理。彭礼红（2008）运用 SD 方法构建旅游容量 SD 模型，对旅游容量进行动态仿真。该方法简单方便、客观性强，但是仿真结果受建模指标设置和赋值的影响很大，因此在采用系统动力学模型时，必须设置合理的指标体系值，这样才能保证仿真结果的有效性。

（四）旅游环境容量管理工具

随着旅游环境容量理论的不断发展与完善，旅游环境容量综合管理体系逐渐形成，包括游憩机会序（Recreation Opportunity Spectrum，ROS）、最大可变游客限度（Limits of Acceptable Change，LAC）模型、游客影响管理（Visitor Impact Management，VIM）模型、游客经验与资源保护框架（Visitor Experience and Resource Protection，VERP）、游客活动管理规划（Visitor Activity Management Process，VAMP）和旅游管理最佳模型（Tourism Optimization Management Model，TOMM）。这些理论和技术方法为旅游目的地更好地平衡资源保护和旅游利用作出了有益探索。

ROS 理论于 1979 年被美国国家林业局运用到国家公园环境管理中。之后，学者对 ROS 理论进行改进，提出 LAC 理论。1985 年，美国国家林业局在《荒野地规划中的可接受改变理论》报告中，系统地提出了 LAC 理论框架和实施方法与步骤。LAC 理论旨在寻求资源的绝对保护（Absolute Protecting）和无限制利用（Unrestricted Recreational Use）之间的平衡点，用以解决相关矛盾。VAMP 理论是由加拿大国家公园局在 1985 年提出的。VIM（Visitor Impact Management）理论是在 1990 年由美国国家公园保护协会提出的，在北美、澳大利亚和新西兰等地均得到广泛应用。TOMM（Tourism Optimization Management Model）模型是澳大利亚在 1990 年为管理袋鼠岛旅游活动而提出的。VERP（Visitor Experience and Resource Protection）理论出现在 1992 年，它是由美国国家公园管理局根据 LAC 理论改进而来的，主要目标在于解决环境容量问题、测度最适宜的游憩利用以及由游憩活动带来的相关生物物理学影响的最小值，其主要目的是保护公园资源和游客体验的质量。这些管理工具是时代的产物，承载着时代特征，反映出不同的生产力水平。

1. ROS（Recreation Opportunity Spectrum，游憩机会图谱）

ROS 是由 Wagar 于 1966 年基于露营者的需求差异，将营地划分为不同等级来满足消费者的不同需求。1976 年，美国在国家森林管理条例中提出了 ROS 框架，在一定程度上推动了 ROS 理论的发展。1978 年，Brown 等撰写了世界上第一篇游憩机会图谱技术报告。1982 年，美国林业局出版《ROS 使用指南》，为 ROS 理论在实践中的运用提供了有针对性和指导性的框架。游憩机会图谱是为了提高游客在游憩目的地的游憩体验，从活动、环境和体验三方面所提出的物质环境、社会环境和管理环境极限值。游憩机会图谱方法是以游客偏好和行为规律差异为指导，根据旅游目的地的环境特点将其划分为不同类型的空间区域，以便旅游者找到与其偏好匹配的游憩空间和游憩活动，从而提高消费者的游憩体验（见图 2-1），并为区域空间管理和规划提供理论参考，同时为可接受变化极限理论技术的提出奠定基础。

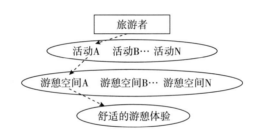

图 2-1　旅游者、游憩活动与游憩空间及游憩体验关系

2. LAC（Limits of Acceptable Change，可接受的改变极限）

1984 年，Stankey 发表的《可接受改变的极限：管理鲍勃马苏荒野地的新思路》中提出了 LAC 框架，1985 年美国林业局出版的《荒野地规划中的可接受改变理论》，进一步完善了 LAC 的理论体系，并将环境容量测算分为九个步骤（见图 2-2）。LAC 理论是在 ROS 理论的基础上细分游客体验因素，并详细阐述了相关因素的评价指标。LAC 理论在旅游容量研究中认同感较高，其针对研究对象，建立与其紧密相连的、可量化的指标来弥补单纯以游客数量来描述旅游容量的缺陷。LAC 理论首先针对研究对象进行游憩机会种类和规划分区，然后确定资源和经济评价指标及标准，分配旅游活动，确定管理策略，评价并执行管理活动。整个过程充分考虑游客体验与资源社会条件，寻求两者之间的平衡，为可持续发展和有效管理提供参考。

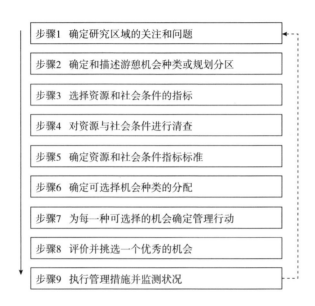

图 2-2   LAC 实施过程的九个步骤

资料来源：根据文献资料整理而得。

3. VERP（Visitor Experience and Resource Protection，*游客体验与资源保护*）

为实现保护国家公园资源环境和提高游客体验的平衡，1992 年美国国家公园管理局（NPS）研究人员对旅游环境容量理论系统研究以及对 LAC 理论进一步调整、改良与调试，提出 VERP 框架，并将其列入公园总体管理规划（General Management Plan，GMP）。1997 年，美国国家公园管理局将 VERP 定义为"一个综合考量游客活动对游客体验和公园资源冲击的规划框架或监测管理工具，这些冲击受游客行为、使用程度、使用类型、时间及使用范畴等因素的影响"。VERP 通过建立研究对象的研究框架，分析研究对象使用情况与特点，构建评价标准，制定规划，监测各项指标，最后执行管理行动（见图2-3）。该理论为国家公园经营管理提供了一个理性的规划框架和操作性强的动态管理工具，是对 ROS 理论和 LAC 理论的深化，更能适用于拥有复杂体系的公园规划。

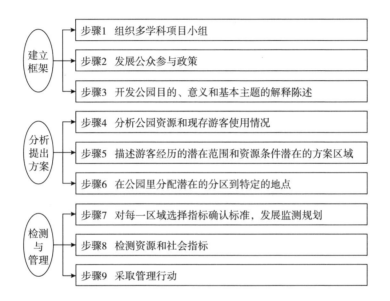

图 2-3　VERP 实施过程

资料来源：根据文献资料整理而得。

4. 其他旅游容量管理研究

例如，游客影响管理模型（Visitor Impact Management，VIM）、游客活动管理规划（Visitor Activity Management Planning，VAMP）、旅游管理最佳模型（Tourism Optimization Management Model，TOMM）等。这些理论在概念上没有本质的不同，都是为了解决旅游容量问题，通过建立某种公式对旅游地的未来提供管理指导，建立监测指标，并提供旅游地在情况不可接受时的管理策略等，只是各理论的步骤、过程及适用对象略有不同。这些理论都偏向于游客体验方面，对于旅游容量而言并不全面。

综上所述，在进行旅游环境容量评估模型建立时，需要考虑以下几个方面：一是旅游环境容量是一个复杂的系统，评价过程必须综合考虑其他外部要素，包括经济要素、资源要素和环境要素，并且科学合理地选择指标及其标准，以保证结果的客观性，为旅游开发提供参考意见，确保旅游发展在不影响经济效益和环境保护的前提下有效可持续增长。二是加强动态模型的研究。旅游环境容量静态模型具有滞后性，往往不能适应变化的旅游形式，因此需要建立动态模型，分析旅游目的地旅游环境容量现状及其未来发展趋势，预估环境阈值区间，判别承载态势，以提前做好旅游规划与风险防范工作。

二、旅游经济增长基础理论

（一）旅游经济增长内涵

1. 经济增长

经济增长一般意义上是指在一个相对较长的时间范围内，某个国家或经济实体所生产的商品和服务持续增长，这种增长既可表示为总产量也可表示为人均产量。萨缪尔森认为经济增长数值能够反映一个国家的潜在GDP或国民产出的增加。亚当·斯密认为国家财富的增长主要得益于劳动分工、资本积累和技术进步。西蒙·库兹涅茨指出经济增长得益于相应的先进技术及其所需要的制度和思想意识。学者通常用国内生产总值（GDP）或者人均国内生产总值（人均GDP）来表示经济增长数量值。随着经济发展以及人们对经济增长认识水平的提高，不同学者根据当时经济增长的实际情况对经济增长进行界定，具体如表2-2所示。

表 2-2 经济增长内涵

作者	内涵
萨缪尔森	一国总产出跨时期增长，通常用一国的实际地区生产总值或潜在实际地区生产总值的年增长率来表示
西蒙·库兹涅茨	一个国家的经济增长，可以定义为给居民提供种类日益繁多的经济产品的能力，这种能力取决于先进技术以及所需要的制度和思想意识相应的调整。各国经济增长是指人均或每个劳动者平均产出的持续增长
亚当·斯密、大卫·李嘉图、约翰·穆勒	一国的经济增长表现为国民财富的增长，国民财富的增长取决于劳动力数量的增加和劳动生产率的提高，以及资本的积累和再投入，资本积累和再投入又会引起生产的扩大，进而会对劳动力产生新的需求，而劳动就业人数增加则带来生产规模的扩大和产出的增加，此时资本积累增加，剩余再次出现，增加的资本和劳动力进入新一轮的扩大再生产过程，增长又重新开始
诺斯	人均收入的长期增长，经济增长意味着社会总收入比人口增长快

2. 旅游经济增长

旅游经济是依托商品经济的发展、科学技术水平的提升，旅游活动过程中旅游者和旅游经营者之间按照各种利益而发生经济往来、买卖关系所表现的经济活动和经济关系的总和。旅游经济具有增加外汇、回笼货币、增加就业以及发展区域经济等方面的积极作用。随着经济的快速发展，旅游需求与供给之间的市场交换关系越来越多，其带来的货币交易量逐渐增加，这代表旅游经济发生了数量增长。旅游经济增长是指一个国家或地区在一定时期内，通过投入旅游资源、资本、人才等生产要素，不断提高生产效率，促使旅游经济总产出在数量上的增加和规模上的扩大的过程。旅游经济增长能够反映一个国家或地区旅游经济发展水平（冯丽萍，2018），主要影响因素包括旅游资源及其开发和利用的程度、旅游投资增长率及投资效率、旅游从业人员的数量与质量、旅游科技进步程度及利用程度和旅游业的对外开放水平等因素。区域旅游经济具有较强的空间溢出效应，不同的生产要素如资本、劳动力结构等均会对区域旅游经济发展产生不同程度的影响。

（二）旅游经济增长特征

1. 旅游经济增长的有效性

旅游经济增长的有效性是指旅游经济投入要素与产出要素的比值。旅游经济增长过程中，旅游经营管理者通过投入食、住、行、游、购、娱等相关要素，来提高旅游总收入，增加旅游人数。在投入要素不变的情况下，旅游产品和服务产出越多，代表要素的生产率越高，旅游经济增长的有效性越强。另外，劳动生产率、规模经济和资源配置效率对旅游经济增长率起到积极影响。

2. 旅游经济增长的稳定性

旅游经济增长的稳定性是指旅游经济增长过程中的波动程度以及偏离预期值的程度，能够反映旅游产业的发展态势。当旅游经济呈现稳定性增长态势，旅游经济就保持适宜的增长率，并且在可承受范围内。当旅游经济增长稳定性低，就表明旅游经济发展过程中存在负面因素，使得旅游经济增长率高于预期值，容易导致通货膨胀，或者旅游经济增长率低于预期值，带来通货紧缩，这都会对旅游经济增长带来不利影响。因此，旅游经济增长在短期可以表现出动态波动，但在长期发展过程中应将波动控制在一定范围内，以此保持经济的平稳健康发展态势。

3. 旅游经济增长的可持续性

旅游经济增长的可持续性是指旅游经济持续增长的能力。旅游产业在不同发展阶段所采取的模式有所不同。早期旅游产业发展过程中，许多旅游目的地以牺牲资源与环境为代价开发旅游项目，以此吸引游客，提高旅游收入和人数，最终导致资源浪费、环境污染等问题。这种模式不能适用于当前生态文明旅游发展理念。为适应生态、绿色、文明等旅游发展理念，旅游产业需要调整经济增长方式，走生态旅游发展之路，促进自然效益、经济效益与社会效益的协调统一，推动旅游产业可持续发展。

4. 旅游经济增长的协调性

经济增长的实践表明，经济增长会随着时间和地域的改变、产业结构调整、政策制度改革而不断改变。旅游经济增长不仅受到旅游住宿、餐饮、交通、娱乐、购物、游览等旅游要素的影响，而且受到外部经济、社会与生态环境因素的影响。旅游经济均衡增长需要综合考虑外部资源、环境要素的动态变化特征，以及时空差异特征，保持旅游经济与资源、经济、生态要素之间的协调发展。

（三）旅游经济增长约束因素

被称为"经济增长原因分析之父"的丹尼森教授认为，影响区域经济增长的因素可分为七大类，如图2-4所示。

图2-4　丹尼森的经济增长因素

旅游经济作为经济研究领域的一部分，其增长因素在一定程度上与经济增长因素具有相似性，但因旅游活动具有复杂性和相关性，旅游经济增长影响因素具有其独特特征。旅游经济发展初期，中国旅游经济的增长主要推动力包括资本、技术、劳动等要素。唐晓云（2007）指出1992~2005年中国旅游经济增长主要依靠资本投入。左冰和保继刚（2008）以1992~

2005 年的旅游数据为研究样本，发现中国旅游经济增长模式是典型的要素驱动型增长方式，而劳动驱动型增长方式，其技术进步比较缓慢。左冰（2011）认同要素驱动说，认为中国旅游经济的增长主要依靠要素驱动，特别是资本要素驱动。李仲广和宋慧林（2008）认为 1996～2005 年中国旅游业发展主要依靠劳动驱动，而资本贡献率及全要素生产率非常低。汤明信（2019）认为旅游产业高级化对于旅游经济而言，既可以丰富旅游产业发展的方式，又可以促进旅游经济的增长。邓祖涛（2021）基于固定效应面板门限回归模型发现，文化资本对旅游经济增长具有显著的非线性影响，物质资本依然是旅游经济增长的主要驱动要素。孟政宇和周春波（2021）研究发现文化产业和旅游产业融合发展能显著促进旅游产业发展，两者融合发展越好，旅游经济增长越快。此外，市场化和城镇化对旅游经济增长有显著的正向效应，而且在文化与旅游产业融合促进旅游经济增长的过程中起强化作用。

学者聚焦于区域旅游合作、旅游产业集聚、旅游接待能力、旅游产业结构等视角探讨影响因素。罗文斌（2004）、张慧霞和刘斯文（2006）从区域旅游合作角度分析发现，区域旅游合作需要规模经济的形成、区域旅游竞争力和供求能力的提升共同来实现。邹晓明等（2004）、粟路军和奉亚卓（2007）采用比较优势理论进行分析，认为旅游经济存在规模经济，因此区域旅游合作可以优化配置不同旅游资源从而提升旅游经济效益。袁虹和吴丽（2006）将旅游业划分为四个发展阶段，并将城镇居民家庭人均收入、运输线路长度、第三产业增加值等因素作为影响因子进行分析。庞丽等（2006）从旅游接待能力的视角分析发现，旅游目的地的旅行社服务水平、酒店的接待能力及当地经济发展水平对旅游经济增长的影响很大。部分学者从旅游产业结构和集聚的角度进行分析，如陆林和余凤龙（2005）、生延超（2012）认为经济发展与产业结构相关，旅游产业结构变动对旅游经济增长起到了很大的推动作用；陈太政等（2013）认为旅游产业结构是导致区域旅游经济差异的主要原因；刘佳和于水仙（2013）建立了空间计量经济模型，研究空间位置对旅游经济增长的影响，认为我国旅游经济在地区间的不平衡增长是因为旅游产业集聚存在较强的空间溢出效应；詹军（2018）运用标准差、变异系数、基尼系数、泰尔指数等计算方法，针对长三角城市群26个地市的旅游经济状况进行分析，研究结论表明旅游资源禀赋、区域经济发展水平、产业结构等因素的差异导致了长三角城市群旅游经济差异；丁辉（2020）认为第三产业增加值、资本投入、旅游服务水平是旅游经济增长的显著影响因素。从供给和需求视角来看，邢泽斌等（2019）和杨左（2019）认为显著影响旅游经济发展的变量是国内旅游人次和居民消费水平；促进旅游经济增长首先要突出需求对旅游的拉动，供给是旅游经济增长需要加强的部分。

根据经济增长的影响因素以及旅游经济增长的资本、劳动、技术等驱动力，旅游经济增长影响因素具体包括旅游资源、旅游交通、旅游设施等内生因素，以及地区经济水平、城市化、制度等外生因素。贾晗睿（2016）认为旅游人数以及国际旅游外汇收入是我国国内旅游收入的主要影响因素。吴媛媛和宋玉祥（2018）运用探索性空间数据分析方法（ES-DA）、空间滞后模型（SLM）和空间误差模型（SEM）对2005~2015年中国地级市旅游经济的面板数据进行分析，结果表明经济发展水平、旅游资源禀赋、交通条件、旅游服务设施、信息化程度是中国旅游经济空间格局的重要影响因素。刁祥飞等（2018）构建了由旅游资源与环境、旅游服务业接待能力、经济发展基础、市场区位优势和道路交通条件等要素组成的县域旅游经济评价体系指标体系。俞霞和赖启福（2018）认为资源驱动、交通条件、旅游品牌等内生因素和经济发展、市场环境、政府政策等外生因素是形成旅游经济联系强度时空差异的原因。李燕（2019）指出旅游服务质量、旅游服务人才培养、旅游管理水平和服务理念、旅游配套设施是影响北部湾旅游经济增长的关键因素。郑竹欣（2020）利用固定效应模型对影响旅游经济增长的具体因素进行实证分析，研究发现国内旅游人数、交通基础设施水平、技术进步水平和城镇居民可支配收入均对当地旅游经济增长具有显著的正效应。伍玉琳和吴舒璇（2020）结合ArcGIS 10.2从时空两维对该区域的旅游经济增长进行分析，并建立空间计量模型对其影响因素进行测度，结果表明江苏省旅游经济分布格局存在明显的空间异质性，且旅游服务水平、区位条件和游客规模均对旅游经济增长有一定的促进作用，并具有显著的空间溢出效应。郑伯铭等（2021）认为碳排放与旅游经济增长存在一定的长期关系，旅游经济增长是旅游碳排放的单向格兰杰原因。

（四）旅游经济增长模型

1. 经济增长模型

经济增长理论发展200多年以来，主要经历了以物质资本积累为特征的古典主义经济学派、以外生技术进步为特征的新古典主义学派、以技术内生化为特征的新经济增长学派和以制度为特征的新制度经济学派。各流派形成的主要模型具体如下：

（1）哈罗德—多马经济增长模型。古典主义经济学认为社会财富的增加主要是由于生产性劳动所占比例及劳动生产率的提高。20世纪30年代，哈罗德（英国）以及多马（美国）在凯恩斯的收入决定论基础上，综合考虑经济增长的长期因素，提出了哈罗德—多马经济增长模型，为现代经济增长理论的发展奠定了基本框架。该模型认为经济增长路径是不稳定的，并提出储蓄率和资本产出比是经济增长率的主要影响因素。

（2）索洛经济增长模型。20世纪50年代后期，索洛等经济学家在古典主义经济学的基础上，提出以资本积累为核心、以资本收益递减为基本假设的新古典主义经济学理论。索洛模型是新古典主义经济学理论较具影响力的模型，该模型认为技术进步（如生产要素投入量的增长和全要素生产率的提高）是经济增长的决定性因素，且是经济增长的外生影响因素。索洛模型的数学公式如下：

经济生产总量＝全生产要素×f（资本总量、劳动力数量）

（3）新经济增长模型。其代表人物主要有罗默和卢卡斯。新经济增长模型将技术、知识、人力资本等内生影响因素纳入经济增长模型中，认为技术进步或者知识和人力资本积累是经济增长的决定性要素。1986年，罗默构建知识溢出模型，将知识作为影响因子纳入经济增长模型中，结果表明知识积累是驱动经济增长的重要因素。知识或技术的溢出效应可以抵消物质资本投资边际报酬递减的性质，从而使知识或技术投资的报酬不变或递增，进而促进经济增长。1988 年，卢卡斯构建人力资本溢出模型，将技术进步视为人力资本，并验证了人力资本对经济增长的影响。通过教育等方式加大人力资本投资有利于推动技术进步，从而达到实现经济增长的目的。

（4）新制度学派经济增长理论。20 世纪 60 年代，以科斯、诺斯等为代表的新制度学派经济增长理论逐渐形成。新制度学派将制度、产业组织等要素视为内生变量纳入经济增长模型中。制度经济学理论认为制度环境是影响国家经济增长的重要因素，个人激励的有效产权制度是经济增长的决定性因素（左冰，2011）。

2. 旅游经济增长模型

旅游经济增长模型是依据经济增长理论及模型，结合旅游经济系统影响要素，建立要素之间的相关关系，测算旅游经济增长态势的理论模型。建立旅游经济增长模型是评价旅游目的地经济增长的前提，对于判别区域旅游经济、旅游资源利用状况以及做好旅游规划等具有十分重要的意义。经济增长主要受到资本、劳动力、技术、制度等因素的影响，旅游经济增长同样受到这些因素的影响，同时还具有自身独特的推动因素，包括旅游资源禀赋、旅游交通通达性、地区经济发展水平、地区消费水平和地区旅游环境等。

柯布—道格拉斯生产函数最初是由美国数学家柯布（C. W. Cobb）和经济学家保罗·道格拉斯（Paul H. Douglas）探讨投入与产出关系时创造的生产函数，在经济领域得到广泛运用，并逐渐运用到旅游领域。大多数学者将柯布—道格拉斯生产函数与经济增长模型相结合，确定影响要素，形成不同的旅游经济增长模型。例如，何敏（2018）运用柯布—道格拉斯生产函数分析资本、劳动、信息技术和旅游资源、人力资本、地区经济发展水平、产业结构以及制度等要素对旅游经济增长的影响，结果指出信息技术对地区旅游经济增长影响最为显著。

赵金金（2006）运用计量分析方法构建旅游经济增长的标准面板数据模型，具体解释变量（见表2-3）及公式如下：

表2-3　变量解析

产出要素	投入要素									
	劳动力	资本	技术	人力资本	制度	资源禀赋	旅游交通	地区经济水平	消费水平	环境
旅游总收入（TR）	旅游从业人员数量（TP）	旅游企业固定资产（EA）	旅游专利授权数量（TS）	旅游院校学生数量（PN）	中国各省份市场化指数（CS）	AAAA级以上旅游景区的加权数量（MI）	铁路营业里程和公路里程（TI）	GDP（PG）	消费价格指数（CP）	地区环境污染治理投资额（EP）

$$\ln TR = a\ln TP + b\ln EA + c\ln TS + d\ln PN + e\ln CS + f\ln MI + g\ln TI + h\ln PG + i\ln CP + j\ln EP + u + v + \varepsilon$$

罗富民（2009）将旅游经济增长影响因素归纳为旅游需求能力、旅游供给能力和区域旅游合作，构建柯布—道格拉斯函数模型，测度要素之间的相关关系，具体计算公式如下：

$$\ln Y = \alpha + A_1\ln D + A_2\ln S + A_3\ln C + u$$

式中，Y表示旅游经济增长量；D表示国内居民的旅游需求能力，用人均国内生产总值表示；S表示旅游供给能力，用国家级风景名胜区、国家文物保护单位数量、旅行社数量和宾馆数量的总和表示；C表示区域旅游合作，用旅游合作指数表示。

杨天英等（2017）将旅游资源纳入经济增长模型，测度资本、劳动、不同旅游资源对旅游经济增长的影响，并运用柯布—道格拉斯生产函数计算，公式如下：

$$Y = A_0 e^t K^\alpha L^\beta R_1^\gamma R_2^\delta R_3^\varepsilon$$

其中，Y表示旅游产出，K表示旅游资本投入，L表示旅游劳动投入，

R_1 表示旅游自然资源投入，R_2 表示旅游文化资源投入，R_3 表示旅游服务资源投入，α、β、γ、δ、ε 分别表示弹性系数。

王阳阳（2018）以美国管理学家迈克尔·波特提出的钻石模型为基础，构建了旅游产业视角下的旅游经济增长影响因素的钻石模型，该模型包括的影响因素有旅游经济发展战略和产业结构、旅游经济需求要素、旅游经济生产要素、旅游经济相关产业状况、机遇和政府六个方面。

李贝贝（2018）运用向量自回归（VAR），采用软件 Eviews、Ucinet 6.0 的方法探讨 1995～2015 年新疆旅游经济增长空间关联关系，并构建旅游经济增长的空间关联网络。武惠（2018）以空间错位理论、资源禀赋理论、经济增长理论等为依托，构建了旅游资源禀赋与旅游经济发展空间错位的测度模型。俞霞和赖启福（2018）借助引力模型分析了福建省旅游经济联系强度差异。

魏岑琛（2019）通过对传统经济增长模型——索洛模型进行改进，构建旅游经济增长模型，进而解释中国旅游经济增长方式正由要素驱动、资本驱动向创新驱动转变，旅游创新已然成为中国旅游经济增长的新动力。汪晓文和陈垚（2020）通过构建 PVAR 模型对交通基础设施和旅游经济增长之间的交互影响关系以及长短期动态影响程度进行了实证分析。安敏等（2021）基于 VAR 模型研究了宜昌市对外贸易、入境旅游与经济增长三者之间的关系和动态作用机制。

三、旅游恢复力理论

（一）恢复力概念解析

近年来，随着经济社会的发展，全球环境危机日益严峻，不仅泥石流、海啸、地震等自然灾害频发，而且恐怖袭击、战争、金融危机等危机事件越发棘手，另外极端气候引发地理环境的改变带来诸多社会问题。这些不稳定因素对生态系统造成影响，甚至带来不可逆转的破坏。因此，最大限度减轻自然灾害损失、人类活动或危机事件对生态系统的负面影响成为当今可持续发展的重要课题。在这种背景下，恢复力（Resilience）逐渐成为保持经济社会系统平衡、推动区域可持续发展的一种新理念和新范式，用于描述生态系统对外部环境干扰的能力，并广泛运用于物理学、工程学、生态学、心理学和社会学等多个学科。1973 年，Holling 将恢复力的概念引入生态学研究中，提出生态恢复力的概念，即生态系统在变化和干扰下保持结构稳定的能力。Pimm（1984）指出恢复力是指生态系统在面对不寻常干扰的情况下恢复平衡状态的速度。Becker（2000）认为生态恢复力是生态系统从遭受外部灾害到产生自我适应能力的动态过程。大部分学者考虑系统稳定性因素，将生态恢复力解析为系统吸收外部干扰，通过适应和重组以恢复系统稳定的能力。Carpenter 等（2016）认为生态恢复力的内涵包括三个层面：一是一个系统在保持原有结构和能力的前提下所能承受的变化量；二是系统受干扰之后的自组织能力；三是系统地学习和适应能力。生态系统恢复力受到多种因素的影响，主要包括气候、植被、土壤、地形、生物多样性、生态储存、人类活动等（杨庚等，2019）。生态恢复力不能无限增加，而是具有一定限度，外界干扰如果超过一定阈值，生态系统将难以恢复到之前的稳定状态，而是进入另一种状态。生态系统转入其他状态后恢复力可能增强，也可能减弱。对于生态系统这种状态的变化，学者用"杯球"模型来测量，其中杯代表引力域，球表示生态系统状态，该模型用于测度生态系统恢复到平衡状态所需的时间或者系统进入另一种临界状态前所能承受的干扰程度。考虑到生态系统的复杂性和不可预测性，Davidson（2010）从动态视角运用适应性循环周期模型，分生长、保护、释放和重组四个阶段探究生态恢复力。生态恢复力的评价目前是构建指标体系，运用变异系数法、主成分分析法、组合赋权法、GIS 法等多种方法进行定量测度。生态恢复力理论为解决生态问题提供了理论依据，是提高管理效能的重要手段。刘东等（2019）构建由水资源系统、生态环境系统、农业系统、社会经济系统组成的农业水资源系统恢复力评价体系，运用 TOPSIS 方法对黑龙江水资源恢复力进行时空评价。

随着研究对象的扩大和研究内容的深入，恢复力理论逐渐扩展到经济学、人类学、社会学等多个学科，用于分析自然资源管理与保护、气候变化、社会危机管理、经济组织行为等研究内容。20 世纪 70 年代，为深入探讨人类与自然之间的关系，研究复杂社会—生态系统的发展态势、变化的复杂性和弹性，学者提出社会—生态系统恢复力（Resilience of Social-Ecological，ReSES）的概念。Walker 等（2004）认为社会—生态系统恢复力是指系统在保持结构、功能、特性稳定且结构、功能在本质上不发生改变的前提下所能够承受的外部干扰大小。生态—社区恢复力评价方法主要有阈值和断裂点法、恢复力替代法、场景分析法、状态空间法、恢复力长度法等（周晓芳，2017）。

从 21 世纪开始，恢复力逐渐用于分析社会系统、社区和企业的恢复力，衍生出社区恢复力的概念，深入探讨社区对于经济、社会、文化和政治等外部干扰因素的适应能力。社区企业中心将社区恢复力定义为提高城市居民和组织对于社会和经济变化的适应能力（Centre for Community Enterprise，2000）。Cutter 等（2008）从生态、社会、经济、风险防控组织、地方基础设施和社区环境等视角构建了灾害恢复力评价模型，分析社区面对风险的恢复能力。Lew（2014）提出恢复力规划是在可持续发展框架下促进社区发展、社会和生态调控的有效手段。社区恢复力的外部干扰因素主要包括三类：一是社会因素，即社会信任、社会公平、知识学习、社会关系（社会包容、地方依恋、支持程度、交流关系）、教育结构、年龄层次及社会资本等；二是经济因素，主要有经济替代性、经济活动的多样性、经济增长水平、收入结构和抵制经济危机或漏损的能力；三是管理因素，包括风险控制与管理、管理的灵活性与组织性、管理行为的及时性以及社区居民的自组织能力与自主管理权力等；四是自然因素，包括区域自然生境、环境自净能力、生态系统多样性等。郑永锐和张捷

（2015）总结社区恢复力的测度方法主要包括指标评价法和行动者感知评价法两大类。Joerin 等（2012）将恢复力划分为物质恢复力、社会恢复力、经济恢复力、自然恢复力和制度恢复力进行评价。Peacock 等（2010）构建社区灾害恢复指数来测度灾害管理的效能，从社会资本、经济资本、人力资本和物质资本四个维度进行定量测度。另外，有学者提出社区居民应对危机的感知能力、认知程度、反应能力和适应能动性等都会对恢复力产生影响。Cohen 等（2013）从领导力、集体效能、灾害准备、地方依恋和社会信任五个方面对社区恢复力进行评价。Kuling 等（2013）构建由领导力和赋权、社区参与、负面地理环境特征三个方面构成的社区感知恢复力指数。

（二）旅游恢复力内涵

20 世纪 90 年代中期，恢复力理论逐渐运用到旅游领域。最初，旅游恢复力用于解析旅游市场可进入性、稳定性和环境问题（Nystrom et al.，2000）。近年来，旅游恢复力逐渐用于分析外部气候变化、环境变化、可持续发展理念、疾病和风险管理对旅游产业的影响，特别地，旅游恢复力对于旅游目的地管理的影响受到众多学者的关注（Cochrane，2010）。还有学者从旅游政府管理角度分析旅游恢复力的影响因素。Luthe 等（2012）以瑞士圣哥达地区的山地型旅游目的地社区为研究对象，分析了网络治理系统与恢复力的关系，结果表明经济多样性、网络治理结构对于系统面对外部气候变化而保持稳定性、灵活性和创新性有着显著的积极作用，并且社区的凝聚力、协作能力、利益分配和供应链整合程度对保持恢复力有着积极作用。社会—生态恢复力理论框架在社区旅游中的运用主要体现在四大相关因素上：一是学会在改变和不寻常的环境下生存；二是培育多样性以进行重组和更新；三是整合不同的知识；四是创造自组织机会（Adger，2000；Ruiz-Ballesteros，2011）。

（三）旅游恢复力评价

恢复力评价是恢复力理论在旅游实践中的运用，学者主要从脆弱性、可持续性、阈值、适应性角度对恢复力进行测度。Zurlini 等（1995）以敏感性和压力为评价指标，构建概念线性脆弱模型。还有学者从可持续理论角度对生态系统进行综合分析，如 Lacitignola 等（2007）从自然环境治理、资本、生态旅游者和大众旅游者四个角度对旅游恢复力进行测度。王群等（2016）从社会、经济和生态三个方面分析旅游地恢复力，对每个子系统分别构建脆弱性和应对能力指标体系，运用集对分析方法对淳安县旅游恢复力进行定量评价。王群等（2015）基于盆地模型理论，构建恢复力评价体系，从脆弱性和应对能力两个维度对千岛湖旅游地社会—生态系统恢复力进行定量测度。陈娅玲和杨新军（2012）构建旅游社会—生态系统脆弱性及恢复力评价指标体系，对西藏旅游恢复力进行定量测度。赵勇为（2018）从气候角度出发，构建由暴露性、敏感性、适应性构成的脆弱性评价模型，分析气候变化背景下社区旅游恢复力。

综上所述，旅游恢复力理论已经初步形成，主要集中于旅游恢复力概念体系、旅游影响因素等方面内容，为旅游目的地降低风险、抵抗不确定干扰提供了诸多理论建议。旅游恢复力的影响因素主要包括地方依恋、职业、社会资本、旅游企业特征等因素。研究方法主要包括主观与客观评价法，其中：主观评价法包括访谈法、问卷调查法，客观评价法主要基于社会、生态、经济指标，运用方差分析、线性回归、聚类分析、模糊分析等方法进行定量评价。评价维度主要包括社会维度、经济维度、制度维度、环境维度和物质维度。但是旅游恢复力的定义与内涵尚未达成共识，旅游恢复力评价变量不同其结果也不同（见表2-4）。

表 2-4 旅游恢复力评价模型

作者	理论框架与评价模型
Calgaro 等（2014）	旅游目的地可持续框架：从震惊和压力、脆弱性、反馈、形成地方特征的根源和驱动力、空间尺度和时间尺度对旅游社区恢复力进行分析
Becken 和陈洁（2014）	旅游灾害脆弱性框架：构建人—地耦合系统，包括旅游目的地公共和私营企业、个人、社区、基础设施及自然环境，以及气候变化、自然灾害等外部干扰因素
Lew（2014）	尺度、变化和恢复力模型：旅游企业与旅游社区应对慢行压力和突发压力的能力

续表

作者	理论框架与评价模型
陈娅玲和 杨新军 （2012）	脆弱性＝敏感度×外界压力 敏感度＝旅游吸引因子脆弱维度×生态环境因子的脆弱维度 外界压力＝$\dfrac{游客数量}{当地居民总人口}$
陈娅玲等 （2011）	旅游生态系统包括旅游资源种类、质量、容量、结构和利用率，土地利用率、植被覆盖率、环境污染程度、环境治理度、生态足迹 旅游社会系统包括旅游相关人群指标（旅游者数量、旅游消费、旅游行为、群体旅游者组织形式、旅游流向、旅游从业人员收入、受教育程度等），旅游产业发展指标（旅游收入、产业规模、产业结构等），社会经济发展指标（GDP、城镇化水平、城市形象、基础设施建设等） 外部干扰系统指标包括国内外旅游市场规模、外部政策、旅游管理制度、突发事件
高彬 （2017）	社会系统恢复力包括社会系统干扰抵抗力（人口自然增长率、城镇化率、失业率、接待客人数、游客周转量）与适应力（互联网普及率、地方财政支出、社会保障支出、医疗和卫生支出、教育支出、公共服务支出）；经济系统恢复力包括经济系统干扰抵抗力（三产贡献率、城镇居民恩格尔系数、农村居民恩格尔系数、GDP）和适应力（全社会固定资产投资、金融机构存款余额）；生态系统恢复力包括抵抗力（森林覆盖率、自然保护区覆盖率）和适应力（污水处理率、生活垃圾处理率）
展亚荣和 盖美（2018）	社会系统包括脆弱性（失业率、社会犯罪率、旅游者与当地居民比、万人在校高中生数、等级公路里程）和应对能力（城镇化率、财政自给率、教育支出占财政支出比重、社会保障就业支出占财政支出比重、万人拥有医疗病床数） 经济系统包括脆弱性（旅游总收入增长率、总游客增长率、旅游总收入占 GDP 比重、旅游外汇占旅游总收入比重、旅游业增长弹性数）和应对能力（人均 GDP、城镇居民人均可支配收入、产业结构多样化指数、社会固定资产投资额、实际利用资金占 GDP 比重） 生态系统包括脆弱性（人口密度、废水排放总量、空气质量优良天数比例、近岸海域功能区达标率、森林覆盖率）和应对能力（人均绿地面积、城镇生活污水处理率、生活垃圾无害化处理率、环保支出、沿海污染治理竣工项目）
王群等 （2021）	社会系统包括脆弱性（人口自然增长率、社会消费品零售总额、人口居住面积、中小学在校生、旅游者与当地居民比）和应对能力（财政支出、教育支出、金融机构存款余额、社会保障和就业支出、每万人拥有医疗病床数） 经济系统包括脆弱性（旅游总收入占 GDP 比重、产业结构多样化指数、旅游业增长弹性系数、旅游经济总收入、旅游人数）和应对能力（GDP、人均 GDP、财政总收入、社会固定资产投资额、实际利用资金占 GDP 比重） 生态系统包括脆弱性（乡村人口数、农药使用量、化肥使用量、化肥产出率、耕地面积所占比例）和应对能力（粮食单产、人工造林面积、环保支出占 GDP 比重）

第三章
热点城市旅游经济增长与
旅游环境质量分析

一、城市旅游经济增长驱动模式

　　综观世界旅游发展历史，旅游者从热点景点（区）流向乡村、小镇和热点城市等旅游目的地，而城市是文明的勃兴之地，也是文化的集中之地，集聚了大量资源、资本、人才等，成为全域旅游开发的重要载体。旅游城市的发展是区域自然条件、资源禀赋、区位因素、经济发展水平、旅游产业政策等因素综合作用的结果。城市为旅游产业的发展提供了良好的基础设施条件、发达的经济社会文化条件、优越的投融资环境、先进的信息技术等，同时旅游产业的发展又会促进城市文化交流、经济发展与社会进步。因此，以城市为载体的旅游受到相关部门的重视。我国城市旅游因其资源禀赋、政策制度、地理位置、经济实力、市场条件和基础设施等方面的差异，城市旅游经济增长能力呈现非均衡特征，究其原因在于不同城市旅游发展的驱动要素有所不同，同一城市在不同时期旅游发展的推动因素存在差异。既有传统意义上以资源作为驱动力的城市，如桂林、敦煌，也有以经济驱动旅游发展的城市，高级别的旅游资源有限，但旅游收入和人数却很高，如广州、上海等，还有以需求推动旅游发展的城市，如热点旅游城市周边的辐射城市，如深圳市郊。旅游城市的驱动模式主要有以下几种类型：

（一）资源驱动型

资源驱动型旅游城市主要是以自然资源或人文资源优势驱动旅游发展的城市，往往具有高品质的旅游资源，也是我国最早发展起来的旅游城市，如苏州、杭州、桂林、黄山、张家界、丽江等。优越的资源条件、高品质的旅游景区是促使城市开发旅游资源和设计特色旅游产品的前提条件，相对于其他城市而言，城市开发与利用旅游资源的生产成本低于其他城市，而旅游资源丰度、美誉度和知名度却高于其他城市。游客在选择旅游目的地时，受到旅游资源的品质影响较大，往往趋向于选择资源禀赋高、资源品质好、知名度高的城市。这也促使其他资源型城市不断开发旅游资源，以吸引旅游者。但这类旅游城市在不同程度上存在资源消耗、环境破坏等问题，历经成熟发展阶段后往往会进入产品生命周期的衰弱阶段，如何开展资源保护与可持续利用工作是资源驱动型城市新时期转型的关键。

案例：黄山市——资源驱动型

黄山市地处皖、浙、赣三省交界处，东临上海、宁波、杭州，西靠南昌、九江，北与合肥、南京接壤，南至厦门、福州，地理位置优越，4 小时旅游圈可抵达安徽、浙江、上海、江苏、江西、湖北，旅游市场广阔。黄山市古称徽州，因境内著名山岳"黄山"而设地级市，是徽州文化的重要发祥地，拥有黄山、西递、宏村等世界遗产资源。黄山市旅游业发展历史悠久，20 世纪 80 年代，黄山市确立了旅游业的主导地位，制定了"旅游立市"的发展战略，先后荣获"中国优秀城市""国家级园林城市""中国魅力城市"等荣誉称号，入选"2019 中国城市品牌评价百强榜（地级市）"，已成为世界知名旅游目的地。2021年，黄山市拥有A级以上景区52家，其中AAAAA级景区3家，星级宾馆32家，接待国内旅游6312.4万人次，入境游客4.4万人次，旅游总收入达到538.1亿元。黄山市旅游产业的发展得益于其黄山风景区、相关知名资源的开发以及回归自然的旅游资源利益模式，有效地带动了黄山市经济发展。

（1）资源丰富，环境优良。黄山市旅游资源品味度和知名度较高，集聚效应显著，且平均不到600平方千米就拥有1处国家级旅游资源，旅游资源密度较高，在空间利益和保护方面存在先天优势。从资源结构来看，黄山市不仅拥有黄山、齐云山、太平湖、牯牛降、新安江等优美的自然景观，还拥有以西递—宏村为代表的悠久人文景观，徽学、徽商、徽州朴学、新安医学等文化资源，文化资源与自然资源相得益彰，类型互补。从知名度来看，黄山市作为地级市拥有2项世界遗产，在全国独一无二。可见，黄山市开发旅游既有优越的自然资源条件，也是旅游业持久不衰的强大驱动力。

（2）创A创优，构建品牌。黄山市注重品牌景区建设，已经创建西递—宏村古村落、古徽州文化旅游区等AAAAA级旅游景区。黄山市是安徽省唯一拥有文化自然"双世遗"、历史文化"双名城"的城市。拥有国家级文物保护单位49处，国家级非物质文化遗产21项，中国传统村落271处，AAAAA级景区3家8处、AAAA级景区22家。黄山市先后创建国家全域旅游示范区2处，出台全国首个市级研学旅行管理办法，在全国乃至全世界知名度不断提升。

（3）生态保护，持续增长。黄山市非常重视生态环境保护，力争为旅游业发展创造良好的生态环境。黄山市通过实施《千岛湖及新安江上游流域水资源与生态环境保护综合规划》，改善了新安江上游生态环境，重点实施太平湖国家重点支持生态环境保护项目，积极推动造林和绿色工程，全面提升黄山市生态环境。2021年，黄山市空气质量在安徽省排名第一，荣获"中国最具生态竞争力城市"称号。

资料来源：黄山市文化和旅游局、黄山市统计局、黄山市人民政府。

（二）经济驱动型

经济驱动型旅游城市是以雄厚经济基础驱动旅游开发和带动旅游消费的城市，从投融资环境、城市基础设施、居民生活方式等方面营造良好的城市旅游发展环境，如广州、上海、香港和宁波等经济发达城市。旅游依托城市的经济实力、基础设施、信息技术、资金资本、专业人才等条件，开发人造景观弥补自然资源的不足，建设便捷的交通与良好的接待条件，吸引游客，如深圳华侨城、锦绣中华主题公园，以其特色主题吸引众多游客前来体验。随着经济社会的发展，旅游产业从资源驱动型产品逐渐向资源脱离型产品的方向发展，旅游资源的表现形式从粗放型向集约型转变，旅游资源的开发需要依托优越的经济条件，提高开发水平和质量。另外，经济发展水平不仅影响人造景观的开发实力与开发规模，而且关系旅游产业链的完善程度，包括交通邮政、金融保险、食品加工、信息通信、包装制造等。新时期，各大旅游城市的经济水平将会进一步增长，经济环境更加优越，产业结构更加合理，这是促进旅游产业发展的强大物质保障和经济基础。

案例：广州市——经济驱动型

广州地处广东省中南部，濒临南海，珠江三角洲北缘，毗邻香港、澳门，是中国通往世界的南大门，是泛珠江三角洲经济区、粤港澳大湾区的中心城市以及"一带一路"的枢纽城市。广州市位于海洋性亚热带季风气候区，温暖多雨、雨量充沛、植被茂盛、四季常绿，素有"花城"的称号。广州市是一座古老又时尚的现代化国际大都市，拥有2000多年的岭南文化，商贸发达，旅游资源丰富，截至2021年，拥有A级以上旅游景区81个，形成白云山、花城广场、广州塔、长隆旅游度假区等著名旅游景点，文物古迹保护良好；国家级文物保护单位33处，星级酒店332家，旅游接待人数达到4307.73万人次，旅游总收入达

到 2885.89 亿元。广州市已经成为亚太地区的重要旅游城市、集散地和客源地，这主要得益于广州经济发展所带来的国际地位、经济关系等方面的优势。

（1）发挥资源优势，促进文商旅融合。广州市是"千年商都"，商贸综合实力较强，经济发达，2017 年 GDP 达到 21503.15 亿元，被联合国评为全球发展最快的超大城市第一位，被美国商会评为 2018 年中国最受欢迎的投资城市第一位，被福布斯评为中国大陆最佳商业城市第一位。广州市社会消费品零售总额连续 30 年居全国第三位。另外，电子商务、跨境电商、会议会展等贸易新业态快速发展，在全国享有先发优势，是国际商贸中心、国际消费中心、国际会展中心。广州市是国家历史文化名城，首批沿海开放城市，拥有岭南文化、历史文化、红色文化、现代文化等文化资源。在促进商贸转型、产业改革的关键时期，广州市急需从传统的商贸中心向新型国际商贸中心转变，不断提高高端商贸资源，重点发展体验经济、时尚经济。广州市以文化为灵魂、商贸为基石、旅游为载体，加强广州的文、商、旅的融合发展，是激发广州旅游高质量发展活力的核心动力。

（2）发挥战略优势，提升城市旅游品牌知名度。广州市主动融入"一带一路"、粤港澳大湾区、自贸区等，加强国际合作，推进旅游产业国际化布局，提升旅游国际化水平。广州市积极打造世界级旅游品牌——珠江游，以及亚洲最有吸引力的邮轮基地——邮轮母港综合体，强化长隆旅游度假区、万达文化旅游城等品牌景区建设，培育海上丝路、千年商都、体育赛事之都、会展之都、美食之都、四季花城等品牌，提高广州市旅游品牌国内外知名度。

资料来源：广东省文化和旅游厅、广州市统计局、广州市人民政府。

（三）交通区位型

旅游交通关系旅游目的地与旅游客源地之间的相对位置和可达性。交通区位型旅游城市凭借便利交通条件，形成客流、物流和资金流的高度集聚，缩短旅游时间成本，驱动旅游增长，如宜昌、武汉。旅游区位在一定程度上会影响区域旅游业发展的潜力以及区域在旅游业开发中的地位、水平和结构等。良好的区位条件是旅游消费者决策的关键因素，特别是长距离旅游消费者和远距离旅游消费者需要重点考虑的因素。具有较好区位条件的旅游景区要么选择城市中心位置、要么靠近旅游资源游憩带、要么在主要交通干线交汇处、要么在人流集聚区、要么在城市 1~2 小时经济圈内，能够以较低资金投入获得较高的旅游收入，推动旅游业的发展。

案例：麻城市——交通区位型

麻城市地处湖北省东北部，位于大别山腹地，是典型的山区型小型城市。麻城市毗邻安徽、河南，靠近武汉，地理位置优越，旅游资源丰富，拥有古遗址遗迹、革命纪念馆、禅宗寺庙、医药、山水风光、地方美食等特色资源，打造了龟峰山、五脑山、九龙山等国家级景区，为旅游业的发展奠定了资源基础。但由于交通不便制约了当地旅游发展，麻城市旅游资源知名度较低。2007 年以来，麻城市旅游产业呈现"井喷式"增长，到 2021 年，全年国内旅游人数达 1125 万人次，实现旅游综合收入 61.6 亿元，这主要得益于麻城市内外交通的改善，提高了旅游目的地可达性。

（1）交通网络逐渐完善，提高了可达性。截至 2021 年底，麻城境内高速公路总里程 157.191 千米，形成由铁路和公路两种运输方式构成的交通运输网络，有铁路 3 条，即京九铁路、沪汉蓉铁路、麻武联络线。交通网络改善了麻城的可进入性，为沿线景区带来了人流、物流和资金流，促进了沿线景区的发展。东西走向的高速为自驾游、自助游游客提供了便利，使得麻城西至四川、重庆，东至上海、江苏、南京等地更加便捷，极大程度扩大了旅游客源地市场。大广高速串联京津冀、珠三角，为麻城市提高国内外知名度奠定了基础。铁路方面，汉蓉快速铁路缩短了麻城市的城间距离，融入了武汉"1小时经济圈"，南京"2小时旅游圈"，加强了麻城与东部沿海城市的联系。

（2）产业融合，景区联动。麻城市积极推进全域旅游示范区建设，深度挖掘孝善文化、科举文化、移民文化，推动文旅融合；整合城乡资源，创建旅游名村名镇、休闲农业示范点，打造红旅、花游、孝善游、山水游、民俗游等特色旅游产品。通过旅游产业、旅游景区、"合作社+扶贫"的模式，实现产业扶贫。加强景区间交通关联，并通过景区合作，实现共赢，如与河南商城县签订大别山旅游合作合约，创建大别山旅游合作区。

（3）政府扶持，品牌宣传。政府每年专项拨款用于基础设施建设、旅游宣传营销、旅游品牌创建，调动旅游发展积极性。通过旅游推介会、博览会等活动，组织营销座谈会，提高旅游品牌知名度。

（4）智能景区，提升体验。应用智能技术，实现景区免费网络覆盖、游客实时监测、开发智慧导览App，建立景区虚拟系统，实现在线旅游体验，创建炎黄寻根网、姓氏谱堂、电子谱堂等网站，分享旅游资源与信息。

资料来源：麻城市人民政府。

（四）市场牵引型

市场牵引型旅游城市是以市场需求驱动大型旅游项目开发，在项目开发和挖掘旅游市场的双向作用下，带动旅游发展的城市，如上海、深圳。客源市场是旅游业赖以生存和发展的前提条件。当今旅游产业的竞争，主要表现为客源市场的竞争，探测旅游客源市场的消费需求、消费能力、消费偏好、消费态度、消费体验与感知、消费满意度与消费决策因素等是政府决策的重要依据。旅游需求是某个行业、某种产品是否具有国际竞争力的主要影响因素，是城市旅游发展的前提与基础，是旅游产业不断转型的动力源泉。当需求规模过小，竞争主体较少，旅游产业发展缓慢，当需求达到一定规模后，竞争主体感到有利可图，才会积极主动进入市场，增加旅游供给。城市经济越发达，消费者旅游需求就会越旺盛，而且表现出旅游需求多样化的特征。上海、深圳等大城市的市郊，由于交通便利、经济基础较好、基础设施完善，往往在旅游需求刺激下形成环城游憩带，促成城市休闲度假旅游、都市旅游和休闲农业旅游发展。

（五）政府主导型

政府主导型旅游城市是政府通过制定财政、金融、财税、出入境管理等优惠政策，引导与鼓励城市旅游业可持续快速发展的城市，在基础设施建设、城市公共服务系统、城市智慧网络建设、旅游项目投资等方面得到政府大力资金扶持，如珠海、焦作、鄂尔多斯、毕节等。国家政策的变动会影响旅游产业的发展方向、发展格局、发展重点、要素配置和结构调整。面对绿色经济、生态文明、文化强国等方针政策，旅游产业发展也提出积极建设生态旅游示范区、全域旅游目的地、乡村旅游示范点等战略。各大城市在国家政策指导下，积极响应，大力贯彻国家战略，将旅游产业作为国民经济社会发展的主导产业和满足社会需求的幸福产业来重点发展，实现以旅促城，如成都以旅游业作为拉动经济发展、助推城乡一体化、促进生态景观化的战略性支柱产业和惠及全民的幸福导向型产业，积极打造国家旅游中心城市，努力创建具有中国典范、独具城市特质的世界知名旅游城市。

（六）综合要素型

综合要素型旅游城市是以经济、政策、节庆、市场、热门景区（点）、知名旅游项目等多种因素驱动而形成的旅游城市，如北京、大连、重庆、南京等。北京是中国政治、经济、文化中心，具备较好的经济基础和交通区位条件，同时悠久的文化资源也为区域旅游开发奠定了基础，形成了大批历史文化型著名景区，也有像古北水镇等人造景观，还具有香山红叶等季节景观，以及北京奥运会、国际园艺博览会等节庆资源，这些资源使其成为多元化的旅游城市。

案例：焦作市——政府主导型

焦作市地处河南省西北部，毗邻洛阳市、郑州市、晋城市，是中国太极拳的发源地，拥有裴李岗文化、仰韶文化和龙山文化遗址，拥有丰富的旅游资源，截至 2021 年，共创建 A 级景区 42 家，其中 AAAA 级以上旅游景区 10 家。焦作矿产资源丰富，储量大，质量好，新中国成立初期，焦作工业以煤矿为主，重视能源、机械、化工、冶金等产业类型。百年的煤矿开采导致焦作市成为中国 47 个煤炭枯竭型城市之一，同时出现经济增长乏力、产业结构单一、资金吸引弱化、失业率激增、城市形象认同度不高、文化意识淡薄、文化资源挖掘不够、生态环境恶化等问题，面临产业转型、保护生态环境、传承文化等艰巨任务。为此，1999 年，焦作市政府在充分调研旅游资源、人才、资金、政策等条件后，提出优先发展旅游的思路，积极打造"旅游经济强市"，并将其作为"一号工程"稳步推进。目前，焦作市已经实现资源型枯竭城市向旅游城市的转型，并衍生出典型的"焦作模式"。据统计，焦作市 2021 年全市共接待省内外游客 3189 万人次，旅游总收入 229.94 亿元，占 GDP 的 10.76%。焦作市旅游业发展成为全国知名品牌，这得益于当地政府在旅游方针政策、法律法规、市场营销、基础设施建设、创 A 评优、治污美化生态等方面发挥的积极作用，是典型的政府主导型发展模式驱动的结果。

（1）领导重视，政策扶持。1999 年，焦作市政府开始将旅游业作为区域发展中心，提出"以旅游业为龙头，带动第三产业全面发展"的思路，此后历届领导非常重视旅游业发展，政府相关纲领性文件皆围绕这一思路确定不同阶段的发展目标和工作重点。2002 年以来，焦作市先后颁布了《焦作市旅行社管理暂行办法》、《焦作市一日游经营活动管理暂行办法》、《焦作市旅游饭店管理若干规定》、《焦作市旅行社千分制考核管理办法》等行业文件，并制定地方行业标准，不断完善旅游产业法律法规体系。政府出台《焦作市区域旅游发展总体规划（2020年）》，更好地指导焦作市全域旅游发展，推动实现旅游发展全域化、旅游供给品质化、旅游治理规范化和旅游效益最大化的全域旅游工作目标，加快构建全域开放发展新格局，将旅游业打造成为战略性支柱产业和人民群众更加满意的现代服务业，助推焦作经济高质量发展。另外，焦作市单独成立旅游管理机构，以公开招聘的方式确定旅游局副局长以下各级干部与领导者，从而完善旅游业管理队伍，提高管理能力。

（2）城市改造，美化环境。焦作市制定了"关、治、控"的治污办法，关闭大量重污染企业，完成多项污染治理项目。全面开展绿化工程项目，积极推进植树造林和城市绿化活动，将城市绿化覆盖率和绿地率分别提高到41%和36%。政府投资1500万元，开展量化工程，建设公共游憩场所，积极创建中国优秀旅游城市、山水园林城市，全面改善了城市形象。

（3）基础建设，优质服务。完善城市道路、停车场、交通、咨询等基础设施，提高城市旅游功能。建设或改造旅游厕所，实现"公厕革命"。政府投资建设旅游景观公路，实现主要旅游景区之间有效串联，同时加强焦作市与其他城市的公路、铁路、航空等交通通联，提高焦作市外部交通通达性。政府出资构建焦作市旅游网络平台，完善景区的指示牌和宣传牌，设置游客服务中心，逐渐提高旅游接待能力，形成食、住、行、游、购、娱相串联的产业链。优质服务是旅游可持续发展的基础。政府以"抓旅游就要抓服务，抓服务就要抓规范"的思想为指导，不断制定地方服务标准与规范，开展专业技能培训，设立领导小组进行市场整治，举办技能大赛，提高行业服务水平。

（4）市场营销，品牌打造。市场是检验旅游产品的最佳方式。政府意识到市场宣传的重要性，每年出资 500 万元用于打造旅游形象、运营旅游景区，运用媒体营销（如通过《人民日报》、《中国旅游报》进行广告宣传，编撰《焦作旅游指南》、《焦作饮食文化》等书籍进行纸媒宣传）、节庆营销（如召开"焦作山水国际研讨会"、"焦作国际太极拳年会"）、奖励营销、情感营销等多种方式，提高焦作市品牌知名度。焦作市政府非常重视旅游景区创 A 创优工作，积极打造高起点、高质量、高品位的旅游景区，坚持"以点带面"的策略，重点打造"焦作山水"、"云台山"等国家级旅游品牌，积极申报世界地质公园，形成"焦作现象"，提高旅游品牌效应。

资料来源：河南省文化和旅游厅、焦作市统计局、焦作市人民政府。

二、热点城市旅游经济增长的特征及其影响要素

为深入分析城市旅游经济增长的演化规律，本部分选取北京、天津、上海、杭州、苏州、武汉、成都、重庆、西安九大热点旅游城市作为研究对象。这九个城市是我国重要旅游城市，并且均在 2019 年进入中国旅游业城市排行榜前十，均以旅游作为主导产业重点发展，推动当地经济、文化发展，但同时存在游客超载、旅游环境污染、资源破坏、社区冲突等环境问题。因此，本书以这九大城市为研究对象，探讨其 2000~2019 年旅游经济增长特征及影响因素，分析旅游环境问题，探索未来旅游发展趋势，以求为城市旅游经济增长提供决策建议，促进城市旅游可持续发展。

（一）热点城市旅游经济增长的演化规律

根据前文文献综述可知，旅游经济增长的表征指标主要包括旅游总收

入、国际旅游收入、人均旅游收入、国内旅游收入等,其影响变量则包括旅游资源、旅游就业人数、旅游固定资本、旅游基础设施等。鉴于此,本书选取如下指标对 2000~2019 年九大城市旅游经济增长规律进行分析。

1. 旅游总收入

总体来看,九大热点旅游城市旅游总收入呈逐年上升趋势(见表 3-1),其中北京旅游总收入最高,2019 年旅游产业创收 6224.14 亿元,苏州旅游总收入排名最后,2019 年创收 2751.02 亿元,因而处于追赶状态。从历年旅游总收入来看,北京、上海两市遥遥领先,处于第一梯队,并与其他城市的差距不断拉开,但是自 2011 年以来上海旅游总收入出现了增速下滑态势,年增长率平均值排名最低,仅有 6.70%,有滑落到第二梯队的趋势。天津、杭州、苏州、武汉、成都、重庆、西安七大城市旅游总收入处于第二梯队,其中重庆自 2017 年起,旅游总收入排名逐年提高,2019 年旅游总收入达到 5739.07 亿元,在九大城市中排名跃居第二,赶超上海市。2000~2019 年,旅游总收入年增长率平均值最高的城市为重庆市,达到 21.69%,且 2019 年重庆旅游总收入增长率值达 32.11%,跃居九大城市第一位。2000~2019 年,旅游总收入年增长率排名变化最大的城市为北京市,2001 年旅游总收入年增长率排名第一,到了 2019 年,排名居于九大城市队尾。与北京情况类似的还有上海,但上海的特殊之处在于,2000~2019 年旅游总收入年均增长率常居于第二梯队末尾。北京和上海两个城市旅游总收入基数大,旅游发展较为成熟,增长速度趋向稳定。

表 3-1　2000~2019 年九大城市旅游总收入情况　　单位:亿元

年份	北京	天津	上海	杭州	苏州	武汉	成都	重庆	西安
2000	912.15	316.52	908.50	214.30	141.88	98.24	132.02	148.54	105.00
2001	1131.87	359.77	955.62	249.70	171.49	115.99	152.00	177.60	113.00
2002	1187.41	418.33	1182.31	294.40	198.00	136.96	175.00	220.00	131.00
2003	863.26	422.29	1249.90	325.90	235.96	161.72	182.00	204.00	106.42
2004	1407.37	519.29	1467.72	410.10	335.91	190.96	228.43	259.73	154.40

年份	北京	天津	上海	杭州	苏州	武汉	成都	重庆	西安
2005	1596.54	583.06	1594.97	465.10	400.00	225.48	286.75	300.83	178.50
2006	1803.64	651.78	1724.85	543.69	524.92	266.24	340.22	346.19	204.30
2007	2101.86	743.44	1956.20	630.10	600.00	314.37	415.20	442.72	237.20
2008	2216.75	880.25	1957.26	707.20	724.00	373.68	373.74	561.27	243.52
2009	2442.33	1031.18	2237.86	803.10	840.90	508.65	501.30	703.04	297.40
2010	2766.55	1248.81	2955.82	1025.70	1020.00	750.00	604.03	917.85	405.18
2011	3214.11	1496.79	3153.72	1191.00	1190.00	1054.10	806.10	1268.62	530.15
2012	3626.33	1716.82	3576.61	1392.30	1522.90	1396.00	1050.78	1662.15	654.39
2013	3963.24	1969.19	3298.36	1603.70	1522.90	1690.02	1330.66	1771.02	811.44
2014	4280.04	2258.66	3300.42	1886.30	1697.78	1949.46	1663.37	2003.37	950.00
2015	4606.82	2794.25	3376.04	2200.70	1884.50	2188.97	2040.19	2251.31	1073.69
2016	5019.70	3269.27	3877.52	2571.84	2082.01	2505.72	2502.00	2645.21	1213.81
2017	5468.92	3545.55	4484.93	3041.34	2327.58	2812.82	3033.00	3308.04	1633.30
2018	5920.88	3914.28	4964.92	3589.10	2601.19	3163.11	3713.00	4344.15	2554.81
2019	6224.14	4316.78	5367.12	4004.50	2751.02	3570.29	4663.50	5739.07	3146.05

2. 旅游总人数

2010～2019 年，随着第三产业的蓬勃发展，九大热点旅游城市旅游人数均有所上升，整体表现出总量逐年增加态势（见表 3-2），仅有 2013 年、2015 年，苏州、重庆受外界综合因素影响出现波动，旅游总人数略有减少。其中以西安的增长速度最为突出，2010～2019 年旅游总人数年均增长率达到 21.55%，在九大城市的排名中从 2010 年的第四位跃居到 2019 年的第一位，且该期间西安旅游总人数年增长率排名均靠前。此外，西安旅游总人数在九大城市的排名从 2010 年的最后一位上升到 2019 年的第五位。2010 年武汉旅游总人数仅 8942 万人次，至 2019 年已达 3 亿人次，该年增长率达 22.27%，排名位居九大城市之首，远超其他各市，且年均增长率达到 15.50%，增长迅猛、潜力巨大。就游客总量而言，重庆与北京、上海一同保持中国旅游城市的领军地位，其余六市旅游人数保持持续上升，齐头并进，城市之间的差距在逐渐缩小，城市旅游竞争加剧。2019年，武汉、成都、天津、西安、杭州、苏州旅游接待总人数排名后六位，其中年均增长率西安最高，为21.55%，西安、苏州、天津、杭州保持稳步增长。

表3-2　2010~2019年九大城市旅游总人数情况　　单位：万人次

年份	北京	天津	上海	杭州	苏州	武汉	成都	重庆	西安
2010	18390	9373	22197	6581	9409	8942	6819	16174	5285
2011	21404	10679	23748	7487	10452	11752	9674	22206	6653
2012	23135	12067	25894	8568	11748	14219	12246	29030	7978
2013	25189	13635	26748	9725	9605	17183	15515	30840	10130
2014	26150	15408	27609	10933	10174	19297	18600	34915	12000
2015	27279	17400	28370	12382	10780	21235	19100	39168	13601
2016	28532	19146	30475	14059	11462	23321	20030	45086	15013
2017	29746	21114	32718	16287	12222	25964	23977	54230	18093
2018	31094	22849	34871	18403	13030	26089	23977	59724	24739
2019	32210	24687	37038	20814	13548	31898	27642	65708	30110

3. 人均旅游收入

九大热点旅游城市在旅游人均收入这一指标上存在明显层次分异，总体上呈波动增长（见表3-3）。从旅游人均收入来看，2008年，上海、北京、杭州、苏州、天津人均旅游收入排名前五位，2019年排名前五的城市仍为苏州、北京、杭州、天津、上海，其中苏州的旅游人均收入排名变动最大，从2008年的第四位上升到2019年的第一位，上海旅游人均收入排名下降最快，从2008年的第一位下降到2019年的第五位，北京旅游人均收入排名常年居于第二，重庆和西安的旅游人均收入排名始终稳定居于队尾。从增长率来看，2008~2019年九个城市均出现负增长趋势，2019年，成都市呈现年增长率最低值，仅有-44.11%。成都、天津、上海、重庆、苏州年均增长率均在5%以上，武汉、西安、北京、杭州年均增长率较低，可见西安、武汉、成都、重庆的人均旅游收入始终处于低速发展趋势，旅游人均消费还需拉动。

表 3-3　2008~2019 年九大城市人均旅游收入情况　　　单位：元

年份	北京	天津	上海	杭州	苏州	武汉	成都	重庆	西安
2008	1522.49	1235.26	1697.17	1481.67	1319.00	800.82	900.01	556.35	753.42
2009	1465.15	1815.96	1735.53	1508.45	1380.99	791.44	899.74	571.77	756.88
2010	1504.37	1332.40	1331.64	1558.58	1084.07	838.74	885.87	567.50	766.63
2011	1501.61	1401.69	1328.00	1590.76	1138.54	896.95	833.26	571.29	796.83
2012	1567.49	1422.78	1381.25	1625.00	1296.29	981.81	858.03	572.56	820.21
2013	1573.40	1444.18	1233.12	1649.05	1585.48	983.51	857.64	574.27	801.03
2014	1636.75	1465.91	1195.40	1725.33	1668.72	1010.22	894.28	573.79	791.67
2015	1688.78	1605.89	1190.02	1777.34	1748.10	1030.82	1068.16	574.79	789.43
2016	1759.35	1707.55	1272.36	1829.31	1816.50	1074.45	1249.13	586.70	808.53
2017	1838.53	1679.24	1370.77	1867.38	1904.41	1083.35	1264.96	610.00	902.72
2018	1904.21	1713.08	1423.81	1950.28	1996.24	1212.42	1944.99	727.37	1032.72
2019	1932.37	1748.62	1449.09	1923.95	2030.51	1119.27	1087.11	873.42	1044.84

4. 旅游从业人数

旅游从业人数是旅游经济增长的人力资本，涉及旅游服务质量、旅游接待能力，因此是旅游经济增长的重要影响因素。2000~2015 年，北京市旅游从业人数稳居榜首，上海旅游从业人数基本保持排名第二，天津市旅游从业人数从 2000 年的第四位下降到 2015 年的第九位，这三个城市旅游从业人数年均增长率均为负数，表现出总量递减趋势。杭州旅游从业人数波动最大，总体保持增长趋势，年增长率平均值最高，达到 11.67%，2000 年旅游从业人数在各城市中排名第三，2004 年下降到第四位，2005年、2006 年上升到第二位，2007 年开始下降，2011 年下降到第十一位，2012~2015 年保持在第四位。2000~2015 年，苏州、武汉、成都、重庆、西安五市旅游从业人数变化幅度较小，苏州旅游从业人数年均增长3.83%，其排名从 2000 年的第八位上升到 2015 年的第六位，重庆旅游从业人数年均增长 5.26%，其排名从 2000 年的第六位上升到 2015 年的第三位，西安旅游从业人数年均增长 9.86%，其排名从 2000 年的第九位上升到 2015 年的第五位（见图 3-1）。

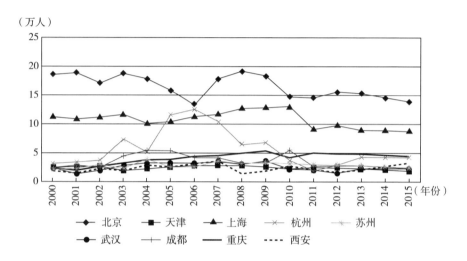

（万人）

图 3-1　九大旅游城市 2000~2015 年旅游从业人数变动趋势

5. 旅游资源数量

旅游资源涉及旅游目的地的吸引力，是旅游经济增长的直接影响因素。旅游资源往往用旅游景区数量来表达，包括采用中国 A 级景区、国家森林公园、中国历史文化保护单位、中国风景名胜区等指标。本书减少重复指标，表征中国具有一定质量规模、一定特色的旅游资源，采用 AAAA 级以上景区作为观测指标（见图 3-2）。从时间序列来看，2000 年九大热点旅游城市 AAAA 级和 AAAAA 级数量均较少，自 2001 年之后逐步拉开差距。2000~2019 年，九大热点旅游城市所拥有的 AAAA 级和 AAAAA 级景区数量总体上处于攀升状态，从旅游数量增长情况来看，重庆旅游资源数量增长最多，期间该市旅游资源数量从 2 个增长至 114 个，翻了 56 倍；武汉市旅游资源增长最少，期间的数量从 0 个增长至 23 个。2019 年，各大城市旅游资源总量排名依次为重庆、北京、上海、成都、杭州、苏州、天津、西安、武汉。从旅游资源数量年均增长率来看，成都旅游资源年均增长率最高，达到41.11%，北京市最低，仅有9.70%，杭州、天津、苏州、重庆旅游资源年均增长率在［20%，40%］区间。武汉AAAA级以上旅游景区数量最少，且其旅游资源年增长率排名也常年靠后，2015年开始连续两年出现负增长趋势，旅游年均增长率为17.82%。

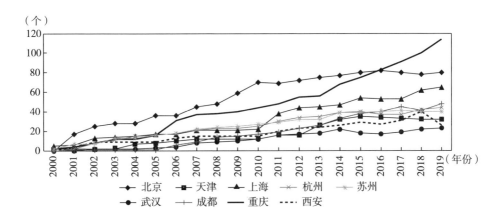

图3-2 九大旅游城市2000~2019年AAAA级及AAAAA级景区数量变动趋势

6. 旅游基础设施数量

旅游基础设施数量包括旅游景区、旅行社、星级酒店、车船公司、其他旅游企业等，是代表旅游目的地接待能力与水平的重要指标（见图3-3）。除成都旅游基础设施年均增长率为负数外，其他城市均表现出波动式增长、螺旋式上升发展趋势。2000年、2005年多数城市旅游设施数量有所下跌，2012年，西安、武汉、杭州旅游基础设施下降趋势最为明显，年均增长率降到最低，低于-70%。从增长率来看，2000~2015年，西安旅游基础设施年均增长率最大，为28.21%，其次是杭州、武汉，分别为21.79%、19.66%。其他城市旅游基础设施年均增长率低于10%。从总量来看，全国范围内九大城市旅游基础设施规模变化较大，数量有升有降，其中北京、上海基本分别保持排名第一、第二的地位（除2010年外），表明两大重要旅游城市在基础设施建设方面的显著优势。杭州旅游基础设施排名从2000年的第四位波动发展，2015年排名上升到第三位。2000~2015年，重庆、西安、武汉旅游基础设施总量有所增加，排名总体表现出上升趋势，分别从2000年的第六位、第九位、第八位上升到2015年的第四位、第六位、第七位。天津旅游基础设施总量有所增加，但其在九大城市中的排名却有所下降，从2000年的第三位下降到2015年的第五位。2000~2015年，苏州、成都表现出竞争地位下降的态势，其排名分别从第五位、第七位下降到第八位、第九位。

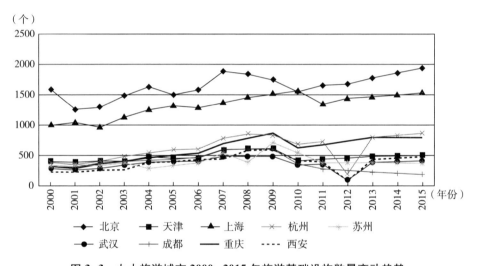

图 3-3　九大旅游城市 2000~2015 年旅游基础设施数量变动趋势

综上所述，九大城市中旅游设施数额呈现两极化现象，排名第一的首都北京始终表现突出，经济大市上海紧随其后，两市平均水平远高于其他城市。另外七市水平相当，次序各异；杭州和重庆的旅游设施在数量上略显优势，今后将会保持持续增长，出现与同级别城市拉大差距的可能。

7. 旅游企业固定资本投资

旅游企业固定资本投资关系旅游企业的资金能力，是提高旅游经济增长效益的关键因素。2000~2015年，九大热点旅游城市对于旅游固定资本投资呈现突出的两极化表现（见表3-4），第一类是高投资类型，包含北京、上海两市，北京旅游固定资产投资从5644932万元增加到8711289万元，净增长3066357万元；上海旅游固定资本投资从4150401万元增加到4757553万元。另外，七市从2000年左右开始起步，旅游固定资产投资均在2000000万元以内，只有杭州持续增加此项投资，在2015年投资额度超过了2000000万元，在九大城市中排名第三位。

表3-4　2000~2015年九大城市旅游固定资本投资情况　单位：万元

年份	北京	天津	上海	杭州	苏州	武汉	成都	重庆	西安
2000	5644932	433002	4150401	641756	413878	426410	542864	367485	311777
2001	5084939	508861	3115070	796588	613666	246972	562192	403361	408935
2002	5591961	517574	3411101	916044	757100	510843	574214	475122	545256
2003	6141512	339092	4318985	960675	781586	624667	854648	653284	458976
2004	6289791	442006	4169467	980490	1149548	726643	1194594	742897	682200
2005	7679166	525475	5043464	1407329	716402	588500	1516310	798739	630893
2006	7347903	822093	5723101	1259128	944134	695862	1170716	855607	753778
2007	7398204	821800	6677455	1376680	1199882	760470	1077959	936261	819506
2008	8134602	587404	7961016	1562441	920611	730937	770615	846978	402768
2009	8837213	639611	7031941	1819284	1016770	784188	844377	1256869	491422
2010	6531913	430268	6211292	1153959	1056891	886691	867569	792436	736206
2011	8047571	641408	5170443	1421903	1097013	571661	950647	1272561	598134
2012	8184069	744325	5812906	1302811	1152986	633862	963961	1233059	604660
2013	8551601	651087	4693035	1443243	1208959	852802	977275	1489579	636166
2014	8631445	788883	3788910	1895630	1268338	1017397	1218823	1627582	859591
2015	8711289	926680	4757553	2348017	1327717	1181992	1460371	1765586	1083016

（二）热点城市旅游经济增长的空间差异

东、中、西部由于旅游资源禀赋、社会经济、交通区位、基础设施等条件的差异，热点旅游城市的经济增长各异。正确认识热点旅游城市的经济现状，分析旅游业在区域发展中的作用，对于优化旅游空间布局、制定旅游发展战略、统筹协调推进旅游业发展意义重大。

我国热点城市旅游的资源、经济与环境差异导致旅游经济增长的空间差异。上海、北京、天津等直辖城市率先形成了旅游业要素密集地区，经济增速较快，成为充满生机与活力的增长极城市。地处东部的苏州、杭州自旅游产业诞生起就以独特的自然条件和丰富的优质人文资源取得了中国旅游业领先地位，带动了东部地区第三产业的空前发展。中部及西部热点旅游城市中武汉发展缓慢，重庆独占鳌头，成都发展迅猛，西安略显弱势。中、西部地区受到资源、资本、交通和气候等因素影响，旅游市场相对狭小，旅游经济增长较其他地区正处于提升阶段。

区域经济和旅游产业的空间分布格局具有一定的关联性，东部地区及直辖市旅游经济增长处于前列，中、西部地区经济相对薄弱的区域旅游经济相对落后。经济实力对区域旅游具有支撑和促进作用。我国东部等沿海省份凭借雄厚的经济基础、广阔的旅游市场，近年来旅游经济不断上涨。中、西部内陆省区虽然经济与旅游发展落后于第一梯队，但生态系统良好、自然保护区面积广阔、资源丰富，旅游环境具有优势，旅游产品更加多元，将会是今后旅游发展的重要区域。

（三）热点城市旅游经济增长的影响因素

九大热点旅游城市旅游经济增长是内外部因素共同作用的结果，下面将从资源、区位、政策、资本等方面进行分析。

1. 资源要素

旅游资源是开展旅游业的基础条件。旅游资源作为旅游吸引物，是旅游城市吸引游客的根本。九大旅游城市拥有丰富的旅游资源，主要表现在资源效度与资源品质两个方面：

（1）旅游资源数量多、类型丰富。九大热点旅游城市拥有数量众多、类型丰富的旅游资源，如北京的故宫、苏州的园林、上海的东方明珠、西安的兵马俑等，均在国内外拥有超高知名度，吸引着无数游人前去观光。

各大城市均非常重视旅游资源的开发，积极建设高等级旅游景区，根据统计数据，2000~2019 年，九大旅游城市 AAAA 级和 AAAAA 级旅游景区数量均处于攀升状态。

然而，各大城市旅游资源优势发挥程度不一，综观各地区旅游资源发展现状，许多具有旅游资源优势的地区，其旅游经济增长却相对缓慢，旅游资源开发与旅游经济发展呈现非均衡发展态势。这里运用旅游资源效度来衡量九大旅游城市旅游资源与旅游收入之间的均衡性，具体公式如下：

$$C_j = X_j / T_j$$

式中，C_j 表示城市 j 的旅游资源效度，X_j 表示城市 j 旅游资源数量比重，即 AAAA 级和 AAAAA 级旅游景区数量之和与九大旅游城市旅游资源总量的比重，T_j 表示城市 j 旅游收入在九大旅游城市旅游总收入的比重。当 $C<1$ 时，表示旅游资源效度较低，旅游资源优势未得到有效发挥；当 $C=1$ 时，表示旅游资源效度达到标准，当 $C>1$ 时，表示效度较高，旅游资源优势得到较好发挥。

表 3-5 的结果表明，九大旅游城市平均旅游资源效度接近 1，总体而言，旅游资源优势得到较好发挥，但值得注意的是，各大城市之间旅游资源效度存在区域差异，其中北京、上海、苏州、重庆的旅游资源效度均大于 1，表明旅游资源优势得到充分发挥，旅游资源效度超出平均水平，特别是重庆，其旅游资源效度最高，利用相对较少的旅游资源获得了较高的旅游收益。天津、杭州、武汉、成都、西安的旅游资源效度低于九大城市旅游资源效度的平均值，表明旅游资源具有一定开发潜力，仍需加大开发力度和提高旅游资源利用效率。

表 3-5　2019 年九大旅游城市旅游资源效度

地区	北京	天津	上海	杭州	苏州	武汉	成都	重庆	西安	平均效度
旅游资源效度	1.08	0.62	1.02	0.93	1.23	0.54	0.87	1.67	0.70	0.96

（2）旅游资源品质较高。各大旅游城市积极开发旅游资源，打造国际

旅游目的地,形成了上海的外滩和迪士尼乐园、西安的秦始皇兵马俑博物馆和华清池、成都的都江堰和九寨沟、重庆的大足石刻、天津的津门故里、杭州的西湖等诸多国际知名旅游景区。以北京为例,北京不仅致力于保护文化,同时结合资源特色开发多种高品质旅游景区景点。北京是全球拥有世界遗产(共7处)最多的城市,开发了多种类型的知名景区。截至2019年7月,北京共有7309项文物古迹,99处全国重点文物保护单位(含长城和京杭大运河的北京段)、5处国家地质公园、15处国家森林公园,其中北京的皇宫紫禁城、祭天神庙天坛、皇家园林北海公园、颐和园和圆明园、八达岭长城、恭王府等名胜古迹享誉国际。上海是中国第一大城市,地处大陆海岸线中部的长江口,一直以独有的时尚、文艺、国际化风韵吸引着无数中外游客。上海的旅游资源开发呈现出从有界到无界、从有形到无形的发展趋势,其开发理念比较超前,当大部分旅游城市的建设重心停留在城市"景点"建设时,上海已经开始全力开发"都市旅游"、积极打造"全域旅游"城市,并将整个城市作为最具吸引力的要素加以塑造、完善、整合、包装。

2. 区位要素

九大旅游城市在自然地理区位、经济地理区位和政治人文地理区位三个方面都占据了一定的优势。从自然地理区位上看,九大热点旅游城市均位于平原中心地带,作为公路或铁路枢纽,交通优势十分显著,如天津、上海、杭州、苏州沿河靠海,集陆运、河运、海运多重枢纽于一身;武汉、重庆不仅是重要的铁路枢纽,而且紧临"黄金水道"长江;西安、成都则分别是西北地区和西南地区的交通中心。从经济区位上看,九大热点旅游城市或为全国性的经济中心,或为省会、地区经济中心,经济地位在所属地区乃至全国均名列前茅,如天津,既是华北地区的经济中心,又是与东北、西北、华北和中南地区经济联系的纽带。从政治文化区位上看,九大热点旅游城市也占据了相当优势,九大城市中除苏州外,或为直辖市,或为省会、区域中心、文化中心,如北京是一座历史文化名城,是中国旅游资源的富集地和世界著名的旅游目的地;杭州是浙江省政治、经济、科教和文化中心，是全国重点风景旅游城市和历史文化名城；重庆是中国西部唯一的直辖市，是西部大开发的重要战略支点、"一带一路"和长江经济带的联结点，在国家经济发展和对外开放格局中具有独特的作用；西安地处关中平原中部，是陕西省政治、经济和文化中心；苏州虽然不是省会，但是经济发达，文化底蕴浓厚，是我国首批历史文化名城之一，在全国文化版图中处于优势地位。

3. 合作与竞争

九大热点旅游城市各具优势，资源禀赋各异，在相互竞争中也面临许多困难与挑战，因此各城市之间形成旅游圈、旅游集群，在旅游线路设计、景区规划布局、基础设施建设、多项产业协作等方面合作，探索旅游共同发展、资源共享、功能互补的良性发展模式。

北京与天津是华北地区两大重要城市，同为直辖市又相距不过 100 余千米，长期以来保持着"相近相竞"与合作共赢的关系，在竞争中进步，又在合作中发展。近年来，关于京津加强旅游合作的呼声日益高涨并形成高度共识，旅游产业亟待加强分工合作，谋求双赢发展，这是两市可持续发展、实现各自发展定位的客观需要。北京是世界城市，旅游业以历史文化古都游为主，依托资源和区位双重优势，已形成以国际旅游为中心、国内旅游为基础的全新格局。天津则定位为北方经济中心，以近现代国际都市游为特色，加强与北京的合作是融入首都经济圈、打造有全球影响力城市群的必然要求。两市旅游业各有千秋，在竞争中合作有利于推动京津冀区域旅游业统筹协调发展，理顺北京、天津两个特大型城市间关系，降低乃至消除竞争内耗，协调利用资源的全域旅游合理配置，共同推动区域旅游一体化进程。

上海、杭州、苏州三市是江浙沪地区旅游业的龙头代表，依托长三角的经济环境背景，以现代良好交通设施为基础，已经成为东部地区乃至全国最具潜力的旅游区。三市的旅游资源风格相似，古典的江南水韵风格与繁华的现代都市风貌交相辉映，文化内涵深厚但个体特征不鲜明，目的地形象雷同。在长三角地区各地政府联合出台了一系列措施后，区域旅游取得了突飞猛进的发展。三市旅游业皆是地方性支柱产业，发展稳定且地位重要，是城市进入创新发展阶段的重要途径。加强上海、杭州、苏州旅游产业的有序竞争和区域合作，打造江浙沪旅游圈整体形象，是提升长三角地区旅游业综合竞争力的有效举措。

西安、成都、重庆三市地处西部，三市地缘相连、特色相异、利益相关。在旅游强国战略背景下，三个区域应不断加深西部旅游合作，从而实现西部旅游经济腾飞。其中，成都、重庆作为西南两座双子星城市，同属四川盆地，但是城市风格却大不相同。2010～2018 年重庆游客总量与旅游总收入增幅非常明显。加强区域间旅游合作，有利于充分发挥西部旅游资源比较优势，形成优势互补、协调发展局面，提升整体实力和竞争力，提高对外开放水平，加快与国际旅游市场接轨步伐。

实行中部崛起、长江经济带等政策以来，转变经济发展方式，提升旅游产业收入是以武汉为代表的中部地区的重中之重。近年来，中部地区承接产业转移，经济社会获得了更快速的发展，武汉 GDP 增速连续数个季度排名全国前列，这也推动了地区人均收入水平的提高，使得地区的居民有更多的可支配收入用于文旅产业。通过各项数据可以发现武汉人均旅游收入和游客总人数两项关键指标上遥遥领先于中部其他省份，但仍需从单一城市发展中跳出来，与周边省份一同整合资源、统筹规划，避免低层次建设，融合相关产业，完善要素配置。

4. 政策要素

良好的旅游发展政策是旅游产业发展的支撑条件。随着政策性交通基础建设的逐步完善，形成了快速抵达、网络密集、智能交互的交通网络系统，尤其是高铁、航空线路的完善促使全国、海外的游客旅游更加便捷。

北京贯彻落实协同发展战略，发挥京津旅游辐射作用，构建城市旅游协同体系，推进京津旅游一体化进程，努力打造世界一流旅游目的地。长三角地区全面推进旅游国际化进程，大力推动长三角地区上海、杭州、苏州旅游业与现代服务业融合发展，建设一批高品质的旅游目的地，形成面向全球、引领全国的世界级旅游城市群。西安利用区域优势，发挥品牌资源的名人效应，刺激旅游消费，推进西部旅游服务贸易自由化，建设具有世界影响力的华夏文化旅游目的地和丝绸之路旅游核心门户。成都与重庆依托川渝良好的生态环境和文化资源，充分发挥长江上游核心城市作用，建设自然与文化遗产国际品牌旅游目的地，打造西部旅游辐射中心。武汉依托长江黄金旅游带，发挥立体交通网络优势，推动生态旅游、文化旅游、红色旅游、低空旅游和自驾车旅游发展，打造连接东西、辐射南北的全国旅游产业发展引领示范区。

（1）东部。我国旅游业整体格局呈现出"东强西弱"和"南强北弱"的不平衡格局，旅游生产活力集中于东部沿海地区。上海、北京、天津、杭州、苏州等东部热点旅游城市，路网密集，交通便利，有着资源和经济双重优势。优良的资源和广阔的市场形成了强大的吸引力，同时旅游收入中国际创汇和外宾接待创造巨大收益。邻近地区的客源和西部地区的生产要素纷纷涌入，使得东、西部地区旅游差异两极化现象加剧。

上海、杭州、苏州三地旅游资源特色鲜明，人文景观集聚。近年来，这三个城市积极探寻可持续发展之路，确定全域旅游发展战略，坚持政府主导型旅游业发展思路，把旅游业作为幸福产业来培育，作为拉动内需、推动消费、发展经济的助推器，为城市旅游的发展提供了案例参考作用。江浙沪地区着重对文化旅游产业发展的政策支持，在招商引资、土地使用、财政税收、融资服务等方面发展给予有力的政策支持。2018年，《关于促进上海旅游高质量品质发展加快建成世界著名旅游城市的若干意见》印发，提出开展城景一体的全域旅游示范区建设、打造"黄浦江游览"世界级旅游精品线路、建设一批"建筑可阅读"的城市旅游线路、提出乡村旅游发展品质，全力打造国际文化旅游之都、国际购物旅游之城、世界一流的邮轮城市、国际会展城市、国际健康旅游城市、工业旅游示范城市等城市旅游品牌，不仅要发挥长江国际黄金带的龙头城市作用，更要加强与杭州、苏州等长三角地区的合作，形成一体化发展。2018年，《杭州市人民政府关于实施全域旅游发展战略 加快国际重要的旅游休闲中心建设的若干意见》印发，提出参与长三角区域合作发展，加强与上海、杭州旅游合作，加快国际重要旅游休闲中心建设，形成观光游览、休闲度假、文化体验、商务会展"四位一体"全域旅游格局。2017 年，苏州发布《关于实施全域旅游发展战略 打造国际文化旅游胜地的若干意见》、《苏州市旅游业发展"十三五"规划》，提出要加强与重点城市的旅游合作，共建长三角无障碍旅游区，将苏州建设成为具有独特魅力的国际文化旅游胜地。

北京与天津两市借助我国社会经济的快速发展，凭借独特的区位条件、丰富的资源以及重大事件的推动（如 2008 年北京奥运会、2019 年北京世界园艺博览会），旅游业取得了长足进步。这两个城市位于京津冀地区，相互依托，相互竞争，在竞争中协同发展。2018 年发布的《京津冀旅游协同发展工作要点（2018—2020 年）》指出要打造京东休闲旅游示范区、京北生态（冰雪）旅游圈等五大旅游示范区，并提出景区年卡、老年证、交通一卡通等旅游惠民政策以及京津冀离境退税等政策，实现三地旅行社、景区资源互通，推动区域资源整合。此外，京津冀通过建立健全京津冀旅游服务规范与质量标准体系、京津冀旅游诚信体系、旅游市场监管体系、旅游行业协会合作机制等方式，为区域协调发展打造良好的公共环境。

（2）中部。与东部三地旅游业发展相比，武汉属中部地区，是长江中游的重要节点城市。武汉旅游资源开发存在投入不足、深度不够、旅游体系不完善、拉动效应不明显等问题。应积极打造武汉为核心的"1+8"城市圈，优化旅游空间格局，发挥旅游业的聚合效应，整合优势资源，促进中部地区城市间合作，实现跨区域旅游一体化发展。

（3）西部。西部旅游资源丰富，开发尚处于初级阶段，在规划设计、开发方略、管理体制、宣传营销方面存在较大进步空间。自 20 世纪 50 年代西部大开发战略实施以来，国家加大扶持力度，积极推动关中—天水经济区、环北部湾经济区、成渝经济区建设，其中西安是关中—天水经济区建设的领头城市，将其建设成"国际化大都市"是重要目标，而旅游业是推动区域经济发展的重要产业。2019 年，《西安市促进全域旅游发展的实施意见》发布，提出推进旅游融合发展，加快国际一流旅游目的地建设，推进"一带一路"建设。为实施《成渝城市群发展规划》，成都提出打造

"国家中心城市、世界文化名城和具有国际影响力的文化创意中心和世界旅游目的地"的目标,《成都市旅游业发展"十三五"规划》提出,应积极融入"一带一路"、"长江经济带"发展倡议,依托熊猫故乡、音乐之都、美食之都、蜀绣蜀锦等城市名片,将成都打造成为国家旅游中心城市和对接国际市场、具有中国典范、独具蓉城特质的世界知名旅游城市。重庆发布的《"十三五"建设国际知名旅游目的地规划(2016年—2020年)》提出,重庆是西部开发重要的战略支撑城市,是长江经济带西部中心枢纽,是"一带一路"的重要沿线城市,应发挥城市资源特色,促进旅游产业深度开发,打造国际知名旅游目的地,构建成渝旅游城市圈,依托长江黄金水道,加强与长三角地区合作。

5. 资本要素

资本要素与区域旅游业的发展密切相关,资本投入的多寡直接影响着旅游业的进步和建设。上海、北京等东部发达城市,资金雄厚、融资能力较强、辐射范围广,作为国际开放城市汇聚了绝大多数的旅游资本要素。其次,如苏州、杭州、武汉等地,是省域范围内热点旅游城市,旅游投融资环境较好,旅游企业效益较好,资本活动活跃。

重庆、成都、西安地处西北地区,政府主导型旅游开发模式占主导地位,旅游投融资环境相对较为闭塞,旅游信息流通相对缓慢,旅游企业领导者对于新型投融资模式的接受能力相对较差,造成这三个城市在企业资本方面处于弱势。但因各行政部门对于引进外资、企业主导等模式的重视,开始积极引进资金资本,强化投融资能力,为地区旅游发展提供强有力的资本运营能力。

6. 产品要素

九大热点旅游城市经济实力雄厚,旅游资源丰富,各有特点,在旅游产品开发上具有各自的风格。

(1) 主要开发的旅游产品类型。

1) 观光旅游产品。观光旅游产品的客体一般包括山水风光、名胜古迹、城市景观、国家公园、主题公园及森林海洋等。由于此类产品在旅游资源的利用上最直接，因此也是九大热点旅游城市中最为普遍的旅游产品类型。北京故宫、天津之眼、上海东方明珠、杭州西湖、苏州园林、武汉楚河汉街、成都青城山、重庆长江三峡、西安兵马俑等均属此类，它们与其他旅游产品一起构成了九大热点旅游城市旅游产品的中坚力量。而且随着旅游的发展，许多观光旅游产品如杭州西湖已不仅仅是单纯的观光旅游，还融入了文化体验和休闲度假内容，使观光旅游产品的内容更加丰富多彩和富有吸引力。

2）度假旅游产品。一般包括海滨旅游、森林旅游、乡村旅游、野营旅游等产品类型。度假旅游产品强调休闲和消遣，要求自然景色优美、气候良好适宜、住宿设施令人满意，并且有较为完善的文体娱乐设施及便捷的交通条件等。九大热点旅游城市除具备开发度假旅游的条件外，在国内经济版图中占有重要地位，客源有充分的保证。九大热点旅游城市度假旅游区主要分布在距离中心城区较远的郊县地区，如以北京密云、苏州太湖、上海崇明、杭州西湖、西安曲江等为代表的度假旅游区在国内久负盛名。

3）专项旅游产品。专项旅游产品包括主题公园旅游产品、体育旅游、节庆旅游、商务旅游等。九大热点旅游城市经济发达、文化昌盛，在地区乃至全国具有中心性和引领性的地位，世界各大知名主题公园纷纷落户，同时九大热点旅游城市也是很多国家级乃至世界级体育赛事或博览会的举办地，如北京奥运会、上海世博会、北京园艺博览会等，形成了较有竞争力的节事旅游、体育旅游、会展旅游等旅游产品。同时作为地区乃至全国的中心，九大热点城市在金融、制造业及技术研发等领域占有重要地位，这也促成了九大热点旅游城市构建繁盛的商务旅游产品。

（2）旅游产品开发特征。

1）品牌化发展突出。九大热点旅游城市在旅游产品开发的过程中特别重视品牌形象的塑造，在国内外形成了较高的品牌知名度。例如，东方明珠之于上海的现代化活力之都的形象、故宫之于北京历史文化名城的形象、锦里之于成都西南慢城的形象均是相得益彰。

2）文化性更加显著。如前文所述，观光旅游产品是九大热点旅游城市旅游产业的主要类型，但是文化性的缺乏会导致旅游产品的生命周期难以长久。显然，九大旅游城市也注意到这一点，不断挖掘旅游资源的文化内涵，开发文化旅游产品，如北京故宫根据自身文化特点积极推出的故宫文创产品已经成为故宫的一大名片。

3）体验性尤为重要。随着体验经济时代的到来，旅游产品的参与性与体验性成为旅游消费者关注的重点，以传统观光为主的旅游产品逐渐失去竞争力，为适应消费者需求，深入开发体验性强、参与性高的体验产品成为九大城市旅游产品开发的热点。如上海依托崇明岛，打造世界级生态旅游岛，乡村民宿、家庭农园等体验项目发展得如火如荼。

4）市场敏锐性较强。九大热点旅游城市作为国家与世界接轨的桥梁，总是能率先接触到国外先进的行业动态和前沿技术，因此在旅游发展上具有先发优势。例如，虚拟体验旅游在国内逐渐开展是国外先进经验引进和国内旅游需求双重推动的结果。

三、热点城市旅游环境质量特征

（一）经济环境质量

1. 经济总量

城市良好的经济环境质量不仅对城市建设和旅游事业的发展有着重要的作用，而且对城市的社会进步和经济提升有着重大意义。九个热点旅游城市 2019 年的经济环境总体可以分为三类：第一类是 GDP 总量与人均 GDP 水平一致型，如西安、成都、武汉、杭州四地；第二类是相较于人均 GDP，GDP 总量稍高型城市，巨头型城市经济发达，发展基数大，但地域广阔、人口众多，主城区对于外地人口吸引力更强，外围区域边缘化现象时有出现，代表城市有北京、重庆、上海、天津；第三类典型是苏州市，表现为人均GDP远高于总体GDP，究其原因是大量外地人口的涌入和区域面积不大且均衡优势明显。从GDP总量来看，2000~2019年，九大旅游城市GDP总量大体呈现增长趋势，与国家经济大环境基本一致（见表3-6）。2019年，上海、北京GDP总量超过35000亿元，远高于其他城市，重庆GDP超过23000亿元，略高于其余六大城市，天津、苏州、武汉、成都、杭州相差不大，在14000亿~19000亿元间，西安GDP水平最低，仅有9399.98亿元。总体而言，各大城市均处于增长态势，且增速不断攀升，GDP增长稳中有进。

表3-6　2000~2019年九大城市GDP情况　　　　单位：亿元

年份	北京	天津	上海	杭州	苏州	武汉	成都	重庆	西安
2000	3277.80	1591.69	4812.15	1395.67	1540.00	1153.37	1238.20	1822.06	646.13
2001	3861.50	1756.89	5257.66	1582.94	1760.00	1335.40	1396.20	2014.59	734.86
2002	4525.70	1926.87	5795.02	1798.96	2080.00	1467.80	1550.60	2279.80	826.68
2003	5267.20	2257.87	6804.04	2118.71	2802.00	1622.18	1765.27	2615.57	926.12
2004	6252.50	2621.10	8101.56	2566.46	3366.00	1882.24	2060.70	3059.54	1092.35
2005	7149.80	3158.60	9197.13	2973.74	4173.48	2262.77	2370.16	3448.35	1294.00
2006	8387.00	3538.18	10598.86	3483.41	4948.07	2668.87	2804.87	2900.26	1512.56
2007	10425.50	4158.41	12878.68	4155.84	5914.31	3184.80	3475.30	4770.72	1857.75
2008	11813.10	5182.43	14536.90	4850.59	7163.40	4064.62	4206.90	5899.49	2313.00
2009	12900.90	5709.57	15742.44	5181.80	7851.01	4741.69	4738.46	6651.22	2689.00
2010	14964.00	6830.76	17915.40	6049.56	9180.76	5458.35	5889.46	8065.26	3195.00
2011	17188.80	8112.51	20009.68	7153.00	10670.08	6586.52	7345.32	10161.17	3791.00
2012	19024.70	9043.02	21305.59	7968.00	11965.76	7752.52	8619.60	11595.37	4370.00
2013	21134.60	9945.44	23204.12	8639.91	12929.78	8747.64	9450.66	13027.60	4960.00
2014	22926.00	10640.62	25269.75	9502.21	13716.95	10025.93	10368.40	14623.78	5576.98
2015	24779.00	10879.51	26887.00	10495.28	14468.68	10547.67	10662.30	16040.54	5932.86
2016	27041.20	11477.20	29887.00	11709.45	15445.26	11531.42	11874.07	18023.04	6396.36
2017	29883.00	12450.56	32925.00	13160.72	16997.47	13090.81	13931.39	20066.29	7418.04
2018	33106.00	13362.92	36011.82	14306.72	18263.48	14928.72	15698.90	21588.80	8499.41
2019	35445.00	14055.46	37987.55	15418.80	19264.80	16223.21	17013.00	23605.77	9399.98

2. 交通网络

交通是旅游产业发展的首要支撑条件，是旅游者实现从居住地向目的地转移的关键因素，交通网络的通达程度直接关系旅游可达性。其中，公路、铁路、航空、水路是影响旅游者出游的主要交通方式。

（1）公路。公路交通是旅游者从旅游出发地到达旅游目的地的最主要交通方式。各大城市的等级公路密度总体呈现增加态势，但不同城市增长速度与排名存在差异（见表3-7）。成都、重庆、北京公路建设保持持续增长，天津、上海、苏州、西安的等级公路密度出现波动式递减态势。重庆被称为"山城"，境内多为山地，公路交通为主要的出行方式，因而重庆历年来等级公路密度在九大城市中排名第一，乘车出行是重庆旅游的主要旅行方式。北京等级公路密度在2015年之前始终排名第二，主要是与北京作为全国政治、文化与经济中心地位匹配，人流集聚，拥堵现象严重，交通网络在不断完善与升级，以满足居民出行需求，为旅游的发展提供了便利，2016~2019年等级公路密度增幅较小，公路建设进入平稳发展阶段。成都属于盆地，周边群山环绕，与重庆相似，公路交通也是成都的主要旅行出行方式，2016年大量公路的建成通车促使其公路密度超过北京，跃至第二位，为国际旅游城市建设提供了优越的交通条件。2019年，九大城市等级公路密度排名从高到低依次为重庆、成都、北京、杭州、武汉、天津、上海、西安、苏州，其中上海、苏州的城市空间有限，其公路密度变化并不明显，地域空间限制了交通网络，对旅游业产生了一定影响。

表 3-7　2000~2019 年九大城市等级公路密度　　单位：千米

年份	北京	天津	上海	杭州	苏州	武汉	成都	重庆	西安
2000	13143	8869	4325	5835	1925	3152	9384	21743	3010
2001	13445	9067	5585	6560	5214	3629	10122	21405	3298
2002	13940	9126	6024	6645	5520	4179	10582	21936	7862
2003	14139	9901	6322	6693	5726	4811	11013	22562	8360

续表

年份	北京	天津	上海	杭州	苏州	武汉	成都	重庆	西安
2004	14404	10420	7780	6742	6453	5539	11149	24046	8360
2005	14481	10791	8110	7076	6993	6377	11277	30835	8500
2006	20223	11306	10392	14181	10210	7342	15055	41885	9530
2007	20535	11521	11163	14462	10983	8453	16888	49958	9672
2008	20135	12060	11497	14700	12346	9732	16131	58978	11895
2009	20551	14316	11671	15114	12520	11205	16652	70425	12378
2010	20920	14832	11974	15266	12754	12200	17923	77175	12378
2011	21155	15163	12084	15415	13047	12775	19055	83614	12599
2012	21299	15391	12541	15747	13090	13014	20269	86810	13127
2013	21485	15718	12633	15900	13155	13718	20732	90358	13135
2014	21816	16110	12945	16024	13212	14241	20958	98680	13251
2015	21885	16550	13195	16210	13239	15394	22972	112889	13328
2016	22026	16764	13292	16306	13208	15927	26037	142921	12853
2017	22226	16532	13322	16424	12658	15793	26294	147881	12884
2018	22256	16257	13106	16520	12173	15659	27731	157483	13992
2019	22366	16132	13045	16667	11818	16382	28260	174284	13040

（2）铁路。北京与天津两市具有便利的交通，铁路纵横交错。中国铁路主干线经过北京的有京哈线、京沪线、京广线、京九线、京秦—京包—包兰—兰青—青藏线。天津市处于京哈、京沪两大铁路干线的交汇点，担负着全国客货运输的繁重任务。

东部城市的高速铁路交通运输网络开发早、网络密集、便捷程度较高，形成东部城市高铁圈。北京、天津、上海、杭州、苏州等东部发达旅游城市，便捷的铁路交通路网为旅游积聚了大量人流量，也带动了铁路沿线其他城市的旅游发展。例如，热点旅游城市上海，沪杭浙赣线等在上海交汇，和周边省市旅游资源互补性强，居民旅游来往频繁，江浙二省均是上海重要的客源地市场。

武汉是中部地区重要的交通枢纽，对外交通系统不断完善，合武高铁、武广高铁开通以来，武汉中部区域优势凸显，拉近了武汉与华东、华南及港澳台地区的时空距离，为武汉旅游业发展提供了机遇。

成都与重庆是西南地区最大的两个铁路运输枢纽。成都通道中的沪昆通道、兰昆通道符合了国家"八纵八横"战略布局，宝成、成昆和成渝环形线路已成体系，因而成都是西南地区连接华东、华南、华北西区的重要纽带。与成都紧密相连的重庆也已形成"一枢纽十干线"铁路网络，加速融入全国高铁网络，目前正加快推进渝昆、渝湘等"米"字形高铁以及成渝铁路扩能改造等项目建设，重庆市政府还结合旅游发展需要，积极研究论证旅游铁路。就西部旅游业来看，铁路和水上道路交通的改善是极为重要的途径，为西部城市打开了一条对外通道，并成功通过旅游业实现了全市及周边的经济发展。

西安是西部地区交通运输枢纽。西安的铁路建设已日趋成为连接长江流域和陇海兰新铁路两大动脉十字网架的交通枢纽。高度发达的交通网使西安各个景点运输管理系统更加完备，交通建设尤其是高铁网络将加快建设，辐射中西部、连接国内外的多式联运的战略资源综合运输体系正在成型。

（3）航空。九大热点旅游城市均已建成航空机场体系。作为中国政治、经济、文化中心，北京对外连接的航空系统相对发达，不仅有中国最重要、规模最大、运输最繁忙的首都国际机场，还有连接国内外的超大型航空综合交通枢纽——大兴国际机场，将大大提高国内外旅游可达性。天津滨海国际机场不断优化完善航线网络、强化区域枢纽机场功能，持续加密国内和周边国家、地区的干线航班，打造空中快捷通道，拓展有进入北京需求的国内二、三线机场客运航线航班。武汉自 21 世纪以来，旅游客流持续输入大于输出，天河机场的修建进一步提升了武汉旅游的扩容能力。成都双流机场是中国西南地区的航空枢纽和重要客货集散地，是前往拉萨、贡嘎等地旅游的最大中转机场，更是前往昌都、林芝的唯一中转机场。重庆江北机场"一大四小"机场格局加速形成，国家级区域航空枢纽全面形成，强力拉动了西部旅游客流。西安咸阳国际机场与近 70 余个国内城市、10 多个国家和地区通航，航线超过 100 条，其旅游通达性和承载力较强。

（4）水运。上海地处中国南北交通中枢，海运、河运、陆运、空运等各种运输方式齐全，对促进地区经济的发展和繁荣起着极为重要的作用。上海港是中国最大的港口、世界第二大集装箱港。上海港地处中国大陆海岸线中枢，扼长江入海咽喉，作为近海天然河口港，具有发展内河航运和游轮旅游的天然优势。

中部地区水上交通不仅具有运输功能，更是一种旅游观光资源。武汉等热点旅游城市利用其区域优势，一方面立足于打造长江中游航运中心，进一步提升长江中游地区现代航运服务水平，降低企业物流成本，扩大水路承载能力；另一方面开发游艇游轮旅游、江景夜游等旅游产品，不仅拉近了与长三角地区的时空距离，同时增加了区域旅游资源吸引力。

重庆基本建成"一干两支"航道体系，果园港等一批现代化港口有力支撑长江经济带建设。为巩固重庆"山水之城、美丽之地"的旅游形象，重庆推出臻品两江游，新一代的两江游轮"交运满江红"投放运营，全新升级传统两江游航线，深入嘉陵江腹地，全程往返 16 千米，一览"洪崖滴翠"、"轻轨穿楼"、"跨江索道"等众多富有重庆特色的景观地标。在航行中还增加了原生态"川江号子"的现场表演，以及"江舟子"等文创产品，为游客提供更丰富的川江文化互动体验产品。

（二）资源环境质量

1. 气候资源

北京与天津位于我国华北平原，是典型的暖温带半湿润季风性气候，具有冬冷夏热、四季分明的气候特点。自然景色随季节绚丽多变、气候宜人，春季花海、夏季摘果、秋季枫叶、冬季雪景，一年四季均有不同旅游产品。同时，北部山脉地形影响形成特殊小气候，造就众多奇特的自然景观，为旅游提供了丰富的气候资源，也使其成为世界上纬度最低的冬季进行露天冰展和举办大型国际风筝会的目的地。

上海、杭州、苏州地处我国东部长江下游，气候类型为亚热带季风气候，温暖湿润，夏季高温多雨，冬季温和少雨，雨热同期，植被四季常青。气候的舒适度是人们选择旅游目的地的重要考量因素。这三座城市春季所呈现的江南美景无不吸引海内外众多游客纷至沓来。

成都、重庆两座城市，一个地处盆地，一个群山环绕，独特的气候条件孕育了独特的自然环境和人文气息，形成了悠闲、散漫、喝茶、涮火锅等生活方式，打造了休闲旅游、度假旅游、乡村旅游、美食旅游等多种旅游产品品牌。武汉地处长江中游，湖泊较多，夏季天气闷热，是我国著名的"火炉"之一，但其春季气候孕育了樱花等植被，形成著名的樱花节，吸引了众多游客。西安的气候类型属暖温带半湿润大陆性季风气候，四季分明，夏季炎热多雨，冬季寒冷少雨雪，春秋时有连阴雨天气出现，每年的 3~5 月春暖花开的季节以及 9~10 月秋高气爽的气候吸引了众多游客前往观光游览。

2. 水资源

水资源拥有量反映地区居民供水能力，以及当地的水域景观的状况。从水资源总量来看，重庆、杭州水资源总量最高，其后是武汉、苏州、成都、上海、北京、西安、天津，可见南方城市如重庆、杭州的水资源总量丰富，供水能力较强，而相对的北方城市如北京、西安、天津则水资源紧张，缺水严重。从人均水资源量来看，杭州、重庆、苏州人均水资源量最高，其后是武汉、成都、西安、上海、天津、北京，说明人口密集的区域如北京、天津、上海缺水现象更为严峻。

北京是一座人口密集、水资源短缺的特大城市。2019 年，北京人均水资源量为 112.1 立方米，仅为全国平均水平的 1/20；京津冀区域内 92% 的区县人均水资源量低于国际公认的 500 立方米极度缺水警戒线。天津是"渤海金项链"上的一颗明珠，特殊的地理位置导致天津水旱灾害频发，是一个资源型缺水的城市。上海虽然地处沿海地区，长江入海口，但因工商业发达，人口众多，绝对用水量大，人均水资源量很小，可用水源稀少，本地水源被污染情况严重，这也导致水资源处于短缺状态。

杭州地处淮河中游，横跨淮河两岸，淮河水是杭州市主要生产生活用水水源，水源相对充足，另外杭州拥有奇特的自然水域景观，如世界文化遗产杭州西湖。江城武汉水网密布，九省通衢，文物保护单位众多，历来是人流集散的重要过境地。苏州地处长江、太湖下游，雨量充沛，境内水网密布，河道纵横交错，湖泊星罗棋布，是一座古典优雅的江南水城，被誉为"东方威尼斯"，有着园林古城、江南水乡、特色小镇等各项世界级文化旅游资源。成都地处川西水网，水系发达，地理环境得天独厚，还有著名水域景观都江堰。重庆位于长江与嘉陵江交汇处，境内江河纵横、水系发达，流域面积大于 100 平方千米的河流有 207 条，但重庆 2019 年人均水资源占有量为 1562 立方米，是全国平均水平的 3/4，世界人均水平的 1/5 左右，在我国属中度缺水城市。西安的径流主要由降水形成，径流主要分布在山区，且水质污染情况十分严峻，加剧了城市的缺水程度。

3. 土地资源

土地资源是人类赖以生存和发展的基础，是影响城市建设发展空间的关键因素。北京土地资源总面积 16411 平方千米，常住人口密度为 1300余人/平方千米，是我国人口密度最大的地区之一。北京的首要任务是将故宫、天安门、天坛等游客引流至中轴东西两侧，以降低主要景点旅游密度，提升旅游体验，保持合理环境容量。

上海人口稠密，土地面积在九大城市中最小，土地资源紧缺。上海城市用地匮乏，城市交通、住房情况紧张。国民经济各部门的发展都受到空间范围的制约，急需全新布局旅游公共服务设施，扬长避短地提升横向带动能力。

苏州土地面积在九大城市中排名第七，土地资源需求量急剧增加，土地资源供需矛盾日益激化。当前苏州正处于经济结构转型升级与增长方式转变的关键时期，应促进社会经济发展向节约、集约用地方向转变。苏州旅游资源丰富，但大多呈现"小、散、乱"的局面，因老城区狭小，正着力创造"微旅行"项目。

杭州土地面积在九大城市中排名第二，城市可利用空间范围相对较大。坚持土地保护利用和美丽杭州建设有机结合，强化土地节约集约利用理念，持续优化土地利用结构，不断提升土地利用效益，资源保护和环境建设取得明显成效，杭州城市变得越来越美。

武汉土地面积在九大城市中排名第八，武汉城市建设用地的需求持续增加，耕地保护面临着前所未有的压力。

成都土地资源丰富，土地面积在九大城市中排名第四。成都土地利用以耕地类型为主，约占总面积的40%。地形地貌复杂，自然景观多样化，植被繁茂，旅游资源开发空间较大。

重庆幅员辽阔，在九大城市中空间范围最广，土地面积排名第一。但因重庆地形与地质特点，存在土地人均占有量低、耕地质量差、地质灾害频发、垦荒现象严重、生态环境脆弱等问题。这就像是一把双刃剑，一方面为旅游开发带来了多样性、唯一性景观，另一方面增加了旅游开发、旅游活动的风险因素。

西安辖9区4县，总面积约10108平方千米，土地面积在九大城市中排名第六。从总体来看，西安的工业、住宅和公共设施占地面积较大，而商业、金融、服务业所占地面积较小，还是一个以产业和消费为主的城市，旅游资源有待整合开发，城市活力需进一步增强。

4. 绿地资源

在国家倡导绿色、生态理念的背景下，各大城市更加重视绿化与生态环境保护。截至2019年，北京绿化面积达到88704公顷，在九大城市中排名第二，在我国仅处于中等水平，与国际大都市仍然存在较大差距。北京森林覆盖率达到44%，城市绿化覆盖率达到48.5%，公园绿地面积达到3.5万公顷，自然保护区达21个，基本形成城市休闲—近郊郊野—新城滨河—远郊森林的圈层式公园布局。北京中心城区处于超饱和状态，旅游开发应改善生态环境，提供游憩空间，美化生活环境，塑造国际都市的风韵气质。

上海绿化工作取得了巨大成就，在有限土地资源条件下，既有了量的飞跃，也有了质的突破。2019年，上海绿地面积达到157758公顷，在九大城市中排名第一，但建成区绿化覆盖率仅有 39.7%，也存在着总体绿化量不足、绿化覆盖率较低、绿化景观色彩丰富度不够、绿化效益较单一等问题。同时要更加强调均衡布局，加大生态廊道建设，重视生态功能、环境功能和景观功能的复合。

截至 2019 年，重庆绿地面积为 78034 公顷，在九大城市中排名第三，建成区绿化覆盖率为 41.74%。未来重庆不论是城市建设还是旅游开发，都应把修复长江生态环境摆在首要位置，实施重点区域水土流失治理和生态修复，保护好三峡库区和长江母亲河。

截至 2019 年，天津绿地面积达到 40326 公顷，在九大城市中排名第四，但建成区绿化覆盖率仅有 37.5%，在九大城市中排名最低，距离现代化的国际旅游都市的目标还有很大距离，城市生态环境亟待改善，绿色生态屏障建设需要加速。

截至 2018 年，苏州森林资源总量达 218.31 万亩，主要集中在沿太湖丘陵山地，2019 年绿地面积为 35613 公顷，在九大城市中排名第五，城市绿化工作取得了较大成果，但还存在绿地总量少、分布不均、森林覆盖率较低等问题，苏州旅游开发中应更加注重绿色资源的保护与利用。

成都两山环抱、两江环绕，生态资源丰富。近年来，成都秉承绿色发展的理念，获得了国家环保模范城市、国家园林城市、国家森林城市等多个殊荣称号。截至 2019 年，成都绿地面积达到 35115 万公顷，建成区绿化覆盖率达 43.46%，在九大城市中排名第二。城市绿化建设显现出了良好的生态效益，在涵养水源、保育土壤、固碳释氧、净化大气等方面发挥了重要作用。

西安城市绿地基础设施薄弱，绿地面积和建成区绿地覆盖率在九大城市中分别排名第七和第八。西安应重视城市绿化建设，继续加大绿化建设，挖掘文化资源，将自然景观和文化资源有机结合，进一步彰显历史人文、山水生态和古都风韵。

截至 2019 年底，杭州的建城区园林绿地面积为 23986 公顷，在九大城市中排名靠后。杭州打造国际旅游目的地的过程应更加注重绿色、生态，加强森林资源的保护，同时注重城区、景区的绿化建设。

武汉园林绿化工作有较大发展，取得可喜成绩，2019年武汉建成区绿化覆盖率达40.02%，但绿地面积仍然较少，在九大城市中排名最低。武汉旅游发展应结合城市改造，增加绿化用地，保护珍贵绿色森林资源。

（三）生态环境质量

生态环境质量的高低关系城市旅游发展外部环境的好坏。这里主要分析旅游开发对环境的影响，包括外部空气环境、生态保护状况等生态环境以及生态治理状况三个方面。

1. 旅游开发对生态环境的影响

城市旅游发展过程，不仅在促进城市经济繁荣、提高居民收入、推动文化交流等方面起到积极作用，同时也会对区域资源、生态环境带来负面影响，如游客超载带来的城市拥堵、资源过度开发利用、环境污染等问题，均会影响城市旅游发展的生态环境。

（1）旅游对资源环境的影响，表现在资源过度利用、资源损耗、环境污染、资源超载、资源非均衡开发等方面。北京的旅游景区（点）存在分布不均衡、知名度差异较大等特点，一些著名景区（点）主要分布在中心城区和北部山区。节假日期间大量游客涌向这些热点旅游景区（点），造成这些地区交通拥堵和景区（点）人员过度拥挤，以及白色污染等问题，如故宫、景山、颐和园、八达岭、北京动物园、十三陵、天坛、香山、天安门城楼等风景名胜人流如织，已经处于过度使用状态，急需挖掘其他潜在旅游资源以舒缓压力。

天津依靠其悠久的历史和深厚的文化底蕴，重视人文旅游项目的开发，同时关注自然景区景点的开发，但旅游管理部门投入更多的时间和精力去开发资源而忽视了对已有资源的管理和保护，造成传统文化资源被破坏以及山川湖泊、森林树木、名胜古迹、动植物等自然资源的损耗，导致生态问题突出。

上海旅游发展的负面影响主要表现在游客超载问题严重，旅游白色污染严重，旅游景观非协调设计，破坏了旅游景观的整体性，降低了旅游体验价值，影响旅游资源的可持续发展。

近年来，杭州市旅游产业的发展迅猛，接待国内外游客数量不断增加，导致资源紧张、旅游基础设施承载压力日益加重。旅游资源开发还存在重复开发利用问题，高投资、大规模、低效益现象普遍。

苏州建筑物因承载游人过多而被损毁。苏州因其著名的园林景观、人文资源而备受欢迎，旅游景区常常出现超载现象，苏州旅游旺季的游客接待量每天平均人数达到20万人次，超过了可容量的3倍，其中拙政园超过可容量的5倍、狮子林超过11倍。超规模接待游客，使景区人员拥挤，空气污浊，造成消费者体验下降，旅游资源破坏严重，如拙政园见山楼前的石桥，因游人过多，桥台沉陷倒塌。这些负面影响急需得到旅游经营管理者的重视。

伴随着武汉城市旅游快速发展，旅游资源的掠夺性开发问题日趋严重。据调查，20世纪90年代初，中心城区共有35个主要湖泊，总面积为95004.48亩，到目前已有8个被填，实有湖泊27个，面积为899967亩，减少了5.35%。在旅游资源开发的过程中存在粗放式开发的现象，导致了部分景区不可再生旅游资源被破坏，以及历史、文化风格和气氛与新建设施极不协调等问题。

近年来，成都通过互联网等新媒体宣传方式，成为网红城市，大量游客蜂拥而至，给景区环境造成了巨大压力，造成游客体验差、资源环境受损严重等问题。以宽窄巷子景区为例，游客的蜂拥而至在给景点带来经济收入的同时，也带来了白色污染、服务质量低下、景区拥挤等问题。特别是不科学地修建道路基础设施，易导致林木严重砍伐、山体破坏、水土流失加剧、自然景观受到严重破坏等问题。

重庆在旅游资源开发的过程中存在过度开发，超载经营，求速度而不关注生态可持续等问题。例如，轻轨穿楼成为网红景点后，蜂拥而来的游客迫使景区采取每日限流5万人次的方式仓促应对；著名景点大足石刻游客的不文明行为加剧了石刻的风化与侵蚀。

　　西安生态基础薄弱，资源环境脆弱，在旅游开发过程中存在以经济利益为主、缺乏公德、谋取私利的行为。景区建筑材料被盗，文物被倒卖，遗址被改建，林木被砍伐，假冒伪劣产品防不胜防。西安小雁塔旁建起了十三层现代化旅馆，使著名的唐代古塔变成了"锁在抽屉中的文物"。

　　（2）旅游对水域环境的影响，表现在水资源污染、水资源浪费、水质下降、填湖造陆或填海造陆等方面。水域资源自身具有一定自我修复能力，但过度开发会造成不可修复的污染。例如，北京曾因不合理地开发高尔夫球旅游，造成大量水资源浪费；天津旅游垃圾、旅游设施排污等造成旅游水体富营养化、水质下降、河流污染等问题；上海海滨、泉点、河边等地区，为发展旅游业修建度假村、休闲中心，其餐厅、宾馆等排放的污水和垃圾，以及游艇游轮旅游所带来的油污和垃圾，都是水体的污染源，再加上上海本土空间的限制，填海造陆造成海岸线侵蚀、海域环境污染等问题。

　　杭州水域资源丰富，河湖星罗棋布，水质优良。但由于旅游者的涌入，旅游开发不当，水质受到影响。例如，杭州千岛湖旅游景区过度开发，违规建设水上旅游项目，超载经营，导致水体污染、植被破坏、湖水水体系统失衡等问题。杭州著名的龙井茶馆在经营过程中将残渣污水排入水沟，造成污水溢出流入龙井泉，最终污染了龙井水源。

　　苏州是典型的江南水城，许多"游船云集，鼓瑟相闻"的著名景区有些已经变成了令人厌恶、臭气熏天的污水河。例如，周庄景区知名度的提升吸引了大量游客，同时带来了许多垃圾，环境卫生得不到保证，生活废水、建筑污水等均加剧了水体污染，早已失去了清澈见底的往日景象。

　　成都市内散布着大大小小的旅游景点，景区道路、看台等人为建筑的修建使地表土层硬化，严重影响地表水的下渗和水循环系统的自然更新，造成了地下水位下降，陆地淡水浪费严重。自然景区游览线路的开辟破坏了地表植被而降低了植被覆盖率，又再次带来了土地沙化、水土流失的问题。

　　（3）旅游对大气环境的影响。在旅游交通给游客带来便利的同时，其尾气的排放加剧了大气污染，鸣笛加重了噪声污染；酒店、餐饮等旅游设施所排放的油烟，以及宗教朝拜活动所带来的烟雾与灰尘，也是重要污染源。来自生活服务设施的大气污染源主要是供水、供热、供能的锅炉烟囱、煤灶的排气、旅游地小吃摊排放的废气等，其释放大量有害气体，总量虽较工业排放量小，但排放源分散、距景点近，且多无除尘设施，对旅游地大气质量影响较大。

根据文献可知，不同交通工具碳排放量有所差异，公交车碳排放标准为 0.017 千克/（人·千米），摩托车为 0.058 千克/（人·千米），长途客运汽车为 0.07 千克/（人·千米），出租车和私家车为 0.2 千克/（人·千米），可见私家车和出租车是主要空气污染源。北京是著名的雾霾严重的城市，大气污染严重，而游客旅游活动带来的废气在一定程度上加重了大气污染。随着上海旅游业的发展，供游客乘坐的交通工具越来越完善，其中汽车排放的大量有毒尾气、扬起的尘埃，以及旅游区内的宾馆、饭店等生活锅炉排放的废气，都会对旅游区的大气环境造成严重的污染。

杭州溶洞较多，旅游活动对封闭环境中的大气造成污染。例如，游客呼吸释放的二氧化碳、水、吸烟、装修等行为对溶洞的空气环境造成一定影响，加快溶洞侵蚀，造成空气污浊，令人头痛、气闷、精神不佳，甚至导致某些疾病。

武汉是一个以煤烟型污染为主要特征的城市，大气污染主要来自燃煤排放的烟尘：二氧化硫和一氧化碳。旅游业的发展加重了能源消耗和机动车辆排放的废气，也是造成武汉大气污染的主要因素之一。

成都以美食旅游胜地而著称，但美食街小吃摊点的盛行使得以燃煤为主要能源的烹饪炉灶随处可见，且没有任何烟尘处理措施，这带来大量二氧化硫、氮氧化物、二氧化碳，以及煤干馏出现有机物的污染，烟尘量大量增加。

（4）旅游对社会环境的影响。首先表现在游客乱刻乱画、违规拍照、乱开闪光灯等不文明行为造成文物古迹不同程度的损耗，旅游活动产生的垃圾及环境污染使得当地居民生活满意度下降。在北京故宫、长城，西安秦始皇陵等著名景区，游客留下的不良"足迹"，如长城上的"到此一游"、杭州西湖石碑被人乱写字、苏州拙政园"上房揭瓦"式拍照行为，对景区景观与文物的保护造成严重破坏。另外，照相机的闪光灯，游客的汗水、指印，也会使文物受到腐蚀。

在开展旅游的过程中，游客与当地居民之间的冲突也是旅游衍生出来的重要社会问题。伴随上海旅游者的增加，游客给当地居民造成了一些心理上的冲突和矛盾。特别是在中心旅游景区，当出现游客过度拥挤现象时，或者游客行为太过粗鲁，会给当地居民的日常生活带来不便，居民会产生抱怨的情绪，如个人隐私曝光、停车场不足、拥挤、噪声、垃圾增多、当地物价上涨等。

苏州居民对旅游社会文化的正面影响感知主要体现在旅游改善了当地基础设施条件、丰富了日常生活、保护了传统民居和建筑等方面，还有部分居民认为许多游客慕名而来，旅游的发展促进了当地茶叶和水果等特产的输出，而且市内的名人故居也因为其独特的文化内涵吸引了不少参观者。总体来说，旅游对苏州当地文化的宣传起到了推动作用。但与此同时，旅游拥挤、旅游垃圾、旅游卫生、旅游噪声、旅游文化冲突等问题依然存在。

重庆郊区乡村旅游为乡村旅游地带来较难处理的生活污水、垃圾，大量的人流踩踏植被，以及过度的开发导致地方环境质量恶化，严重威胁乡村旅游的可持续发展。调查中发现，陆巷古村居民对于旅游负面自然环境影响的感知主要体现在生活垃圾等废弃物增多及污水情况上。

其次，游客所带来的外来文化对当地文化的冲突，商业化发展造成当地居民思想意识的改变，现代化发展造成的民族传统的不断流失等。传统的民间习俗和庆典活动逐渐被商品化，为迎合消费者需求，随时被搬上舞台，活动的内容也被压缩或是被更改，使得表演的节奏变快，有些内容显得庸俗甚至低俗，很大程度上已经失去了传统文化的传承意义和价值。

2. 城市环境质量状况

（1）城市"三废"排放情况。从工业"三废"排放量来看，2019年，苏州、上海、重庆、杭州、天津工业废水排放量在九大城市中排名前五，其中苏州的"三废"排放量在九大城市中一直处于高位，工业污染问题严峻。苏州传统产业和高能耗、高物耗、高排放的产业比重仍然较高。产业结构表现为重工业化，工业园区危废物品产生企业数量较多。未来应持续加大生态环境治理和修复力度，大力实施生态文明建设"十大工程"重点项目，推进生态涵养发展试验区和生态安全缓冲区建设。

上海作为我国第一大城市，城市化进程不断加快，经济迅猛发展，人口迅速膨胀，能源消耗增加，工业污染严重。尽管近年来上海实施了很多环保工程，采用了很多技术来控制污染，以满足日益增长的城市发展需求，但工业废气、废水和固体废弃物排放量总体上表现出逐年增加的态势，上海"三废"污染治理任务依然严峻。

重庆作为我国重要的老工业基地，处于工业化和城市化快速发展的重要时期，工业"三废"排放数量明显增加。近年来，虽然重庆加大了对工业"三废"的治理力度，工业污染状况有所改善，但重庆工业"三废"污染排放规模仍然较大，工业废气和工业固体废弃物不仅在排污总量上逐年增加，而且增长速度越来越快。

天津工业废气总体表现出逐年增加的态势，工业废水排放量波动递减。2019年天津废水排放量达到15067万吨，工业废气排放总量为11826亿立方米，2019年，全市优良水质断面比例首次达到50%，较2014年（基准年）提高25个百分点；劣V类水质断面比例首次降至5%，较2014年下降60个百分点。近岸海域优良水质比例达到81.0%，同比增加31个百分点，连续4年未出现劣IV类水质。

伴随着杭州经济的增长，资源利用率得到提高，有效降低了废水、废气和固体废弃物的排放量，使环境污染状况得到改善。但杭州工业"三废"及城市生活污染物排放，引起重金属污染。其中，汞、铜、铅、锌在杭州周边地区基本上是重度污染，这会直接威胁居民、游客的生命健康，影响城郊旅游景观。

（2）城市空气环境质量状况。空气质量的好坏影响旅游消费者体验，从而影响旅游消费者目的地的选择。各大城市由于产业结构差异，工业化、城市化发展所带来的空气质量问题不仅困扰着城市发展，更限制了旅游经济增长，因此各大城市积极推进城市空气质量的治理，力求提高旅游舒适度。其中，北京、广州、上海、深圳等城市积极推行绿色能源汽车，加大购买补贴，大力推行绿色出行，在一定程度上对改善空气质量起到积极作用。

北京空气质量较差一直是困扰区域发展的主要环境问题，在一定程度上影响了旅游目的地的选择。许多国际旅游者面对北京严重的雾霾天气，往往是望而却步，或者是缩短停留时间。经过政府大力整治，北京空气质量持续改善，截至 2020 年，主要污染物年平均浓度值持续下降。空气中细颗粒物（PM2.5）年平均浓度值为 38 微克/立方米，首次进入"30+"。空气质量达标天数为 276 天，达标天数比例为 75.4%，较 2015 年增加 90 天。空气重污染天数为 10 天，较 2015 年减少 36 天，全年未出现严重污染日，这为区域旅游发展奠定了良好的环境基础。

天津滨海新区空气质量问题比较突出。滨海新区的大气环境问题的主要原因是区域内的大型电厂和钢铁企业所产生的二氧化硫和烟尘，污染源治理水平较低，燃烧设备脱硫效率水平低，且排放达不到排放标准的要求。目前，天津空气质量明显好转，截至 2020 年，SO_2、CO 年均浓度稳定达到国家标准，PM10、NO_2 首次达到国家标准，O_3 浓度基本保持稳定，PM2.5 年均浓度降至 48 微克/立方米，同比下降 5.8%。达标天数 245 天，同比增加 26 天。重污染天数 11 天，同比减少 4 天。

根据上海生态环境状况公报显示，2020 年上海生态环境质量明显改善，主要污染物浓度进一步下降，环境空气六项指标实测浓度首次全面达标，PM2.5 年均浓度为有监测记录以来的最低值。全年优良天数为 319 天，AQI 优良率为 87.2%。细颗粒物（PM2.5）年均浓度为 32 微克/立方米，SO_2、PM10、NO_2 年均浓度分别为 6 微克/立方米、41 微克/立方米、37 微克/立方米，均为有监测记录以来的最低值；O_3 浓度为 152 微克/立方米，CO 浓度为 1.1 毫克/立方米。六项指标实测浓度首次全面达到国家环境空气质量二级标准。

根据武汉生态环境公报显示，2020 年全市环境空气质量优 100 天，良 209 天，轻度污染 52 天，中度污染 3 天，重度污染 2 天，优良天数为 309 天，比 2019 年增加 64 天，空气质量优良率为 84.4%，是自 2013 年以来最好水平，这表明武汉市空气质量逐年改善。

2015 年成都空气环境优良率仅有 57.8%，空气污染呈现出季节变化，冬季污染重且特征明显，表现为雾霾；夏季污染轻且不为人察觉，主要是臭氧污染。影响成都空气质量的因素主要有燃煤、燃油、燃烧和尾气、扬尘。通过深入实施铁腕治霾和大气污染防治 "650" 工程，成都蓝天保卫战取得阶段性胜利。截至 2020 年 12 月 14 日，其空气质量优良天数达到 287 天，优良比例达到 77.19%，较 2015 年上升 10.11 个百分点，PM2.5 浓度为 39 微克/立方米，较 2015 年下降 29.1%，荣获全球首批绿色低碳领域先锋城市蓝天奖，成都蓝正快速迈向常态蓝。

2020 年，重庆空气质量优良天数达 333 天，其中优 135 天、良 198 天，连续 2 年优的天数超过 100 天；全年空气质量超标 33 天，其中轻度污染 28 天、中度污染 5 天，已连续 3 年未出现重污染天气。优良天数超过 300 天的区县从 2017 年的 19 个增加到 2020 年的 40 个，空气质量六项指标自有监测记录以来，首次实现全部达标。

西安的大气污染是以煤烟型污染为主的复合污染，2015 年西安环境空气优良率仅有 69%。经过连续有效治理，2020 年西安市空气质量取得了历史性突破，PM2.5 平均浓度为 51 微克/立方米，同比下降 10.5%；优良天数 250 天，同比增加 25 天，是近四年以来蓝天最多的一年，其中优级天数共 56 天。

苏、杭环境空气质量相对较好，苏州市空气环境质量在全国重点区域保持领先，截至 2020 年，大气、水环境质量均达五年来最优状态，超额完成国家和省年度目标任务。PM2.5 浓度实现 2013 年以来 "七连降"，首次达到并优于国家环境空气质量二级标准，苏州市区环境空气质量优良天数比率为 84.4%，与 2019 年相比上升 6.6 个百分点。杭州市 2020 年环境空气优良天数为 334 天，同比增加 47 天；优良率为 91.3%，同比上升

12.7 个百分点。

3. 环境治理政策

良好的生态环境是国际一流和谐宜居之都的重要标志，是经济高质量发展、居民高质量生活的内在要求。

北京作为国家首都和重要外事接待旅游城市，生态环境是影响其发展速度的重要制约因素。为治理环境污染，北京采取了改造燃煤锅炉、整治违规排污企业、建设"禁煤区"、黄色预警企业"停工令"等一系列措施，并颁布了多项文件，如《北京市大气污染防治条例》《北京市 2013—2017 年清洁空气行动计划》《中共北京市委 北京市人民政府关于全面加强生态环境保护坚决打好北京市污染防治攻坚战的意见》《北京市生态涵养区生态保护和绿色发展条例》《北京市危险废物污染环境防治条例》《北京市机动车和非道路移动机械排放污染防治条例》《北京市水污染防治条例》，制定《北京市"十三五"时期环境保护和生态建设规划》《北京市"十四五"时期生态环境保护规划》，在一定程度上有效改善了北京环境质量。1998~2021 年，北京分阶段实施有力的污染综合治理措施，使得污染物排放强度逐年下降，空气质量逐渐得到改善。2020 年北京空气质量、地表水水质改善明显，土壤环境状况总体良好，声环境质量保持稳定，辐射环境质量保持正常，生态环境状况持续向好，万元地区生产总值二氧化碳排放保持全国最优水平。与 2015 年相比，全市 PM2.5、SO_2、NO_2 和 PM10 年平均浓度值分别下降 52.9%、70.4%、42.0% 和 44.8%。但总体而言，北京环境质量距离新时代要求与国际都市环境标志仍然有一定差距。为贯彻习近平新时代中国特色社会主义思想和党的十九大精神，加强生态环境保护、坚持精准治污、科学治污、依法治污，以减污降碳协同增效为总抓手，以推进生态环境质量改善为总目标，全力推动首都高质量发展和"天蓝、水清、土净、地绿"的美丽北京建设是新时期北京所面临的艰巨任务。

天津是我国直辖市，市委、市政府以绿色发展理念为指导，以改善环境质量为核心，以解决群众反映突出的环境问题为重点，扎实推进"四清一绿"行动和环境污染治理,全力保障生态环境安全,全面深化生态文明体制改革,环保工作得到全面加强。天津颁布《锅炉大气污染物排放标准》和《餐饮业油烟排放标准》两项地方标准,会同北京、河北编制首个京津冀区域标准《建筑类涂料与胶粘剂挥发性有机化合物含量限值标准》。污染治理明显提速,狠抓控煤、控尘、控车、控工业污染和控新建项目等"五控"治理。发布《天津市土壤污染防治工作方案》,确定开展土壤污染调查、实施农用地分类管理、强化建设用地准入管理、严控新增土壤污染等六大类 22 项任务。通过发布《天津市近岸海域环境功能区划调整方案》《天津市生态环境违法行为有奖举报办法》等多项规范性文件,制定出台《天津市"十三五"生态环境保护规划》《天津市生态环境保护"十四五"规划》,天津市环保工作取得了明显成效,绿色发展格局基本形成,生态环境质量持续改善,国土空间开发保护格局得到优化,能源资源配置更加合理、利用效率大幅提高,生产生活方式绿色转型成效显著,污染排放强度、碳排放强度持续降低,简约适度、绿色低碳的生活方式加快形成。

为改善上海环境质量,降低大气 PM2.5 浓度,保障居民身体健康,上海陆续发布《上海市环境保护和生态建设"十三五"规划》、《上海市清洁空气行动计划(2018 年—2022 年)》(以下简称计划),提出建设绿色交通运输体系、减少移动源污染排放、推广绿色节能建筑、强化餐饮油烟和 VOCs 治理等绿色、低碳发展措施与要求。2019 年 6 月,上海根据《上海市生活垃圾管理条例》要求制定《上海市生活垃圾分类投放指南》,在全国率先推行垃圾分类行为,对于规范生活垃圾产生者分类投放行为、提高垃圾回收率和资源利用率、节约能源等起到积极作用。上海成为垃圾分类示范区,并且在后续的一段时间内持续推广到全国其他重点省市,营造一个整洁美观、井井有条的生活环境。2021 年 8 月出台《上海市生态环境保护"十四五"规划》,积极响应气候变化、长江大保护、长三角生态绿色一体化发展示范区建设等国家战略,以及加快形成以国内大循环为主体、国内国际双循环相互促进的新发展格局,争取在转变生产和生活方式、推进绿色低碳转型、创新污染治理技术、提升环境治理能力和水平等各方面取得新的突破。此后相继出台《地下水管理条例》《上海市土壤及地下水污染防治"十四五"规划》，力争到 2025 年，土壤及地下水环境质量总体保持稳定，受污染耕地和重点建设用地安全利用得到巩固提升，土壤及地下水环境风险实现有效管控，进一步保障市民"吃得放心、住得安心"。

在国家绿色理念下，苏州积极推进生态文明建设，探索构建以绿色、循环、低碳为特色的工业共生体系，探索出了生态与经济质量和谐发展的路径。制定《苏州市城市管理局 2019 年农村人居环境整治工作实施方案》，加快推进乡村振兴战略和改善农村人居环境，出台了《苏州工业园区水源地保护区管理办法》，推进阳澄湖水源地达标建设及保护工作，开展对列入市整治考核清单的四条黑臭河道和 19 条疑似黑臭河道的整治工作；土壤污染防治方面，编制完成了《苏州工业园区土壤污染防治工作方案》；制定《2019 年苏州市生活垃圾分类处置工作行动方案》，加快建立分类投放、收集、运输和处理体系，逐步形成以法治为基础、政府推动、全民参与、城乡统筹、因地制宜的垃圾分类制度；相继发布《苏州市阳澄湖水源水质保护条例》《苏州市湿地保护条例》，加强生态保护，维护湿地等水域的生态功能，促进水域资源可持续利用；颁布了《苏州市"十四五"生态环境保护规划》，提出要进一步加强源头治理、全面推进绿色低碳循环发展等十大方面行动内容，全力打响蓝天、碧水、净土保卫战。2020 年，苏州市大气、水环境质量均达"十三五"以来最优，超额完成国家和省年度目标任务，土壤、噪声、辐射环境质量以及生态环境状况总体保持稳定。环境保护政策和污染治理措施在一定程度上缓解了经济快速发展对环境的巨大压力。一方面从源头减少污染物的产生，大力发展循环经济；另一方面加强技术创新，重点开展节能减排技术攻关，走上新型工业化道路。

青山绿水既是人们赖以生存的自然环境，也是地方永续发展的重要基础。杭州贯彻落实"创新、协调、绿色、开放、共享"五大发展理念，抢抓筹备 G20 峰会历史机遇，以"五水共治、五气共治、五废共治"为抓手，全面推进"美丽杭州"建设。杭州市致力于开发好、保护好、利用好青山绿水，变自然优势为经济优势，变资源优势为资本优势，变比较优势为竞争优势。环境治理过程中，印发了《杭州市碧水行动方案》和《杭州市治污水暨水污染防治行动 2018 年实施方案》，进一步健全了饮用水水源管理机制、降低了饮用水水源地环境风险；编制印发了《杭州市"清洁排放区"建设暨大气污染防治 2018 年实施计划》，以产业结构、能源结构、交通运输结构调整为主线，围绕"五气共治"深入推进大气污染防治工作。2021 年杭州践行"绿水青山就是金山银山"理念，出台《杭州市重点流域水生态环境保护"十四五"规划》，建立健全环境治理体系，推进精准、科学、依法、系统治污，协同推进减污降碳，加快美丽杭州建设，推进污染防治攻坚战，生态环境质量持续改善，人民群众环境获得感提升。2020 年杭州化学需氧量、氨氮、二氧化硫、氮氧化物等主要污染物排放量均顺利完成省下达的减排目标任务。

经济新常态下，东部沿海省份的传统产业开始向中部地区大规模转移，武汉等长江中游地区崛起的步伐正在加快。武汉以树立绿色、低碳发展理念为指导，以节能减排为重点，加快构建资源节约、环境友好的生产方式和消费模式。为预防和治理土壤污染，保护和改善土壤环境，保障公众健康和安全，实现土壤资源的可持续利用，颁布《武汉市土壤污染治理与修复规划》。为加大水污染防治和水生态保护工作力度，加快改善水生态环境质量，武汉市颁布了《武汉市水污染防治规划（2016—2030年）》，在各方的共同努力下，全市主要河流和湖泊水环境质量明显改善，2021 年，武汉市国考断面水质优良比例提升 18.2 个百分点，主要河流断面水质优良比例提升 19 个百分点，湖泊优良水质个数增加 26 个，湖泊劣 V 类水质个数减少 37 个，首次实现劣 V 类湖泊全面清零，纳入省跨界考核的 8 个断面水质达标率为 100%，县级及以上集中式饮用水源地水质达标率为 100%。武汉 166 个湖泊中劣 V 类湖泊全面清零，实现了历史性突破。同时随着旅游业的发展，武汉推行低碳旅游方式，采取免费租借自行车等政策，同时增加了旅游体验性。

为加强成都水污染治理，成都出台了《成都市饮用水水源保护条例》《实施"成都治水十条"推进重拳治水工作方案》，强化了生产、生活、生态"三水"共治，致力解决十类问题，并注重全民参与，通过深入推进重拳治水和水污染防治"626"工程，碧水保卫战成效显著。截至2020年10月，成都纳入监测的地表水优良水体比例达到95.4%，较2015年上升27.9个百分点，Ⅴ类和劣Ⅴ类水质断面全部消除，国省考断面全部优良水体比例达到百分之百。为进一步解决成都市交通拥堵问题，改善交通运行状况，出台《实施"成都治堵十条"推进科学治堵工作方案》，推进"城市病"的源头治理、增强城市交通承载能力、提升全民文明交通素质。为防治大气污染，保障公众健康，推进生态文明建设，相继出台《成都市机动车和非道路移动机械排气污染防治办法》《成都市2021年大气污染防治工作行动方案》《成都市臭氧重污染天气应急预案（2021年版）》《成都市大气污染防治条例》，通过深入实施铁腕治霾和大气污染防治"650"工程，成都蓝天保卫战取得阶段性胜利，荣获全球首批绿色低碳领域先锋城市蓝天奖，成都蓝正快速迈向常态蓝。在土壤污染防治方面，2020年成都通过扎实推进科学治土和土壤污染防治"620"工程，净土保卫战也取得积极成效，"十三五"期间成都未发生因耕地土壤污染导致农产品质量下降、因疑似污染地块和污染地块再开发利用不当而造成不良社会影响事件，全市土壤环境质量整体保持稳定。

重庆气候湿润，水资源丰富，生物种群繁多，自然景观突出，旅游资源体量大，形成了沿江连绵的生态长廊。2014年5月，重庆发布《都市功能核心区和拓展区大气污染防治与湖库整治重点工作方案》，提出为改善空气和水体环境质量，将重点治理扬尘污染、燃煤及工业污染、交通污染等大气污染。并制定《重庆市环境保护条例》，全面实施排污许可证制度，印发《重庆市农业农村污染治理攻坚战行动计划实施方案》，全面加强农村饮用水水源保护、农村生活垃圾治理、农村生活污水治理、养殖业污染治理、种植业污染治理、提升农业农村环境监管能力等工作。随后陆续颁布了《打赢蓝天保卫战三年行动计划》《重庆市建设用地土壤污染防治办法》《主城区臭气和噪声专项整治工作方案》《重庆市生态环境保护"十四五"规划（2021—2025年）》等指导性文件，重庆各地区各部门全面落实各项治理任务，坚持源头防控，推动产业、能源、运输和用地结构优化调整，推进重点行业、重点领域深度治理，强化区域联防联控，坚定不移走生态优先、绿色发展之路，坚决打好污染防治攻坚战。无论是从监测数据看，还是从实际感受看，空气质量都得到明显改善，人民群众的蓝天获得感、幸福感显著增强，长江上游重要生态屏障进一步筑牢，山清水秀美丽之地建设成效显著。

西安面临的主要环境问题包括生态环境脆弱，水土流失极为严重，水资源严重短缺，且地区分布不均，空气污染主要来源于煤和石油等燃烧和工业气体排放等。为了保护和改善环境、防治大气污染和水污染、保障公众健康、推进生态文明建设，国家、政府出台了相应的政策，如《西安市秦岭生态环境保护条例》《西安市水环境保护条例》《西安市城市饮用水源污染防治管理条例》《西安市机动车和非道路移动机械排气污染防治条例》《西安市大气污染防治条例》等政策。组织实施《西安市渭河水污染防治巩固提高三年行动方案（2015—2017年）》《西安市"十三五"节能减排综合工作方案》和《西安市"十四五"生态环境保护规划》。2018年底，制定《西安市"铁腕治霾·保卫蓝天"三年行动方案（2018—2020年）（修订版）》，按照"治霾十法"，坚持铁腕、科学与协同治霾，大力调整产业结构、能源结构、运输结构和用地结构，重点治理重污染天气，使大气污染物排放总量大幅减少，颗粒物浓度明显降低，重污染天数明显减少，截至2020年，全市空气质量优良达标率为68.3%，空气质量明显改善，人民群众幸福感明显增强。同时全市河流整体水质污染有所减轻，综合污染指数较上年同期下降4.1%，集中式饮用水源水质达标率为100%，声环境质量状况保持稳定，辐射环境监测正常。

四、热点城市旅游环境要素与旅游经济增长的相关分析

（一）回归模型构建

基于前文理论分析，根据道格拉斯函数以及经济增长模型，旅游经济增长的影响要素主要包括旅游资源、人力资本、固定资本、旅游基础设施、区域经济、交通状况等。旅游经济增长用旅游总收入、入境旅游收入、国内旅游收入、人均旅游收入等指标表示，旅游资源以国家森林公园、国家风景名胜区、历史文化保护单位、A 级景区等不同种类旅游资源数量总和表示，固定资本用企业投入产出表中的资本投入、旅游企业固定资产投资，基础设施用各类旅游企业数量表示，经济和交通状况作为控制变量，分别以 GDP 或人均 GDP、公路长度或铁路线路等指标表示。本书运用多元回归模型分析旅游经济增长与这些影响要素之间的关系。具体公式见第四章。

（二）回归分析

根据公式，将九大城市 2000~2015 年相关指标数据作为样本，运用 SPSS 软件，以旅游总收入为因变量，以旅游资源、旅游从业人员、旅游固定资本、旅游基础设施、旅游交通、GDP 为自变量，进行多元回归分析，得出以下结论：

$$Te_{it} = 0.185TR_{it} - 0.034TL_{it} + 0.247TC_{it} - 0.018TI_{it} - 0.093Trans +$$
$$0.715GDP + 0.002$$

$$R^2 = 0.962, Sig. = 0$$

123

从回归结果可知（见图 3-4），$R^2 = 0.962$，Sig. $= 0$，表明结果通过检验。旅游经济增长与旅游资源、旅游固定资本、GDP 成正比例关系，而旅游经济增长与旅游从业人员、旅游交通和基础设施总量成反比例关系。从相关系数绝对值来看，旅游经济增长与 GDP 的相关系数值最高，达到 0.715，其次是旅游固定资本投入，相关系数为 0.247，然后是旅游资源，相关系数为 0.185，接着依次是旅游交通、旅游劳动力资本和旅游基础设施。回归分析为后文系统动力学模型中反馈图的绘制、公式的建立与数据分析奠定了基础。

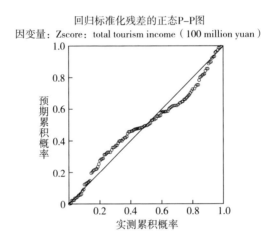

回归标准化残差的正态P-P图
因变量：Zscore：total tourism income（100 million yuan）

图 3-4　旅游经济增长回归分析示意

第四章

环境容量约束下旅游经济增长
系统动力学模型构建

本章运用系统动力学模型，通过 Vensim 9.0 软件，模拟 2010～2030 年四种情形下旅游环境承载力综合指数演化特征。为构建动态旅游环境承载力模型，需要遵循以下四个步骤：第一，定义研究对象，构建旅游环境承载力系统，并分析要素之间的关系；第二，确定系统变量、反馈回路、流程图以及方程式；第三，在当前、资源、环境、经济四种调控方案下模拟旅游环境承载力变化趋势，比较不同方案对旅游的影响，以此指导政府旅游决策；第四，对旅游环境承载力进行时空评估。

一、旅游环境承载力系统构成

本书的研究内容是城市视角的动态旅游环境承载力评价，并将旅游环境承载力的内涵从游客容量扩展为综合与动态的环境容量，即在不造成当前以及未来旅游资源、旅游经济和旅游生态环境恶化的情况下，旅游目的地承载日益增长的旅游活动的能力。

生态系统通常以恢复力作为外在表征指标。旅游环境治理是旅游环境承载力系统的承载者，旅游目的地的旅游活动及相关经济发展活动被认为是旅游环境承载力的承载目标。随着旅游产业的快速发展，资源破坏、环境污染等问题日益严峻，通过调节旅游环境承载力以促进旅游可持续发展显得尤为重要。

根据上文旅游环境容量研究综述与理论分析，本书将旅游环境承载力分为旅游经济承载力系统（TECC）、旅游资源承载力系统（RCC）与生态承载力系统（ECC）三大子系统（见图4-1），三大系统均在压力与支撑力双重作用下相互影响。正如图4-1所示，资源承载力系统包括旅游景区、水资源与土地资源等旅游产品的生产部分，这直接决定了旅游资源吸引力。同时资源环境为旅游经济承载力系统提供生态资本投入。旅游经济承载力系统支撑力来自基础设施、交通、劳动资本与固定资本投入。同时，旅游经济承载力系统所进行的旅游活动、旅游经济增长与旅游资源利用也会带来环境污染，部分环境污染依靠自我恢复能力与环境治理得以缓解，但超过生态承载能力的污染势必会对生态系统造成压力。生态承载力系统包括生态自我恢复能力与环境保护政策的双重支撑，当生态自我修复能力高于环境污染程度时，旅游环境承载力系统才得以保持可持续发展态势，否则将带来环境破坏的恶性循环。基于以上分析，各子系统描述与计算具体如下：

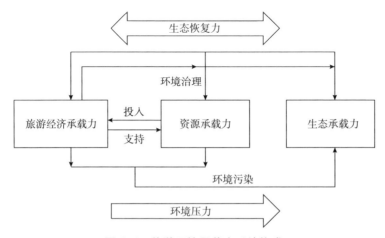

图4-1 旅游环境承载力系统构成

（一）旅游经济承载力系统（TECC）

旅游经济承载力系统主要受到六大指标的影响，即人均旅游收入、旅游劳动力投入、旅游资本投入、旅游交通、基础设施和人均GDP。旅游经济承载力指数用这六大指标的加权总和来测度。根据经济增长理论，劳动力、资本与资源是经济增长的重要因素。因此，旅游经济承载力系统中各要素之间存在相互作用关系，需要深入研究。本书构建旅游经济增长模型用以测度旅游经济增长与旅游劳动力、旅游资本、旅游资源与其他变量之间的关系。具体方程如下：

$$Te_{it} = \beta_0 + \beta_1 Tl_{it} + \beta_2 Tc_{it} + \beta_3 Tr_{it} + \beta_4 X_{it} + \varepsilon_{it} \qquad (4-1)$$

式中，i 和 t 分别表示城市与时间变量；Te_{it} 表示旅游总收入；Tl_{it} 表示旅游劳动力资本，用旅游从业人员总数表示；Tc_{it} 表示旅游固定资本投入，用旅游企业固定资产投资表示；Tr_{it} 表示旅游资源总量，用 AAAA 级及以上旅游景区数量表示；X_{it} 表示控制变量，包括 GDP、基础设施与交通；ε_{it} 表示误差值。

（二）旅游资源承载力系统（RCC）

旅游资源对于旅游发展至关重要，土地资源与水资源亦是旅游发展不可缺少的要素。只有合理开发旅游资源，旅游资源承载力系统才能够有效促进旅游经济增长，然而旅游资源过度开发则会给生态系统带来负面影响。鉴于此，构建以下计算公式：

$$RCC_{it} = \sum_{t=1}^{n} (W_1 Tr_{it} + W_2 L_{it} + W_3 Ws_{it}) \qquad (4-2)$$

式中，RCC_{it} 表示资源承载力；Tr_{it} 表示旅游资源总量，用 AAAA 级及以上旅游景区总量表示；L_{it} 表示区域土地资源；Ws_{it} 表示区域水资源；W_1、W_2、W_3 表示每项指标权重。

（三）旅游生态承载力系统（ECC）

生态承载力系统涉及生态恢复力、环境污染和环境治理三个方面。当生态自我修复能力超过污染水平时，旅游目的地才能够可持续发展，并减少对环境与社会的影响。生态恢复力是一个表征环境可持续发展的重要指标，主要是指在维持水平不变的情况下，生态系统处理不可预见性变化、承载非常规干扰以及适应外部变化的能力。生态恢复力难以定量测度，但可以通过构建指标来反映区域恢复能力，如森林覆盖率、绿地面积和空气质量。当环境治理水平提升时，这些指标所表征的生态修复能力会有所增强。相反，当环境污染愈加严重的情况下，生态修复能力则会下降。环境治理的测度指标包括环保投资、污水处理率、生活垃圾处理率，环境污染的测度指标包括工业废水、工业废气、工业固体废弃物以及生活垃圾排放量等。

（四）旅游环境承载力（TCC）

旅游环境承载力用多目标线性求和法进行测度。具体公式如下：

$$TCC_i = \sqrt{S_{i1}^2 + S_{i2}^2 + S_{i3}^2} \tag{4-3}$$

$$S_{is} = \sum_{j}^{J} x_{ij} w_j \quad (i=1,2,3,\cdots,9; \; j=1,2,3,\cdots,J; \; s=1,2,3) \tag{4-4}$$

式中，S_{is} 表示第 i 个城市第 s 个子系统的承载力水平；TCC_i 表示第 i 个城市的旅游环境承载力数值；w_j 表示指标 j 的权重；x_{ij} 表示城市 i 指标 j 的数值。

二、评价指标处理与权重

指标无量纲处理是计算指标权重的首要步骤。评价指标有正向指标与负向指标之分。其中正向指标是指对旅游环境承载力起到积极作用的指标，负向指标是指对旅游环境承载力有消极作用的指标，如工业废水、工业废气等。指标权重的计算方法多样，其中熵值法被认为是相对客观的指标权重计算方法（Ma et al.，2017），因此，本书运用熵值法计算指标权重，具体公式如下：

正向指标处理：$X_{it}=\dfrac{x_{it}-x_{i\min}}{x_{i\max}-x_{i\min}}$ （4-5）

负向指标处理：$X_{it}=\dfrac{x_{i\max}-x_{it}}{x_{i\max}-x_{i\min}}$ （4-6）

$$\overline{X_i}=m^{-1}\sum_{t=1}^{m}X_{it}$$ （4-7）

$$S(X_i)=\sqrt{\sum_{t=1}^{m}\left[X_{it}-\overline{X_i}\right]^2}\ (i=1,2,\cdots,n;\ t=1,2,\cdots,m)$$ （4-8）

$$W_i=\dfrac{S(X_i)}{\sum_{i=1}^{n}S(X_i)}$$ （4-9）

式中，X_{it} 表示第 i 个指标第 t 个城市的标准化值；x_{it} 表示第 i 个指标第 t 个城市的原始值；$x_{i\min}$ 表示第 i 个指标各城市数值中最小值；$x_{i\max}$ 表示第 i 个指标各城市数值中最大值；$S(X_i)$ 表示第 i 个指标的均方差；W_i 表示第 i 个指标的权重。

旅游环境承载力评价指标及权重如表4-1所示。

表4-1　旅游环境承载力评价指标及权重

子系统	一级指标	指标说明	权重
旅游经济承载力子系统（A1）	人均旅游收入（B1）	旅游总收入/旅游总人数（元）	0.0530
	旅游人力资本（B2）	旅游从业人员总量（人）	0.0477
	旅游固定资本（B3）	旅游企业固定资产投资总量（亿元）	0.0476
	旅游基础设施（B4）	旅游基础设施总量（个）	0.0483
	旅游交通（B5）	等级公路长度（千米）	0.0463
	人均GDP（B6）	GDP/总人口（元）	0.0408

续表

子系统	一级指标	指标说明	权重
资源承载力子系统（A2）	旅游资源总量（B7）	AAAA级以上景区数量（个）	0.0479
	水资源总量（B8）	人均水资源量（立方米）	0.0481
	土地资源总量（B9）	建成区土地面积（平方米）	0.0448
生态承载力子系统（A3）	生态恢复力（B10）	绿地面积（平方米）	0.0865
		森林覆盖率（%）	0.0401
		环境空气质量优良率（%）	0.0746
	环境污染（B11）	工业固体废弃物排放量（万吨）	0.0515
		工业废水排放量（万吨）	0.0490
		工业废气排放量（亿标立方米）	0.0518
	环境治理（B12）	环保投资（亿元）	0.0709
		污水处理率（%）	0.0417
		工业固体废弃物综合利用率（%）	0.0565
		生活垃圾处理率（%）	0.0529

三、系统动力学模型构建

（一）方法选择

旅游环境承载力评价方法多种多样，常分为数值型分析法和指标型评价法两大类。其中数值型分析法主要运用木桶原理或短板理论，测算一定时空范围内所能承载的最大游客规模或最适宜的游客数量。数值型分析法在计算过程中往往根据评价目的，将旅游环境承载力或旅游环境容量分解为旅游资源容量（景区日容量极限值）、旅游心理容量（游客心理满足条件下的日容量最大值）、旅游生态容量（环境自净能力范围内的游客承载能力)、旅游经济容量(接待能力范围内的日容量最大值)等。指标型评价法主要是将旅游环境承载力转变为不同的评价指标,得出区域旅游环境承载力的综合值的一种方法,可通过模糊评价法、主成分分析法、灰色关联评价法、状态空间法等进行测算。这些方法可以探测一定时期内旅游环境承载力数值,但具有一定静态特征,不能根据现实情况适时变化,并且不能分析系统内部各要素之间的关系。

系统动力学是一种测度管理系统的信息反馈特征以及改善组织结构与指导政策的模型,可通过建立系统内部各要素之间的因果关系图,确定速率变量、水平变量、辅助变量、常量等变量,绘制流程图,动态分析复杂要素之间的关系(刘敏,2009)。系统动力学是一个仿真实验室,适用于分析复杂性和动态性的问题,并进行中长期预测,先后在军事、经济管理、城市建设、项目管理、生态保护、组织规划等方面得到广泛运用。1987年,国内学者开始将系统动力学引入旅游领域,用于分析旅游经济风险、旅游产品生命周期、旅游竞争力、旅游地发展演变、旅游预警等问题。

旅游环境承载力系统是一个要素多元、关系复杂的系统,涉及旅游资源、旅游经济、生态环境等多方面要素,并且系统表现出动态变化特征,即要素会随着时间和外部环境的变化而发生改变。因此,本书采用系统动力学方法构建旅游环境承载力评价系统,建立系统要素之间的因果关系,动态仿真旅游环境承载力的变化趋势,并分析旅游经济增长与旅游环境承载力要素的关系,测算不同调控方案下,旅游经济增长与旅游环境承载力的现实结果与未来效应,以期对区域制定旅游发展政策提供参考。

因此,根据上文旅游环境承载力结构,本书构建由旅游资源承载力系统、旅游经济承载力系统和生态承载力系统三大子系统和47个变量构成的系统动力学模型,确定要素之间的因果关系,绘制流程图(Guan et al.,2011),并撰写系统方程式,以九大旅游城市为研究对象,以2010年数据为基期年,仿真模拟2010~2030年旅游环境承载力现实运行指数,分析要素间因果关系及内部反馈机制，全面了解旅游环境承载力与经济增长的相互作用关系。在系统稳定性检验后，改变旅游资源、旅游人数、旅游经济增长、生态恢复力以及环境污染、环境治理六大驱动要素，形成四大调控方案，仿真模拟 2010~2030 年四大调控方案下旅游环境承载力与旅游经济增长的变化趋势，为旅游决策提供参考。

（二）因果反馈环

绘制因果关系反馈环是系统动力学仿真系统正常运行的前提条件。根据环境承载力要素间的相关关系，确定两个反馈环，反映旅游经济增长受到 GDP 和旅游人数的影响（见图 4-2）。GDP 则受到旅游经济增长、环境污染与旅游人数的影响。

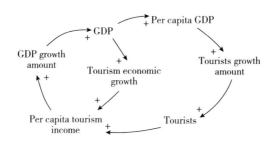

图 4-2　系统反馈回路

（三）流程图与变量

根据旅游环境承载力系统要素及要素之间的相关关系，进一步确定水平变量、速率变量、辅助变量和常量，并绘制流程图（见图 4-3），编写方程式，这是进行仿真分析的前提条件。

1. 变量解析

本书模型变量解析如表 4-2 所示。

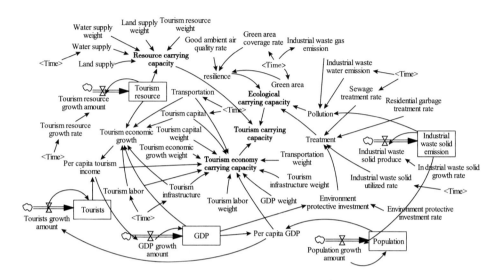

图4-3 旅游环境承载力系统动力学模型

表4-2 模型变量解析

水平变量5个	
Tourism resource	旅游资源
Tourists	旅游总人数
GDP	国民经济总产值
Population	人口总量
Industrial waste solid emission	工业固体废弃物排放量
速率变量5个	
Tourism resource growth amount	旅游资源增长量
Tourists growth amount	旅游总人数增长量
GDP growth amount	GDP增长量
Population growth amount	总人口增长量
Industrial waste solid produce	工业固体废弃物产生量
辅助变量23个	
Resource carrying capacity	旅游资源承载力
Ecological carrying capacity	旅游生态承载力
Tourism economy carrying capacity	旅游经济承载力

续表

辅助变量 23 个	
Tourism carrying capacity	旅游环境承载力
Water supply	水资源总量
Resilience	生态恢复力
Green area coverage rate	建成区绿地覆盖率
Green area	绿地面积
Industrial waste gas emission	工业废气排放量
Industrial waste water emission	工业废水排放量
Sewage treatment rate	污水处理率
Industrial waste solid utilized rate	工业固体废弃物利用率
Pollution	环境污染
Treatment	环境治理
Environment protective investment	环境保护投资额
Tourism economic growth	旅游经济总量
Per capita tourism income	人均旅游收入
Transportation	交通状况
Tourism capital	旅游固定资产投资
Tourism labor	旅游劳动力投入
Tourism infrastructure	旅游基础设施
Per capita GDP	人均 GDP
Tourism resource growth rate	旅游资源增长率
常量 14 个	
Industrial waste solid growth rate	工业固体废弃物排放增长率
Water supply weight	水资源权重
Land supply	土地面积
Land supply weight	土地面积权重
Tourism resource weight	旅游资源权重
Good ambient air quality rate	空气优良率
Tourism economic growth weight	旅游经济总量权重
Transportation weight	交通权重
Tourism capital weight	旅游固定资产投入权重

续表

常量 14 个	
Tourism labor weight	旅游劳动力投入权重
Tourism infrastructure weight	旅游基础设施权重投入
GDP weight	GDP 权重
Environment protective investment rate	环保投资比例
Residential garbage treatment rate	生活垃圾处理率

2. 方程式

以成都为例，主要方程式如下：

（1）Initial time=2010

Units：Year

（2）Final time=2030

Units：Year

（3）Time step=1

Units：Year

（4）Air condition=57.8

Units：%

（5）Ecology carrying capacity=Pollution+Resilience+Treatment

Units：Dimensionless

（6）Environment protective investment = Environment protective investment rate×GDP

Units：{100 Million Yuan}

（7）Environment protective investment rate=0.031

Units：%

（8）Forest coverage = WITH LOOKUP（Time,（[（2010, 0）-（2030, 100）],（2010, 39.43）,（2011, 39.15）,（2012, 39.38）,（2014, 35.86）,（2016, 41.39）,（2030, 41）））

Units：%

（9）GDP = INTEG（GDP growth amount，5551.33）

Units：｛100 Million Yuan｝

（10）GDP growth amount = 0.604×Per capita tourism income/1e+008+1180

Units：｛100 Million Yuan｝

（11）GDP weight = 0.0408

Units：Dimensionless

（12）Green area = WITH LOOKUP（Time，（［（2010，0）−（2030，700000）］，（2010，16734），（2012，18519），（2014，19757.2），（2016，31084），（2030，307203）））

Units：Hectare

（13）Industrial waste gas emission = WITH LOOKUP（Time，（［（2010，0）−（2030，20000）］，（2010，2225），（2011，2832），（2012，2971.14），（2013，3048.83），（2015，1710.87），（2016，2105），（2030，778）））

Units：10000 Million Cubic Metre

（14）Industrial waste solid emission = INTEG（Industrial waste solid produce，283）

Units：10000 Ton

（15）Industrial waste solid growth rate = −0.162

Units：%

（16）Industrial waste solid utilized rate = WITH LOOKUP（Time，（［（2010，0）−（2030，100）］，（2010，98.76），（2012，98.65），（2013，99），（2015，96），（2030，86.6）））

Units：%

（17）Industrial waste water emission = WITH LOOKUP（Time，（［（2010，0）−（2030，80000）］，（2010，12259），（2011，12845），（2012，11780），（2013，10524），（2014，10064），（2016，9262），（2030，9342）））

Units：10000 Ton

（18）Land supply = 14335

Units: Sq. m

(19) Land supply weight = 0. 0448

Units: Dimensionless

(20) Per capita GDP = GDP × 10000/Population

Units: Yuan per person

(21) Per capita tourism income = Tourism economic growth × 10000/Tourists

Units: Yuan per person

(22) Pollution = Industrial waste gas emission × 0. 0518 + Industrial waste solid emission × 0. 0515 + Industrial waste water emission × 0. 049

Units: Dimensionless

(23) Population = INTEG (Population growth amount, 1149. 07)

Units: 10000 Person

(24) Population growth amount = 0. 005 × Industrial waste solid emission + 3. 514

Units: 10000 Person

(25) Residential garbage treatment rate = 100

Units: %

(26) Resilience = Air condition × 0. 0746 + Forest coverage × 0. 0401 + Green area × 0. 0865

Units: Dimensionless

(27) Resource carrying capacity = Land supply × Land supply weight + Tourism resource weight × Tourism resource + Water supply × Water supply weight

Units: Dimensionless

(28) Sewage treatment rate = WITH LOOKUP (Time, ([(2010, 0) − (2030, 100)], (2010, 87. 31), (2011, 85. 85), (2012, 88. 9), (2013, 85. 18), (2015, 95. 49), (2030, 95. 49)))

Units: %

(29) Tourism labor = WITH LOOKUP (Time, ([(2010, 0) − (2030, 80000)], (2010, 54739), (2012, 27369. 5), (2013, 27866), (2015,

137

23443），（2030，1841）））

Units：Person

（30）Tourism capital = WITH LOOKUP（Time，（[（2010，0）−（2030，8.8e+007）]，（2010，867569），（2011，950647），（2012，963961），（2014，1.21882e+006），（2015，1.46037e+006），（2030，6.96532e+006）））

Units：10000 Yuan

（31）Tourism capital weight = 0.0476

Units：Dimensionless

（32）Tourism carrying capacity = SQRT（Ecology carrying capacity×Ecology carrying capacity + Resource carrying capacity × Resource carrying capacity + Tourism economy carrying capacity×Tourism economy carrying capacity）

Units：Dimensionless

（33）Tourism economic growth = 0.185×Tourism resource−0.034×Tourism labor−0.018×Tourism infrastructure+0.247×Tourism capital−0.093×Transportation+0.715×GDP+0.002

Units：100 Million yuan

（34）Tourism economic growth weight = 0.053

Units：Dimensionless

（35）Tourism economy carrying capacity = Tourism labor × Tourism labor weight+Tourism capital×Tourism capital weight+Tourism infrastructure×Tourism infrastructure weight+Transportation×Transportation weight+Per capita tourism income×Tourism economic growth weight+Per capita GDP×GDP weight

Units：Dimensionless

（36）Tourism infrastructure = WITH LOOKUP（Time，（[（2010，0）−（2030，1000）]，（2010，364），（2011，281），（2013，254），（2015，208），（2030，26）））

Units：Unit

（37）Tourism infrastructure weight=0. 0483

Units：Dimensionless

（38）Tourism labor weight=0. 0477

Units：Dimensionless

（39）Tourism resource=INTEG（Tourism resource growth amount，17）

Units：Unit

（40）Tourism resource growth amount=Tourism resource×Tourism resource growth rate

Units：Unit

（41）Tourism resource weight=0. 0479

Units：Dimensionless

（42）Tourist growth amount=0. 002×Per capita GDP+1149. 69

Units：10000 person

（43）Tourists=INTEG（Tourist growth amount，6818. 5）

Units：10000 person

（44）Transportation = WITH LOOKUP（Time，（[（2010，0）-（2030，800000）]，（2010，17923），（2011，19055），（2012，20269），（2013，20732），（2015，21171），（2030，734892）））

Units：Km

（45）Transportation weight=0. 0463

Units：Dimensionless

（46）Treatment = Environment protective investment×0. 0709 + Industrial waste solid utilized rate×0. 0565+Residential garbage treatment rate×0. 0529+Sewage treatment rate×0. 0417

Units：Dimensionless

（47）Tourism resource growth rate=WITH LOOKUP（Time，（[（2010，0）-（2030，1）]，（2010，0. 118），（2011，0. 211），（2012，0. 13），（2013，0. 269），（2014，0. 152），（2015，0. 17），（2030，0. 17）））

Units：%

（48）Water supply = WITH LOOKUP（Time，（〔（2010，0）- （2030，6000）〕,（2010，855），（2012，698），（2014，624），（2015，540），（2016，627），（2030，135）））

Units：Cubic meter

（49）Water supply weight = 0.0481

Units：Dimensionless

四、研究对象与数据来源

本书以九大旅游城市为研究对象，包括北京、天津、上海、苏州、杭州、武汉、重庆、成都和西安。这九大城市是旅游总人数在全国排名前九位的热点旅游城市，既享有旅游发展带来的城市红利，同时也面临旅游发展带来的环境超载问题。因此，科学测度旅游环境承载力发展水平，分析不同模式下旅游承载力未来发展趋势对于九大城市走可持续发展之路至关重要。

本书评价指标的研究数据主要根据 2010~2016 年《中国统计年鉴》、《中国城市统计年鉴》、《中国旅游统计年鉴》和《中国环境统计年鉴》整理而得。旅游经济增长用旅游总收入表示，即国内旅游收入与国际旅游收入之和。旅游劳动力资本用旅游从业人员总量表示。旅游固定资本投入用旅游企业固定资产投资表示。旅游基本设施是旅游企业、旅游景区和旅行社数量总和。旅游交通用等级公路长度表示。旅游资源禀赋用 AAAA 级及以上景区数量表示，能够表现高等级旅游资源水平和规模（Yang & Fik，2014）。水资源供给和土地资源供给分别用人均水资源量和建成区面积表示。生态恢复力用绿地面积、森林覆盖率和空气质量三个指标的加权总和表示。环境污染则是工业废气、工业废水、工业固体废弃物排放量的加权总和。环境治理用环境保护投资、污水处理率、工业固体废弃物处理率和生活垃圾处理率的加权总和表示。其中，各指标权重运用公式（4-9）计算而得，变量初始值如表4-3所示。

表4-3 旅游环境承载力系统变量初始值

指标	北京	天津	上海	杭州	苏州	武汉	成都	重庆	西安
旅游总人数（万人）	18390	9373	22197	6581	9409	8942	6819	16174	5285
旅游资源（个）	70	12	22	25	27	12	17	44	15
旅游资源增长率（%）	0.027	0.239	0.197	0.099	0.076	0.084	0.175	0.113	0.141
旅游劳动力投入(万人)	14.73	2.23	13.08	3.77	3.17	2.21	5.47	4.22	2.74
旅游固定资产投资（万元）	6531913	430268	6211292	1153959	1056891	886691	867569	792436	736206
旅游基础设施（处）	1549	409	1567	684	544.5	344	364	625	416
交通状况（千米）	20920	14832	11974	15266	12754	12199	17923	77175	12378
人口总量（万人）	1962	1299	2303	689	638	1002	1149	2884	783
国民经济总产值(亿元)	14114	9225	17166	5949	9229	5516	5551	7926	3243
水资源总量（亿标立方米）	120.80	70.81	163.10	2762.94	0.00	271.86	855.91	1616.80	307.90
土地面积(平方千米)	16411	11917	6341	16596	8657	8569	14335	82402	10097
绿地面积（公顷）	62672	19221	120148	16394	13987	15447	16734	37695	10959
建成区绿地覆盖率(%)	37.00	32.10	38.20	39.95	42.70	37.17	39.43	40.57	40.43
空气优良率（%）	50.96	59.18	69.04	66.30	65.75	51.78	57.80	80.80	68.49
工业固体废弃物排放量（万吨）	1125.59	1546.00	2448.36	649.23	2300.00	1381.21	283.00	2869.00	267.29
工业固体废弃物排放增长率（%）	-0.103	-0.041	-0.067	-0.148	0.021	-0.010	0.013	-0.028	-0.050
工业废水排放量（万吨）	8198	19680	36700	80468	65055	22465	12259	45180	12330
工业废气排放量（亿立方米）	4900	7686	12969	4071	8271	4721	2225	10943	792

指标	北京	天津	上海	杭州	苏州	武汉	成都	重庆	西安
环境保护投资率（%）	0.018	0.012	0.03	0.02	0.017	0.018	0.019	0.028	0.02
污水处理率（%）	80.98	77.80	83.30	95.40	70.70	92.02	87.31	90.79	74.23
工业固体废弃物利用率（%）	66.00	98.00	95.00	94.13	98.73	95.96	98.76	80.40	98.05
生活垃圾处理率（%）	96.95	100.00	81.86	100.00	100.00	85.01	100.00	98.82	97.48

五、模型检验

模型检验是系统动力学模型进行仿真模拟的必要步骤，能够测度模型的稳定性与可行性。为此，选择 GDP、旅游资源和水资源供给三个指标作为检验对象，比较 2015 年实际值与仿真值之间的误差率。结果表明，三个指标在九大城市的实际值与仿真值之间的误差为［-8%，8%］，进一步证明了该系统动力学模型动态测度旅游环境承载力的可行性与有效性（见表 4-4）。

表 4-4　系统动力学模型 2015 年验证值

城市	指标	旅游资源（个）	GDP（亿元）	水资源（亿立方米）
成都	仿真值	38	11451.3	540
	实际值	38	10801.16	540.04
	误差值（%）	-0.06	-6.02	0.01
西安	仿真值	29	6126.54	275.61
	实际值	29	5801.2	275.61
	误差值（%）	0	-6	0

城市	指标	旅游资源（个）	GDP（亿元）	水资源（亿立方米）
天津	仿真值	35	17108.2	124.84
	实际值	35	16538.2	124.84
	误差值（%）	0	−3	0
上海	仿真值	54	26049.7	264.8
	实际值	54	25123.5	264.8
	误差值（%）	0	−4	0
北京	仿真值	79	23497.3	123.8
	实际值	80	23014.6	123.8
	误差值（%）	1	−2	0
武汉	仿真值	18	11765.8	940
	实际值	18	10905.6	940.73
	误差值（%）	0	8	0
苏州	仿真值	39	14612.6	1011.4
	实际值	39	14504.07	1011.38
	误差值（%）	0	−1	0
杭州	仿真值	40	10332.8	3303.99
	实际值	40	10050.21	3303.99
	误差值（%）	0	−3	0
重庆	仿真值	75	16309.3	1518.7
	实际值	75	15717.3	1518.7
	误差值（%）	0.01	−3.77	0

第五章
热点城市旅游环境承载力的
时空模拟与比较分析

　　本章根据上文所构建的旅游环境承载力评价模型，模拟仿真不同调控模式下旅游环境承载力的变化趋势，从中微观角度探讨城市旅游发展态势，并预测旅游环境承载力与旅游经济增长的未来发展趋势，以分析旅游经济增长与影响因素的相关关系，并探测旅游环境承载力管理工具的运用效率。

一、仿真模拟场景设置

　　系统动力学是一种调控实验室，可通过调节变量来模拟不同政策条件下的现实变化与未来变化趋势。通过上文分析可知，旅游资源、旅游人数、旅游经济增长、生态恢复力、环境污染与环境治理是敏感型影响因素，因此将这六个指标选择为调控指标，在保持其他指标不变的情况下，模拟经济驱动、资源驱动、环境驱动与现实发展四种调控方案下旅游环境承载力数值。为确定合理的调控指标值，将各正向指标的最大数值扩大10%，将负向指标的最小值缩小10%作为调控指标数值。正如表5-1所示，调控方案 1 表示运用现实指标值模拟所得各变量值。调控方案 2 是资源调控模式，将旅游资源增长率增加到 0.263。调控方案 3 是环境调控方案，将工业固体废弃物排放增长率下降到 -0.162，环保投资率和绿地面积增长率分别增加到 0.031 和 0.165。调控方案 4 是经济调控模式，将旅游交通增长率、旅游基础设施增长率和旅游劳动力增长率分别提高到 0.087、0.054 和 0.041。

表 5-1　不同场景仿真参数设置

参数	调控方案			
	方案 1	方案 2	方案 3	方案 4
	最大值	资源调控	环境调控	经济调控
旅游交通增长率	0.079	现实值	现实值	0.087
旅游基础设施增长率	0.049	现实值	现实值	0.054
旅游劳动力增长率	0.038	现实值	现实值	0.041
旅游资源增长率	0.239	0.263	现实值	现实值
绿地面积增长率	0.150	现实值	0.165	现实值
环保投资率	0.028	现实值	0.031	现实值
工业固体废弃物增长率	-0.148	现实值	-0.162	现实值

二、旅游环境承载力的时空模拟

以 2010 年数据为基期，运用 Vensim 软件对九大城市的旅游环境承载力进行模拟，得出九大城市 2010~2030 年的旅游环境承载力指数变化趋势（见表 5-2）。

表5-2　2010~2030年旅游环境承载力模拟值

年份	北京	重庆	杭州	上海	苏州	天津	武汉	西安	成都
2010	368565	51293	84263	342609	73463	31570	59256	56918	63459
2011	448060	78059	97221	283763	74398	44081	39034	44168	66069
2012	452976	83683	87396	316829	76600	49670	42208	42978	64659
2013	469861	89365	94545	256338	79000	43942	53418	49758	71119
2014	471315	96778	119379	208233	81461	51519	64020	56702	77428
2015	472997	104335	143593	258050	84131	58973	72912	65592	90295
2016	512803	119270	207456	248729	88399	89369	78568	74137	110106
2017	552434	134740	269862	238925	92698	119238	84200	82588	129548
2018	591901	150116	331135	229248	97001	148668	89812	90962	148712
2019	631222	165410	391517	219686	101304	177737	95407	99275	167655
2020	670417	180633	451186	210228	105606	206504	100987	107539	186419
2021	709500	195793	510276	200862	109905	235019	106556	115765	205036
2022	748484	210896	568890	191581	114199	263322	112112	123958	223532
2023	787380	225949	627110	182380	118488	291442	117659	132125	241926
2024	826197	240958	684998	173252	122770	319407	123196	140269	260234
2025	864944	255927	742605	164192	127046	347237	128726	148394	278468
2026	903628	270860	799973	155197	131315	374951	134247	156503	296639
2027	942255	285760	857135	146263	135577	402562	139761	164598	314755
2028	980831	300631	914120	137389	139831	430083	145269	172680	332824
2029	1019360	315475	970950	128573	144078	457525	150771	180752	350850
2030	1057850	330295	1027650	119816	148318	484897	156267	188814	368840

　　2010~2030年，各大城市旅游环境承载力数值总体呈现增长趋势，仅有上海表现出下降态势。2010年，旅游环境承载力数值排名从大到小的城市依次为北京、上海、杭州、苏州、成都、武汉、西安、重庆、天津。2020年，旅游环境承载力数值排名从大到小的城市依次为北京、杭州、上海、天津、成都、重庆、西安、苏州、武汉。2030年，旅游环境承载力数值排名从大到小的城市依次为北京、杭州、天津、成都、重庆、西安、武汉、苏州、上海。就各大城市而言，2010~2030年北京旅游环境承载力数

值最大，始终居第一位，并且保持平稳增长，年均增长率为5.49%，表明北京市旅游环境承载力具有显著优势，但同时也表现出巨大的承载压力。上海旅游环境承载力呈现下降趋势，年均增长率为-4.71%。2010~2015年上海旅游环境承载力数值排名第二，2016~2020年上海旅游环境承载力数值排名第三位，2030年排名下降到第九位。杭州旅游环境承载力指数表现出较高的增长速度，年均增长率高达13.84%，2010年在九大城市中排名第三位，2030年上升为第二位。苏州旅游环境承载力数值呈现递增趋势，年均增长率为3.58%，但其排名表现出下降态势。2010年苏州旅游环境承载力数值排名第四位，2030年下降到第八位。成都旅游环境承载力指数除2012年外均保持递增趋势，年均增长率为9.33%，其排名从2010年的第五位上升为2030年的第四位。武汉旅游环境承载力指数除2011年表现出下降趋势，其他年份均保持递增态势，其增长率总体呈现减小趋势，年均增长率达到5.63%，其排名从2010年的第六位下降到2020年的第九位，2030年又上升到第七位。西安旅游环境承载力指数2011年、2012年出现负增长，之后均保持递增趋势，年均增长率为6.51%，其排名在不断波动变化，2030年排名第六位，较2010年上升一位。重庆旅游环境承载力指数呈现递增态势，年均增长率达到10.13%，其排名从2010年的第八位不断攀升，2011~2018年保持第四位，2019~2021年排名第六位，2022~2030年均保持第五位。天津旅游环境承载力指数呈现快速递增态势，年均增长率高达15.36%，其排名在2010年为最后，2020年上升为第四位，2030年上升到第三位。

生态承载力方面，各大城市生态承载力表现出不同的增长趋势（见表5-3），总体增长率均为正，其中西安、杭州、天津、苏州、重庆的年均增长率超过九大城市增长率的平均值。2010年上海、重庆、北京、杭州、苏州的生态环境承载力排名前五，2020年，生态环境承载力数值排名其他城市均保持不变，重庆下降到第四位，杭州上升到第二位。2030年，杭州、上海、重庆、北京、苏州的生态承载力排名前五。西安的生态环境承载力在2015年之前表现出波动增长态势，2015年之后表现出较高的增长率。北京、重庆、杭州、上海、苏州、武汉、成都均出现负增长，仅有天津保持持续增长趋势。总体而言，各大城市生态环境承载力保持增长趋势，并且增长率保持相对稳定的排名状态，相互之间的排名变化不大。

表 5-3 2010~2030 年九大城市生态承载力指数仿真模拟值

年份	北京	重庆	杭州	上海	苏州	天津	武汉	西安	成都
2010	6170	6227	5635	13043	4977	3130	2779	1633	2206
2011	6263	6114	5223	13648	5661	3408	2982	1799	2345
2012	6377	6196	5012	13944	6201	3436	2909	1771	2379
2013	6662	6479	4897	13835	6010	3439	2883	1886	2377
2014	6644	7277	4731	13866	5794	3673	2847	1805	2375
2015	7746	7040	4781	14137	6090	3914	2895	2001	2813
2016	7816	7250	5880	13999	6320	4285	2989	2449	3305
2017	8405	7962	7155	14333	6855	4649	3083	2908	3414
2018	8995	8674	8430	14667	7389	5014	3177	3366	3522
2019	9585	9387	9705	15002	7924	5379	3270	3825	3631
2020	10176	10099	10980	15337	8458	5744	3364	4284	3739
2021	10767	10812	12256	15672	8993	6109	3458	4743	3848
2022	11357	11525	13532	16008	9528	6474	3551	5202	3956
2023	11949	12237	14808	16344	10063	6839	3645	5660	4065
2024	12540	12950	16084	16680	10597	7205	3739	6119	4173
2025	13131	13663	17360	17016	11132	7570	3832	6578	4282
2026	13723	14376	18636	17353	11667	7936	3926	7037	4390
2027	14314	15089	19912	17689	12202	8301	4020	7496	4499
2028	14906	15803	21189	18026	12737	8667	4113	7955	4607
2029	15498	16516	22465	18364	13273	9033	4207	8414	4716
2030	16090	17229	23742	18701	13808	9398	4301	8873	4824

资源承载力方面（见表 5-4），2010 年，重庆、杭州、北京、成都、天津旅游资源承载力排名前五，2020 年排名前五的城市转变为重庆、杭州、武汉、北京、苏州。2030 年，排名前五的城市为重庆、武汉、苏州、

杭州、北京。从增长率来看，重庆、成都呈现出负增长趋势，武汉、苏州的资源承载力保持较高增长率。从总量来看，重庆一直稳居资源承载力数值排名第一位，而上海资源承载力始终排名第九位，其他城市资源承载力总量在不断增长变化。

表5-4　2010~2030年九大城市资源承载力指数仿真模拟值

年份	北京	重庆	杭州	上海	苏州	天津	武汉	西安	成都
2010	744	3771	878	293	408	538	398	468	684
2011	745	3779	839	290	412	541	404	472	680
2012	748	3772	897	293	416	546	411	466	677
2013	744	3771	841	292	420	542	417	465	675
2014	743	3798	855	296	424	541	424	467	674
2015	745	3768	904	299	438	542	430	467	670
2016	747	3791	912	299	492	542	416	467	674
2017	747	3789	920	302	546	544	402	467	673
2018	747	3787	928	305	600	547	545	467	672
2019	747	3785	935	308	655	549	688	467	671
2020	747	3783	943	311	709	552	831	467	670
2021	747	3782	951	314	763	555	974	467	669
2022	747	3780	959	317	817	559	1117	467	668
2023	747	3778	967	321	871	563	1260	468	667
2024	747	3776	975	326	925	567	1403	468	666
2025	747	3775	982	330	979	571	1546	468	666
2026	747	3773	990	335	1033	577	1689	469	666
2027	747	3772	999	341	1088	583	1832	469	666
2028	747	3771	1007	348	1142	590	1975	470	666
2029	747	3770	1015	355	1196	599	2119	471	667
2030	747	3769	1023	364	1250	609	2262	472	668

经济承载力方面（见表5-5），总体趋势与环境承载力保持一致，除上海外，其他城市均保持增长态势。2010年，北京、上海、杭州、苏州、

成都的数值排名前五。2020 年，经济承载力数值排名从高到低为北京、杭州、上海、天津、成都、重庆、西安、苏州、武汉。2030 年，经济承载力数值排名从高到低为北京、杭州、天津、成都、重庆、西安、武汉、苏州、上海。从增长率来看，天津、杭州、重庆、成都保持较高的增长率，高于九大城市平均增长率，其他城市也保持一定增长率稳步增长（除上海外）。上海经济承载力呈现负增长趋势，年均增长率为-4.76%。

表 5-5　2010~2030 年九大城市经济承载力指数仿真模拟值

年份	北京	重庆	杭州	上海	苏州	天津	武汉	西安	成都
2010	368513	50773	84070	342360	73293	31410	59189	56893	63417
2011	448016	77727	97077	283434	74181	43946	38918	44129	66024
2012	452930	83368	87247	316522	76347	49548	42105	42938	64612
2013	469813	89050	94414	255964	78769	43804	53339	49720	71076
2014	471268	96430	119282	207771	81253	51385	63955	56671	77389
2015	472933	104029	143510	257662	83909	58840	72854	65560	90249
2016	512743	118989	207371	248335	88172	89264	78510	74095	110054
2017	552370	134451	269766	238494	92443	119146	84143	82536	129502
2018	591832	149817	331027	228779	96717	148583	89754	90898	148669
2019	631149	165100	391396	219173	100992	177654	95349	99200	167615
2020	670339	180311	451051	209667	105264	206423	100928	107453	186380
2021	709418	195457	510128	200249	109534	234939	106495	115666	204999
2022	748397	210547	568729	190911	113798	263241	112051	123848	223496
2023	787289	225586	626934	181646	118056	291362	117596	132003	241891
2024	826102	240580	684808	172447	122308	319325	123132	140135	260199
2025	864844	255534	742401	163308	126554	347154	128659	148248	278434
2026	903524	270452	799755	154223	130792	374866	134179	156344	296605
2027	942146	285336	856903	145189	135022	402476	139691	164427	314722
2028	980718	300192	913874	136201	139245	429995	145198	172496	332791
2029	1019240	315020	970690	127254	143461	457436	150698	180555	350818
2030	1057730	329824	1027370	118347	147669	484806	156192	188604	368808

三、旅游经济增长的时空模拟

　　除上海外，旅游经济增长总量总体呈现逐年递增趋势（见表5-6）。2010年，北京、上海、杭州、苏州、武汉位居旅游经济总量前五，2020年，北京、杭州、上海、天津、成都成为旅游经济总量排名前五的城市，2030年，北京、杭州、天津、成都、重庆是旅游经济总收入排名前五的城市。从增长率来看，上海表现出负增长趋势，除2012年、2015年外，旅游经济总收入均呈现递减态势，2011年、2013年、2014年年增长率分别低至-16.52%、-19.02%、-18.96%。北京一直保持旅游经济总量排名第一的位置，年增长率最高达到23.24%，年均增长率达到6.04%。天津旅游经济年均增长率最高，达到17.33%，2011年增长率为负数，为-11.49%，2012年开始，保持高速增长趋势，2016年增长率最高，达到57.88%。杭州2012年增长率为负数，其他年份增长率均保持高速增长态势，最高达到48.22%，增长率平均值排名第二，达到15.86%，因此，杭州旅游经济总量排名从2010年的第三位增长到2030年的第二位。重庆旅游经济增长保持递增趋势，2011年最高达到61.68%，年均增长率为11.25%，其在九大城市中的排名呈现波动变化状态，2010年排名第七，2011年上升到第四位，2012年提升到第三位，2014年排名开始下降，2020年下降为第六位，2022年再次上升为第五位。成都旅游经济增长趋势较为明显，年均增长率为11.16%，2016年增长率最高，为24.97%，其排名从第六位逐渐提升到第五位。西安旅游经济年均增长率达到8.38%，除2011年增长率为负数外，其他年份均保持增长趋势，其排名从第八位波动增长到第六位。武汉2011年增长率为-34.76%，2012年开始逐年增长，年均增长率达到6.76%，其排名总体呈现递减状态，2010年排名第五，2011年下降到第九名，2030 年为第七名。苏州旅游经济呈现低速增长趋势，年均增长率最低，为 4.75%，其排名从第四名下降到 2030 年的第八名。由此可见，九大城市之间的旅游经济地位在不断变化，北京因其特有的政治中心、经济中心、地理区位等优势，始终处于领头羊的地位，其他城市之间竞争激烈，相对而言，杭州始终保持快速增长趋势，天津和成都的增长效果较为显著，重庆、西安缓慢增长，而苏州、武汉的旅游地位受到冲击，尤其是上海因地域空间、承载压力的限制，旅游经济呈现负增长。

表 5-6　2010~2030 年旅游经济增长总量九大城市排名情况

年份	北京	重庆	杭州	上海	苏州	天津	武汉	西安	成都
2010	1	7	3	2	4	9	5	8	6
2011	1	4	3	2	5	7	9	8	6
2012	1	3	4	2	5	7	8	9	6
2013	1	3	4	2	5	9	7	8	6
2014	1	4	3	2	5	9	7	8	6
2015	1	4	3	2	6	9	7	8	5
2016	1	4	3	2	7	6	8	9	5
2017	1	4	2	3	7	6	8	9	5
2018	1	5	2	3	7	4	8	9	6
2019	1	6	2	3	7	4	9	8	5
2020	1	6	2	3	8	4	9	7	5
2021	1	6	2	4	8	3	9	7	5
2022	1	5	2	6	8	3	9	7	4
2023	1	5	2	6	9	3	8	7	4
2024	1	5	2	6	9	3	8	7	4
2025	1	5	2	6	9	3	8	7	4
2026	1	5	2	6	9	3	8	7	4
2027	1	5	2	7	9	3	8	6	4
2028	1	5	2	8	9	3	7	6	4

续表

年份	北京	重庆	杭州	上海	苏州	天津	武汉	西安	成都
2029	1	5	2	9	8	3	7	6	4
2030	1	5	2	9	8	3	7	6	4

九大城市旅游总人数总体呈现逐年增长趋势，年均增长率均为正数，表现出各大城市游客规模将不断扩大，对城市的基础设施、接待设施与服务将会带来压力（见表5-7）。从增速来看，西安年均增长率排名第一，达到9.61%，其次是杭州，年均增长率为9.13%；成都年均增长率排名第三，达到8.64%；然后依次是苏州、武汉、天津。其中，西安、杭州、成都、苏州、武汉、天津旅游人数表现出快速增长、平稳增长到低速增长的趋势，说明各大城市旅游发展不仅关注的是旅游规模的扩大，更多会重视旅游消费与旅游接待质量。从九大城市之间的排名来看，上海、北京、重庆、苏州、天津、武汉始终排名前六，西安始终排名第九，仅2010~2012年，成都旅游总人数排名第七，杭州排名第八，2013~2030年，成都旅游总人数排名下降到第八位，杭州排名上升至第七位。总体来看，旅游规模地位相对稳固，各大旅游城市游客之间的竞争依然存在，但由于产品之间的差异、各大城市旅游资源吸引力、旅游品牌深度与广度的差异，九大城市特色鲜明，城市之间还是具有不可替代性，当前各城市发挥所长，开展游客规模争夺战，但随着旅游发展的深入，效益才是各旅游城市关注的重点，而非仅仅是游客数量。

表5-7　2010~2030年九大城市旅游总人数模拟值排名情况

年份	北京	重庆	杭州	上海	苏州	天津	武汉	西安	成都
2010	2	3	8	1	4	5	6	9	7
2011	2	3	8	1	4	5	6	9	7
2012	2	3	8	1	4	5	6	9	7
2013	2	3	7	1	4	5	6	9	8
2014	2	3	7	1	4	5	6	9	8

年份	北京	重庆	杭州	上海	苏州	天津	武汉	西安	成都
2015	2	3	7	1	4	5	6	9	8
2016	2	3	7	1	4	5	6	9	8
2017	2	3	7	1	4	5	6	9	8
2018	2	3	7	1	4	5	6	9	8
2019	2	3	7	1	4	5	6	9	8
2020	2	3	7	1	4	5	6	9	8
2021	2	3	7	1	4	5	6	9	8
2022	2	3	7	1	4	5	6	9	8
2023	2	3	7	1	4	5	6	9	8
2024	2	3	7	1	4	5	6	9	8
2025	2	3	7	1	4	5	6	9	8
2026	2	3	7	1	4	5	6	9	8
2027	2	3	7	1	4	5	6	9	8
2028	2	3	7	1	4	5	6	9	8
2029	2	3	7	1	4	5	6	9	8
2030	2	3	7	1	4	5	6	9	8

四、旅游经济增长影响要素分析

　　旅游资源关系旅游城市的吸引力，是旅游经济增长的重要影响因素。总体来看，2010~2030 年旅游资源总量逐年增加，天津、上海、成都、西安、重庆旅游年均增长率排名前五，均超过 10%（见表 5-8）。从总量来看，2010 年，旅游资源总量排名前五的城市为北京、重庆、苏州、杭州、上海，2020 年排名前五的城市为上海、重庆、天津、北京、成都，2030

年排名前五的城市为天津、上海、成都、重庆、西安。可见，北京的旅游资源总量增长速度持续下降，其排名也不断下降，说明资源竞争优势越来越不显著。重庆旅游资源表现出排名先上升再下降的趋势，杭州、苏州、武汉呈现波动下降趋势，上海、天津、成都、西安资源地位呈现波动上升的趋势。

表5-8　2010~2030年九大城市旅游资源模拟值　　　单位：个

年份	北京	重庆	杭州	上海	苏州	天津	武汉	西安	成都
2010	70	44	25	22	27	12	12	15	17
2011	69	48	30	38	29	16	16	20	19
2012	70	55	34	44	32	16	17	23	23
2013	73	56	35	45	32	26	18	24	26
2014	76	68	39	47	39	32	22	26	33
2015	79	75	40	54	39	35	18	29	38
2016	81	83	44	65	42	43	19	33	44
2017	83	92	48	78	45	54	21	38	52
2018	85	103	53	93	49	67	23	43	61
2019	88	114	58	112	52	83	25	49	71
2020	90	126	64	134	56	102	27	56	83
2021	93	140	70	161	61	127	29	63	98
2022	95	156	77	193	65	157	32	72	114
2023	98	173	84	232	70	195	34	82	134
2024	100	192	93	279	75	242	37	94	156
2025	103	213	102	334	81	300	40	107	183
2026	106	236	112	401	87	372	44	122	214
2027	109	262	123	481	94	462	47	139	250
2028	111	291	135	578	101	572	51	159	293
2029	114	323	148	693	109	710	56	181	342
2030	118	359	162	832	117	880	60	206	401

如表5-9所示，除上海外，其他八座城市旅游企业固定资本总体呈现

增长趋势。从增长率来看，天津、杭州、重庆、成都的旅游企业固定资本年均增长率排名前四位，均大于 10%，后面依次为西安、武汉、北京、苏州，上海的旅游企业固定资本年均增长率为负数，表明上海的旅游企业固定资产投入在逐年降低。从总量来看，北京旅游企业固定资本始终排名第一，2030 年将突破 2000 亿元，达到 2066.37 亿元。杭州旅游企业固定资本总量总体呈现增长态势，从 2017 年开始，始终保持排名第二的位置。天津旅游企业固定资本总量增长显著，从 2010 年的第九位上升到 2021 年的第三位，之后一直保持第三位的名次。成都旅游企业固定资本投资从 2010 年的第六位上升到 2030 年的第四位。重庆旅游企业固定资本投资额总量逐年增加，但排名波动变化，2010 年排名第七，2013 年上升至第三位，2014~2018 年又下降到第四位，2019~2021 年持续下降到第六位，2022~2030 年保持第五位的地位。2010~2030 年，西安旅游企业固定资产总体呈现增长态势，其排名从第八位提高到第六位，武汉旅游企业固定资本总量明显增加，其排名波动变化，从 2010 年的第五位下降到 2030 年的第七位。

表 5-9　2010~2030 年九大城市旅游企业固定资本模拟值　单位：亿元

年份	北京	重庆	杭州	上海	苏州	天津	武汉	西安	成都
2010	653.19	79.24	115.40	621.13	105.69	43.03	88.67	73.62	86.76
2011	804.76	127.26	142.19	517.04	109.70	64.14	57.17	59.81	95.06
2012	818.41	138.11	130.28	581.29	115.30	74.43	63.39	60.47	96.40
2013	855.16	148.96	144.32	469.30	121.07	65.11	82.56	73.21	109.14
2014	863.15	162.76	189.56	378.89	126.83	78.89	101.74	85.96	121.88
2015	871.13	176.56	234.80	475.76	132.77	92.67	118.20	102.14	146.04
2016	950.81	204.98	351.02	458.09	141.47	148.21	128.99	118.31	182.74
2017	1030.49	233.39	467.23	440.83	150.17	203.75	139.77	134.49	219.44
2018	1110.18	261.81	583.45	423.36	158.86	259.29	150.56	150.66	256.14
2019	1189.86	290.23	699.67	405.90	167.56	314.83	161.34	166.84	292.84
2020	1269.54	318.64	815.88	388.43	176.26	370.37	172.13	183.02	329.54
2021	1349.23	347.06	932.10	370.97	184.95	425.91	182.92	199.19	366.24

续表

年份	北京	重庆	杭州	上海	苏州	天津	武汉	西安	成都
2022	1428.91	375.47	1048.31	353.51	193.65	481.45	193.70	215.37	402.94
2023	1508.59	403.89	1164.53	336.04	202.35	536.99	204.49	231.55	439.63
2024	1588.27	432.31	1280.74	318.58	211.05	592.53	215.27	247.72	476.33
2025	1667.96	460.72	1396.96	301.11	219.74	648.07	226.06	263.90	513.03
2026	1747.64	489.14	1513.18	283.65	228.44	703.61	236.85	280.08	549.73
2027	1827.32	517.56	1629.39	266.18	237.14	759.15	247.63	296.25	586.43
2028	1907.00	545.97	1745.61	248.72	245.83	814.69	258.42	312.43	623.13
2029	1986.69	574.39	1861.82	231.26	254.53	870.23	269.20	328.60	659.83
2030	2066.37	602.81	1978.04	213.79	263.23	925.77	279.99	344.78	696.53

旅游就业人数反映地区人力资本的投入，现今更关注的是质的提高，而非量的增加。因此，九大城市中有五座城市的旅游就业人数呈现下降趋势，其他四座城市保持低速增长。2010~2030年，成都旅游就业人数年均增长率为九大城市中的最低值，仅有-15.6%，然后依次是上海、苏州、天津、北京旅游就业人数年均增长率为负数，武汉、重庆、杭州、西安旅游就业人数年均增长率均处于[0，4%]（见表5-10）。从排名来看，2010~2030年，北京旅游就业人员规模最大，在九大城市中始终排名第一，杭州从2010年的第五名上升到2020年的第三名，后又提高到2030年的第二名。西安从第七名上升到第三名，重庆基本保持第四名，上海从第二名下降到第五名，武汉从第九名上升到第六名，苏州、天津地位波动不大，基本保持第七名、第八名，成都名次下降显著，从第三名下降到第九名。

表5-10　2010~2030年九大城市旅游就业人数模拟值　单位：人

年份	北京	重庆	杭州	上海	苏州	天津	武汉	西安	成都
2010	147335	42162	37735	130807	31748	22307	22061	27411	54739
2011	145466	50160	18940	91106	29532	24787	18421	20842	41054

年份	北京	重庆	杭州	上海	苏州	天津	武汉	西安	成都
2012	156238	48669	28870	97714	28776	23773	14781	20701	27370
2013	153390	48345	42872	89377	28020	22579	22778	20559	27866
2014	146162	46483	42571	89066	26241	20624	22790	26759	25655
2015	138934	44620	42270	87525	24461	18669	22801	32959	23443
2016	137438	45171	43413	96530	23576	18154	22959	34581	22003
2017	135942	45722	44556	91508	22691	17639	23117	36204	20563
2018	134447	46273	45699	86486	21806	17124	23275	37826	19123
2019	132951	46825	46842	81464	20922	16609	23434	39449	17683
2020	131455	47376	47985	76441	20037	16094	23592	41071	16242
2021	129959	47927	49128	71419	19152	15579	23750	42693	14802
2022	128463	48478	50271	66397	18267	15064	23908	44316	13362
2023	126968	49029	51414	61375	17382	14549	24066	45938	11922
2024	125472	49580	52556	56353	16497	14033	24224	47561	10482
2025	123976	50131	53699	51331	15612	13518	24382	49183	9042
2026	122480	50683	54842	46309	14728	13003	24541	50805	7602
2027	120984	51234	55985	41286	13843	12488	24699	52428	6161
2028	119489	51785	57128	36264	12958	11973	24857	54050	4721
2029	117993	52336	58271	31242	12073	11458	25015	55673	3281
2030	116497	52887	59414	26220	11188	10943	25173	57295	1841

如表 5-11 所示，九大城市的 GDP 总体表现出逐年增加的趋势，其中武汉、成都、重庆、西安、天津的 GDP 年均增长率排名前五。从总量来看，上海 GDP 总量最大，始终排名第一，北京保持第二的位置。2020 年，GDP 总量排名依次为上海、北京、天津、重庆、苏州、武汉、成都、杭州、西安。2030 年，GDP 总量排名依次为上海、北京、重庆、天津、苏州、武汉、成都、杭州、西安。可见，上海、北京、重庆、天津、苏州的 GDP 总量始终在全国具有优势和地位，而武汉、成都处于中等水平，杭州、西安的 GDP 总量还有上升的空间。

表 5-11　2010~2030 年九大城市 GDP 模拟值　　　单位：亿元

年份	北京	重庆	杭州	上海	苏州	天津	武汉	西安	成都
2010	14114	7926	5949	17166	9229	9225	5516	3243	5551
2011	15990	9602	6826	18943	10306	10801	6766	3820	6731
2012	17867	11279	7703	20720	11382	12378	8016	4396	7911
2013	19744	12956	8579	22496	12459	13955	9266	4973	9091
2014	21621	14633	9456	24273	13536	15531	10516	5550	10271
2015	23497	16309	10333	26050	14613	17108	11766	6127	11451
2016	25374	17986	11210	27826	15689	18685	13016	6703	12631
2017	27251	19663	12086	29603	16766	20262	14266	7280	13811
2018	29128	21339	12963	31380	17843	21838	15516	7857	14991
2019	31004	23016	13840	33157	18920	23415	16766	8433	16171
2020	32881	24693	14717	34933	19996	24992	18016	9010	17351
2021	34758	26370	15593	36710	21073	26569	19266	9587	18531
2022	36634	28046	16470	38487	22150	28145	20516	10164	19711
2023	38511	29723	17347	40264	23226	29722	21766	10740	20891
2024	40388	31400	18223	42040	24303	31299	23016	11317	22071
2025	42265	33077	19100	43817	25380	32876	24266	11894	23251
2026	44141	34753	19977	45594	26457	34452	25516	12471	24431
2027	46018	36430	20854	47370	27533	36029	26766	13047	25611
2028	47895	38107	21730	49147	28610	37606	28016	13624	26791
2029	49772	39784	22607	50924	29687	39182	29266	14201	27971
2030	51648	41460	23484	52701	30764	40759	30516	14778	29151

　　旅游基础设施是反映区域旅游经济增长接待能力的重要指标。如表 5-12 所示，2010~2030 年，旅游基础设施有增有减，成都、苏州、上海的旅游基础设施总量年均增长率为负数，分别为-12.36%、-7.36%、-0.45%。其他六座城市旅游基础设施总量年均增长率为正数，从大到小依次为重庆、杭州、北京、天津、武汉、西安。从总量来看，北京旅游基础设施规模最大，在九大城市中排名第一。2020 年，九大城市旅游基础设施总量排名依次为北京、上海、杭州、重庆、天津、西安、武汉、苏州和成都。2030 年

九大城市旅游基础设施总量排名依次为北京、杭州、重庆、上海、天津、西安、武汉、苏州和成都。可见，杭州、重庆的旅游基础设施总量增加较快，排名有所提高，而上海增速较慢，排名从第二位下降到第四位，其他城市排名相对稳定。西安、武汉、苏州和成都的基础设施总量有待进一步完善。

表 5-12　2010~2030 年九大城市旅游基础设施模拟值　　单位：个

年份	北京	重庆	杭州	上海	苏州	天津	武汉	西安	成都
2010	1549	625	684	1567	545	409	344	416	364
2011	1658	681	729	1342	379	442	359	394	281
2012	1673	737	765	1440	382	457	373	414	268
2013	1778	797	800	1467	384	486	387	434	254
2014	1860	796	832	1495	378	493	400	457	231
2015	1941	794	864	1532	372	500	413	480	208
2016	1993	850	922	1566	355	528	417	497	196
2017	2123	905	981	1575	338	555	421	514	184
2018	2254	961	1039	1583	321	583	424	531	172
2019	2384	1016	1098	1592	304	610	428	549	159
2020	2514	1072	1156	1600	287	638	432	566	147
2021	2645	1127	1215	1583	270	665	460	583	135
2022	2775	1183	1273	1566	253	693	488	600	123
2023	2906	1238	1332	1549	237	720	517	617	111
2024	3036	1294	1390	1532	220	748	545	634	99
2025	3166	1349	1449	1516	203	775	573	651	87
2026	3297	1405	1507	1499	186	803	601	668	75
2027	3427	1460	1566	1482	169	830	629	686	62
2028	3557	1516	1624	1465	152	858	658	703	50
2029	3688	1571	1683	1448	135	885	686	720	38
2030	3818	1627	1741	1431	118	913	714	737	26

　　旅游交通是旅游目的地通达性的表现指标，这里采用等级公路长度来

表示。从总量来看，旅游交通呈现逐年完善的趋势，等级公路长度在不断增加（见表5-13）。其中，重庆的旅游交通始终排名第一，其年均增长率也是排名最高的，成都从2016年开始等级公路长度在九大城市中排名第二，这与两座城市的地形、地貌特点有关，重庆是山城、成都地处盆地，公路交通是主要交通工具。武汉是典型的交通枢纽型城市，等级公路长度在九大城市中的排名从2010年的第八位上升到2030年的第三位，可见其城市的交通网络较为发达，并且水路、航空、铁路交通网络极为便捷，为武汉城市旅游发展奠定了良好的基础。北京交通网络基础较好，2010年等级公路长度排名第二，2030年下降到第四位，表现出城市公路交通的地位在下降，主要是城市拥堵、人口过于密集造成的，政府通过地铁、轻轨、铁路和航空等其他方式的交通体系来分散人流，缓解拥堵问题。2030年，天津、杭州、上海、西安、苏州的等级公路长度排名在第五到第九位。上海是由于空间限制，公路交通也存在拥堵、紧张等问题。杭州、西安、苏州等级公路长度年增长率平均值较小，需要加强公路交通网络建设，提高可达性。

表5-13　2010~2030年九大城市旅游交通模拟值　　单位：千米

年份	北京	重庆	杭州	上海	苏州	天津	武汉	西安	成都
2010	20920.0	77175.0	15266.0	11974.0	12754.2	14832.0	12199.6	12378.0	17923.0
2011	21155.0	83614.0	15415.0	12084.0	13047.4	15163.0	12775.5	12599.0	19055.0
2012	21299.0	86810.0	15747.0	12541.0	13127.4	15391.0	13013.5	13127.0	20269.0
2013	21485.0	90358.0	15900.0	12633.0	13155.2	15718.0	13717.5	13135.0	20732.0
2014	21816.0	98680.0	16024.0	12945.0	13197.1	16110.0	14555.9	13231.5	20951.5
2015	21885.0	112889.0	16210.0	13195.0	13238.6	16550.0	15394.3	13328.0	21171.0
2016	22026.0	115955.0	16306.1	13292.0	13343.4	16764.0	16430.1	13356.0	22085.7
2017	22242.4	132910.0	16527.5	13603.8	13447.8	17208.9	17465.9	13590.4	23000.5
2018	22458.7	149865.0	16748.9	13915.6	13552.3	17653.7	18501.6	13824.9	23915.2
2019	22675.1	166820.0	16970.4	14227.4	13656.8	18098.6	19537.4	14059.3	24829.9

年份	北京	重庆	杭州	上海	苏州	天津	武汉	西安	成都
2020	22891.4	183775.0	17191.8	14539.1	13761.3	18543.4	20573.2	14293.7	25744.7
2021	23107.8	200730.0	17413.2	14850.9	13865.7	18988.3	21609.0	14528.1	26659.4
2022	23324.1	217685.0	17634.6	15162.7	13970.2	19433.1	22644.8	14762.6	27574.1
2023	23540.5	234641.0	17856.1	15474.5	14074.7	19878.0	23680.5	14997.0	28488.9
2024	23756.9	251596.0	18077.5	15786.3	14179.2	20322.9	24716.3	15231.4	29403.6
2025	23973.2	268551.0	18298.9	16098.1	14283.6	20767.7	25752.1	15465.9	30318.3
2026	24189.6	285506.0	18520.3	16409.9	14388.1	21212.6	26787.9	15700.3	31233.1
2027	24405.9	302461.0	18741.7	16721.6	14492.6	21657.4	27823.7	15934.7	32147.8
2028	24622.3	319416.0	18963.2	17033.4	14597.1	22102.3	28859.4	16169.1	33062.5
2029	24838.6	336371.0	19184.6	17345.2	14701.5	22547.1	29895.2	16403.6	33977.3
2030	25055.0	353326.0	19406.0	17657.0	14806.0	22992.0	30931.0	16638.0	34892.0

五、旅游调控模式仿真比较

(一) 三大子系统比较

本节模拟2010~2030年当前、经济、环境、资源四种调控模式下各大旅游环境承载力数值,并比较分析2030年旅游环境承载力、旅游资源承载力、旅游生态承载力、旅游经济承载力的当前模拟值与其他三种调控模式下模拟值的差异。与当前值相比,旅游环境承载力综合值在经济和环境调控模式下将会有所增加(见图5-1)。结果表明,旅游城市通过经济政策与环境政策可以提高旅游环境承载能力。2030年九大城市中,北京、杭州、天津、成都、重庆的当前旅游环境承载力数值排名前五。北京、杭州、天津、武汉、西安、成都在经济调控模式下的旅游环境承载力比在环境调控模式下的增长率更高（见图 5-1）。而上海、苏州、重庆在环境模式下的调控值将会高于在经济调控模式下的调控值。

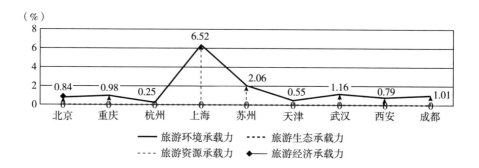

图 5-1　2030 年经济调控模式下各大系统仿真结果较当前值的增长率

　　相对于其他调控模式而言，2030 年旅游生态承载力数值在环境调控模式下将会有所提高，并且其相对增长率是三大子系统中的最高值（见图 5-2）。特别地，上海、成都、北京、武汉、重庆、天津的旅游生态承载力数值在环境调控模式下将会有显著提高。环境调控模式下的旅游生态承载力数值排名前五的城市包括上海、北京、重庆、杭州和成都。

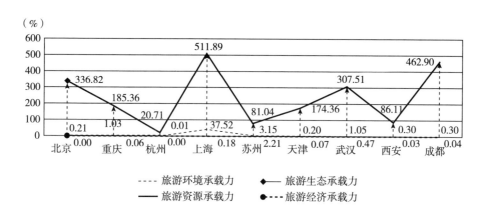

图 5-2　2030 年环境调控模式下各大系统仿真结果较当前值的增长率

资源承载力指数在资源调控模式下会有所提高，但其他两种调控模式下却无明显变化（见图5-3）。九大城市在资源调控模式下的相对增长率有所差异，北京、上海、西安、成都和杭州的相对增长率明显高于其他城市。在资源调控模式下旅游资源承载力指数排名前五的城市为重庆、武汉、苏州、杭州和北京。

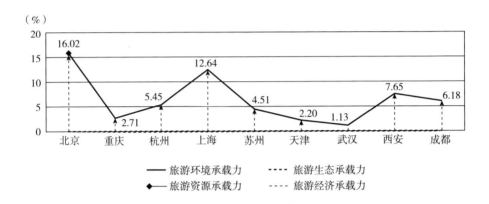

图 5-3　2030 年资源调控模式下各大系统仿真结果较当前值的增长率

相对于其他调控模式而言，旅游经济承载力指数在经济调控和环境调控模式下将会有所提高（见图5-4）。经济调控模式下，旅游环境承载力的变化趋势与旅游经济承载力的变动轨迹几乎一致。2030 年，旅游经济承载力指数排名前五的城市包括北京、杭州、天津、成都和重庆，并且上海、苏州、武汉和成都的旅游经济承载力指数在经济调控模式下的增长量明显高于环境调控模式下的增长量。

综上所述，经济、资源和生态环境的提高，对于增强不同城市的旅游环境承载力的作用有所差异。环境的改善对于上海、苏州、重庆旅游环境承载力的增强更为重要，经济条件的提升对于北京、天津和武汉增强旅游环境承载力十分重要，旅游资源禀赋的提高对于增强西安、成都和杭州的旅游环境承载力至关重要。

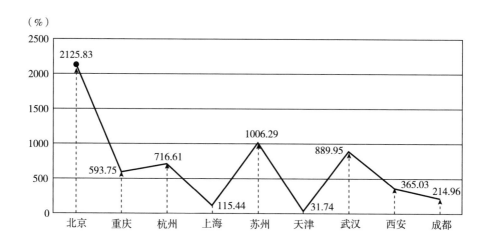

图5-4 2030年旅游资源在资源调控模式与当前模式相比下的相对增长率

（二）六大指标模拟比较

与当前调控模式相比，旅游资源总量在资源调控模式下会有所改变。正如图5-4所示，旅游资源总量在资源调控模式下将会有显著提高。不同城市的相对增长率亦有所不同，北京、苏州、武汉、杭州和重庆的相对增长率排名前五。2030年，旅游资源总量排名前五的当前城市为天津、上海、成都、重庆和西安，资源调控模式运用后，将会变为北京、重庆、上海、杭州和苏州。另外，旅游资源总量的增加对于促进旅游环境承载力的提高没有显著作用。

从旅游者仿真模拟结果来看，相对于其他调控模式而言，旅游人数在环境调控模式下将会有显著增加（见图5-5）。旅游城市通过提高环保投资、保护绿地、减少工业"三废"排放等环保措施，可以促进城市游客规模的增加。从各城市空间差异来看，环境调控模式下，2030年九大城市旅游者总量排名从大到小依次为上海、北京、苏州、重庆、天津、武汉、杭州、成都和西安。其中，相对于当前模式而言，环境调控模式下苏州、武汉、天津、重庆和上海的相对增长率排名最高。游客出游行为主要受到城市旅游目的地的环境质量的影响，因此，政府部门和旅游企业管理者需要更加重视外部生态环境的保护和改善。例如，旅游企业管理者通过开发低碳旅游产品，使用可循环利用资源和运用绿色环保设施（如休憩设施、游客中心、绿道、游步道和停车场等）等措施，在提高景区景点吸引力的同时，最大限度地降低对生态环境的影响。对于政府部门而言，推行可再生能源和绿色交通使用政策，制定垃圾分类处理制度以及采用可降解产品等措施，有助于改善外部环境。

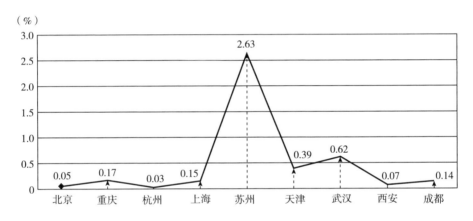

图 5-5　2030 年旅游者人数在环境调控模式与当前模式相比下的相对增长率

相对于其他调控模式，旅游经济总量在经济调控模式下将会有所下降，表明经济政策对促进旅游经济增长并不都是有效的措施（见图 5-6）。虽然改善基础设施条件、增加旅游劳动力投入、改善交通可以增强旅游环境承载力，但是所获得的旅游收入难以支撑政府增加这些投入所花费的成本。可见，旅游经济政策对城市旅游经济增长并非有效的措施。此外，经济调控模式下不同城市旅游经济总量的变动趋势有所差异。相对于当前值而言，经济调控模式下旅游经济总量相对递减比例最低的五座城市为上海、苏州、武汉、西安和重庆。2030 年，经济调控模式下，北京、杭州、天津、成都和重庆的旅游经济总量将会是排名前五的城市。

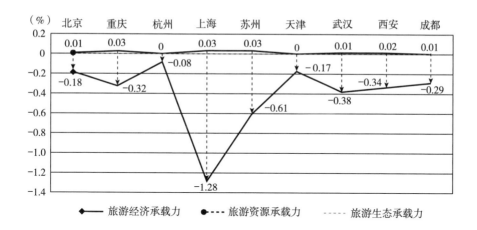

图 5-6　2030 年旅游经济总量三种调控模式与当前调控模式相比下的相对增长率

与其他模式相比，环境调控模式下生态恢复力和生态治理将会有所增强，且生态恢复力的相对增长率将大于环境治理的相对增长率，而环境污染将会减少。就城市差异而言，环境调控模式下上海、成都、武汉、北京和天津的生态恢复力相对增长率将会高于当前值，天津、北京、苏州、武汉和成都的旅游环境治理相对增长率排名前五。环境调控模式下的生态恢复力和城市绿地面积将会大于其他调控模式下的仿真值。因此，政府和企业应加强环境保护措施，从而增强旅游环境承载能力。

综上所述，旅游交通、劳动力、基础设施、环境保护投资和绿地面积的提高均有利于促进旅游目的地旅游环境承载力的提高，但是旅游资源对于旅游环境承载力的影响较小。地方政府可以通过改善交通、减少污染、增加劳动力、完善基础设施、提高环保投资比和绿地面积、控制旅游资源过度开发等措施来提高旅游环境承载力。

（三）旅游经济增长与其影响要素的相关关系分析

旅游经济增长系统是一个复杂的、动态的系统，旅游产业发展受到诸多因素的影响，如水资源供给、基础设施、旅游景区、劳动力、固定资本和交通等（Mai & Smith，2018）。不同调控模式下旅游环境承载力表现出不同的变化趋势，与当前模式相比，其指数在经济和环境调控模式下有所提升，旅游经济总量在经济调控模式下下降，但在资源调控模式下上升。这表明旅游资源、地区经济对旅游经济增长起到积极作用，而旅游劳动力、基础设施、交通等对经济增长起到消极作用。仅仅依靠提高劳动力投入、完善基础设施和交通网络体系将会增加区域旅游发展的附加成本，导致旅游经济总利润的减少。下面具体探讨旅游经济增长与旅游劳动力、旅游基础设施、旅游交通、旅游资源、固定资本和 GDP 的相关关系。

1. 旅游劳动力

旅游从业人员在旅游发展过程中是不可缺少的角色，他们的态度、感知将会影响游客满意度和居民支持行为（Nunkoo & Gursoy, 2012）。增加旅游劳动力的投入将会增强旅游接待能力，提高旅游环境承载能力，但也许会导致旅游总收益的减少。每当就业人员所感受的职业所带来的消极作用超过职业所带来的有利影响时，就业人员往往会选择离职（Solnet et al., 2014）。长此以往，旅游劳动力高流动率又会影响旅游满意度，增加企业成本（如招聘成本和培训成本）。因此，九大城市的旅游企业应重视提高旅游从业人员的质量而非数量，加强员工职业规划而非只是因岗位空缺而盲目招聘。

2. 旅游基础设施

上文分析结果表明，旅游基础设施对于旅游环境承载力具有积极作用，而对于旅游经济增长则具有消极影响。旅游基础设施与旅游经济增长之间的关系到底如何，这是学者长期探讨的问题。部分学者认为通过增加旅游基础设施方面的投资能够促进旅游经济增长（Bennett et al., 2012）。Imikan 和 Ekpo（2012）以 Niger-Delta 为例（缺少基础设施），阐明了旅游基础设施对于吸引游客、增加游客总量所起到的积极作用。但根据旅游生命周期理论，当旅游目的地旅游业发展到成熟期时，旅游基础设施的增加将会导致恶性旅游竞争，增加酒店、景区和餐厅的污染物排放，提高资本产能过剩。所以说当旅游产业处于成熟期时，旅游企业通过扩大旅游企业规模的方式来促进经济增长不是一种有效的方式。对于九大城市而言，当旅游产业处于成长与成熟期时，九大旅游城市基础设施的完善将会促进游客量的增加，但会导致旅游经济总量的减少。

3. 旅游交通

近年来，旅游交通与旅游经济增长之间关系的研究受到关注，包括从旅游交通的油价、交通网络、交通出行方式和交通服务等方面的分析。总体而言，学者主要关注交通为游客带来的便利性和优势条件，却忽略了交通网络所带来的成本，如时间成本和环境污染等。公路交通的完善能够促进自驾游游客的增加，从而导致汽油需求量的增加。Chatziantoniou 等（2013）指出市场经济环境下，汽油需求的增加导致油价的提高，最终会对旅游经济增长产生负面影响。由此可见，在油价不断提高的背景下，旅游交通将会对旅游经济增长起到消极作用。另外，旅游交通的改善提高了游客从旅游客源地到旅游目的地的便捷程度，越来越多的游客涌向旅游目的地带来区域环境污染、交通拥堵等问题，这在一定程度上降低了旅游目的地内部交通通达性，增加了游客游览的时间成本。对于大多数城市而言，相关政府部门在旅游产业发展初期往往采用提高区域旅游交通通达性的方式来增加游客接待量。但当城市旅游交通网络步入相对成熟的情况下，城市将面临严峻的交通拥堵问题，这会导致政府部门思考如何优化交通网络，如实行碳税政策、使用低碳出行方式、使用绿色能源汽车等（Aguiló et al.，2012），从而减轻交通带来的负面影响。鉴于此，九大城市旅游经济增长的可持续发展也要依靠良好有效的旅游交通网络，应采用低碳、绿色方式，减少旅游交通成本，优化旅游发展的外部环境。

4. 旅游资源

旅游资源与旅游经济增长之间的关系一直是学界讨论的热点话题，并且从未达成共识。Nowak 和 Sahli（2007）提出资源诅咒假设，认为以旅游业为主导产业的旅游目的地，若盲目开发旅游资源将会对区域旅游经济增长起到消极作用，因为旅游开发所带来的成本与福利待遇的增加会减少传统工业的输出，从而引发荷兰病。但也有学者认为一些不以旅游产业为主导产业的国家或地区，他们的经济实力能够阻挡荷兰病的发生，因为旅游资源开发所带来的经济效应能够负荷其消极影响。本书认同第二种观点，认为旅游资源能够促进非旅游产业主导型城市的经济增长。从长远来看，非旅游产业主导型城市人口流动性较强，在人力资本输出上的投入将会不断增加，这导致资源诅咒现象。因此，旅游城市应通过提高旅游资源质量，开发多样化旅游产品来避免资源诅咒现象（Kurecic & Kokotovic，2017）。

5. GDP

旅游经济增长与区域国民经济发展水平之间的关系一直是学界探讨的热门话题，其观点主要包括三个方面，即旅游促进经济增长理论、经济驱动旅游发展和旅游与经济互为因果关系。两者之间的关系取决于旅游目的地类型、旅游发展阶段和所选取的旅游表征指标。如果一个国家的 GDP 增长主要依靠的产业不是旅游产业，或者说一个地区主要依靠经济的投入来建设旅游景区景点，以达到吸引游客的目的，那么可以说这些区域是经济增长带动了区域旅游发展（Tugcu，2014）。本书研究的九大城市中，旅游产业的发展依靠区域经济的支撑，这表明供给侧改革与经济改革政策对于旅游业发达的城市起到促进旅游发展的积极作用。

（四）旅游环境承载力管理工具

旅游环境承载力理论相对成熟，学者从心理学、社会学、经济学和物理学等角度探讨旅游环境承载力的内涵，大多以最大游客数量作为评价指标，主要针对的研究领域包括滨海、旅游景区、旅游自然保护区、国家公园、主题公园等微观视角。但以往研究在最大游客数量或最大活动承载量的界限划分标准尚未达成一致。本书认为旅游环境承载力的概念框架应从强调游客数量限制、游客感知或游客体验转变为一个综合的概念，即旅游环境承载力是一个旅游目的地承载或管理旅游活动的能力，这不仅提升了旅游环境承载力的理论框架，更增强了作为管理工具的运用能力。一方面旅游环境承载力能够通过改变旅游恢复力、基础设施、交通等外部条件来增强其承载能力，另一方面作为促进旅游可持续发展的重要管理工具，旅游环境承载力管理应将游客管理和生态环境管理纳入城市生态旅游管理框架中。

游客管理和生态环境管理的理念在旅游管理过程中备受关注。Jang 等（2014）认为滨海沙滩环境质量与游客环境教育是影响游客体验质量的关键要素。Higgins-Desbiolles（2018）指出旅游目的地的可持续发展关键在于旅游产业与文化、教育、生态、意识形态等协调发展。Cheung（2013）认为自然保护区、国家公园的环境和游客管理是促进世界生态保护的重要驱动因素。另外，LAC、VIM、VAMP 等理论也是旅游环境承载力管理工具的现实运用，主要是通过控制游客数量、调控游客行为、增加基础设施和规范游客行为等方式实现管理的目的。可见，生态环境和游客管理是旅游环境承载力管理体系的重要组成部分。其中，生态环境管理主要是指交通系统、废物治理、生态保护系统、生态环境影响评估、污染排放监测、环境保护投资、旅游在线预订系统以及反馈与惩罚系统等。游客管理不仅包括游客行为管理，还包括游客环保意识、生态保护理念的培育。

旅游环境承载力仿真模拟分析表明，旅游环境承载力、游客总量与旅游经济总量均保持增长的态势。不同调控模式下，各指标的增长率有所不同。与当前模拟值相比，旅游环境承载力指数在经济与环境调控模式下的增长率更高，而资源调控模式下的模拟值没有显著变化。旅游资源的开发能够增加旅游吸引力，但不一定会提高环境承载能力。不同城市的相对增长率变化趋势反映了各城市可以通过实施经济和环境政策来优化旅游增长环境。环境敏感型城市或环境问题严峻的城市，如上海、苏州和重庆，应抓紧实施环境保护策略，提高环保投资，实施工业"三废"减排政策、自然资源保护政策、交通及基础设施方面的碳减排政策、居民文明行为政策和游客生态旅游行为管理政策等，从而提高旅游环境承载能力和生态恢复力。经济敏感型城市既包括旅游资源与发展空间剩余的城市，如成都、杭州、西安，还包括位于交通枢纽或文化中心的城市，如北京、天津、武汉。随着旅游需求的增长，这些旅游城市往往会增加旅游接待设施、完善交通体系、增加劳动力投入等方式来增加旅游环境承载能力，但是这势必会增加区域的资本投入和市场竞争，从而导致旅游经济总收益的减少。这些城市需要构建大数据信息系统，发布及时旅游信息，完善线上和线下旅游预订系统，为游客提供及时的、动态的、有效的旅游信息，从而为游客决策提供参考，还需要制定生态环保行为规范，规范游客和城市居民的出游行为，从而缓解游客与居民的矛盾。

第六章

热点城市旅游经济增长的
政策响应管理体系

一、健全可持续战略管理体系

从各大旅游城市发展历程来看，城市旅游发展不是一蹴而就的，而是一个漫长而复杂的过程，在生命周期发展规律的作用下，不同发展阶段驱动要素会随之发生变化。各城市旅游应根据其自身发展基础、发展阶段和现实情况，以可持续发展理论为指导，从"创新、协调、绿色、开放、共享"六大理念出发，形成"一个核心动力、二级管理体系、三类开发模式、四全空间格局、五化发展战略"的管理体系，促进城市旅游经济可持续增长。

（一）一个核心动力

创意是城市旅游经济增长的核心动力。在全国各大城市旅游经济从要素投入驱动向技术进步驱动转型发展的关键时期，城市旅游经济增长应改变以资源作为主要增长动力的局面，以创意为核心走"技术驱动"的发展道路。各城市应在各自资源特色、城市文化、城市景观和城市环境等综合考虑等基础上，建立旅游创意激励机制，包含城市旅游创意的动力形成、城市旅游创意的评价标准以及城市旅游创意在城市旅游规划建设、经营管理、产品设计、服务感知中的贯彻实施，积极打造特色城市、品牌城市，如上海打造国际时尚休闲娱乐大都市、成都打造世界级慢文化旅游城市、北京打造国际文化旅游城市、杭州打造国际休闲度假旅游城市、苏州打造世界园林文化旅游名城、西安以文化为核心打造文化旅游城市、重庆打造美食旅游城市，将城市与镇、村、景点有效串联，深化城市旅游体验，延长游客在城市停留时间，打破传统旅游景区游览方式，形成多维城市旅游目的地。

（二）二级管理体系

管理体制是推进城市旅游经济增长的重要保障，我国应建立宏观与微观二级管理体系。宏观层面，增强旅发委和相关行政部门的管理职能，从投融资政策、税费政策、财政政策、土地政策等方面进行优化建设，确定发展方向、发展目标和发展基础，营造城市旅游发展优越的宏观环境。第一，投融资政策，各城市应支持地方筹建旅游投资集团，形成政府、旅游管理部门、银行与担保公司"四维一体"的旅游投融资模式；支持市场前景好、具有稳定现金流的旅游企业股票上市或投资创业板块；鼓励银行提高旅游企业信贷授信额度和并购贷款额度，增强银行卡的旅游服务功能。第二，税费政策，各城市制定绿色消费、绿色经营、绿色出行等奖励措施，对已取得成绩的绿色旅游行为提供合理的奖励和资金补助，确保绿色旅游在经济上能持续发展；对于开发绿色项目或生态活动的旅游企业采取税负减免的优惠措施，调动旅游企业管理者的环境保护积极性；对于开展绿色生态环保行为的个人，采取降低个人所得税的方式，调动全民参与环保行为的积极性。第三，财政扶持政策，加大旅游绿色项目、生态环保项目、绿色基础设施的财政支持力度，积极争取国家和省域层面的生态环保专项基金，鼓励民间资本投入，依法合理开发旅游资源。第四，土地使用政策，严格限制林地、耕地、水域、草地与园地的使用，鼓励在不改变原有土地性质的基础上，开发旅游项目，禁止旅游景区建设过程中的圈地运动；对于生态环境保护项目、生态旅游项目，无论是租赁还是购买土地的行为，均纳入绿色通道，简化审批程序，并给予一定的优惠优先政策。第五，城市旅游优惠政策，各城市应切实落实带薪休假制度，完善城市的公益性景区景点体系。加快推进公益性城市公园、博物馆、纪念馆等免费开放，依托公共资源、旅游企业制定城市旅游年卡、季卡、联票、优惠套票等制度，开展居民免票月、会员日、生日特惠活动。

微观层面，主要从旅游产业内部管理机制进行优化升级，包括生产要素优化配置、经营管理模式创新、产业融合、绩效管理、服务满意等，形成自上而下与自下而上的政策响应管理体系，全面执行旅游环境容量调控，形成专项整治、重点监管、分时预警、依法管理、利益协调、部门合作的管理机制，促进城市旅游经济可持续增长。

（三）三类开发模式

1. 圈层式布局模式

构建圈层式的城市旅游大空间，从城乡统筹的视角出发，整合城市自然和人文景观及周边旅游景区和乡村资源，根据资源与环境的空间差异性，将旅游产业要素逐渐向城市外围及城郊其他地区转移，形成城市休闲娱乐旅游圈、城郊休闲观光旅游圈及环城乡村旅游圈等多个圈层，拓展城市旅游发展空间和旅游休闲空间，在缓解城市旅游承载压力和降低旅游负面影响的同时，增加城市旅游吸引力，均衡城市旅游产业结构，优化旅游城市形象，增强城市旅游品牌影响。

2. 梯度式分区模式

实施分级梯度式开发和保护策略，建立科学的旅游城市分级分区发展格局。从九大旅游城市发展空间结构来看，其城市旅游发展应形成以中心城市为增长极，门户城市为次增长极，节点城市为拓展空间，并将重要村镇、旅游景区作为网络发展节点，构建"核心+门户+节点"为框架的城市旅游经济可持续增长体系。例如，北京的城市旅游圈层结构可打造成以北京为旅游中心城市，打造天津、秦皇岛、唐山为门户城市；长三角地区的旅游圈层结构为以上海为核心城市，以杭州、苏州、南京为门户城市，以宁波、嘉兴、南通、扬州为节点城市，以绍兴、舟山、湖州、芜湖为特色城市，形成旅游城、镇、景之间的梯度式、互动发展，打造成全域旅游目的地。

3. 补偿式盈利模式

兼顾城乡及多方参与主体，推行补偿式利益共享机制，实现城市旅游收益的均衡分配。旅游利益分配时，旅游经营管理者应充分考虑城郊及环城乡村地区的需求，建立城郊补偿机制，从城市总收益中剥离出一部分用于城郊及乡村旅游产业发展及旅游环境建设，推动整个旅游城市的均衡发展，统筹城乡协调发展。另外，应建立政府、企业、居民及游客四大参与主体之间的利益共享机制，形成补偿式的利益分配方案，约束不同参与主体的开发行为，最终实现收益均衡共享的目标。特别是要将社区居民利益放在首位，而政府、企业与游客三者之间则存在互相补偿的利益关系。

（四）四全空间格局

1. 全域旅游

以全域旅游的理念为指导，将城市的旅游景区（点）、文化艺术中心、历史文化街区、博物馆、图书馆、体育馆、会展博览中心、商业综合体、居民社区、大学园区、城市公园、公共交通设施等城市休闲空间与设施，通过功能拓展、产品设计、文化融合、空间优化、产业集聚等方式进行再创造，重塑旅游生活载体和旅游生活空间。构建智慧城市和城市公共服务的平台，构建城市全域智慧旅游服务体系。同时，对于城市区域内的成熟景区，一方面推进景区本身的转型升级，另一方面则可以围绕景区进行旅游要素和业态的整合和配套，建立景区到交通站点的无缝衔接，使其成为区域性的旅游要素集聚区和旅游生活综合体。

2. 全时度假

首先，建设由度假酒店、民宿客栈、青年旅舍、自驾游基地、露营基地以及居民短租房形成的度假生活空间，为游客带来无景点式度假体验，建立分时度假平台和多样化的养老社区。其次，打造全时空的度假产品，如组织四季旅游产品和活动，开发"5+2"、"白+黑"和"2.5天"的旅游度假产品，丰富夜间和非周末旅游度假生活，以延长逗留时间，拉动综合消费；注重发展"户外+室内"的度假产品，以满足多样度假消费需求。

3. 全境休闲

全境休闲是充分利用和延伸城市区域范围内的各种资源，挖掘城市文化特色，转化成休闲的空间和形态，发展休闲文化、商业、农业、工业、社区等；并注重培育城市公园、休闲街区、休闲生活综合体，营造一种多元化、生活化的休闲氛围，创造一种"休闲体验、无处不在"的时空和形态。

4. 全民参与

在城市发展形象塑造、城市规划、城市服务、城市公共体系建设和旅游开发过程中，充分参考居民意见，发挥居民积极能动性，调动城市居民参与休闲、度假旅游，形成城市独特的休闲生活方式和城市文化，塑造一种城市生活名片，有利于拉动目的地的旅游度假消费，促进产业融合和社会协调发展。

（五）五化发展战略

1. 推进城市旅游要素产业化

以文化为依托，以特色旅游资源为基础，着力培育文旅旅游产业集群，大力推进旅游业与文化、商贸、科教、体育、宗教、医疗、教育、科研等行业的深度融合，形成从旅游产品设计、开发、体验、消费到反馈的旅游产业价值链，规划开发出一批文化休闲、生态观光、休闲度假、乡村旅游等多元化产品，进一步提升城市旅游业的整体实力和竞争力。

2. 推进旅游综合服务人性化

在各大城市主要景区、机场、汽车站、火车站等重要节点建立多个旅游信息咨询网点，完善旅游集散中心服务功能，增强旅游信息资讯网站、运营平台的信息准确性、实时动态性以及互动性，提高旅游服务人员的服务效率和专业素养，积极推进针对信息资讯、网络预订支付、在线模拟、数据管理等多方面的旅游精细化管理、人性化服务和信息化管理，努力为游客提供便捷、贴心、温暖的服务体验。

3. 推进旅游信息系统智能化

智慧旅游工作在全国受到重视，智慧城市应与旅游产业充分衔接，形成"互联网+旅游"的智能化发展模式，从城市硬件设施到软件功能进行全面优化，将城市交通、景点导览、旅游预订与支付、旅游投诉等服务实现智能化体验，为游客带来便利性。建立城市旅游数据中心，以便建立旅游大数据库，为旅游市场进行适时、动态分析和容量调控提供依据。

4. 推进城市旅游交通便捷化

积极打造城市旅游休闲绿道，构建"快行慢游"的网络式旅游交通体系。打造城城通铁路、城景通公路、城乡通马路、村村通道路的无障碍绿色交通体系，建成方便、快捷的旅游快速通道，打造环城乡村绿道、滨水游船通道、滨水休闲绿道，共同构成低碳、人性化、科学化的旅游交通网络体系，借助旅游大巴、自行车、步行、绿色观光车等多种交通工具，实现在城市景区（点）中体验慢游的休闲与舒适。

5. 推进城市旅游标准国际化

借鉴国际相关城市建设标准、法规与可持续管理工具，构建城市旅游的国家级标准体系、地方标准，对城市的环境、卫生、绿地、游憩、文明等方面进行全面要求，规范旅游经营、管理与市场秩序，为旅游企业营造一个绿色、生态、公平、公开的发展环境，从而加快各旅游城市实现建设国际旅游目的地城市的目标。

二、构建绿色旅游供应链

在绿色崛起与生态文明建设背景下，旅游产业需要围绕低碳、绿色主题，从吃、住、行、游、购、娱六大产业要素入手，构建城市高效、集约的绿色旅游供应链，全面推进城市旅游产业的转型升级和提质增效（见图6-1）。首先，对城市范围内的旅游餐馆、饭店、酒店、旅行社实行绿色改革，从建筑外观及内部装饰、企业文化、管理方式、员工培训、产品主题等多个方面推广低碳的经营消费理念；其次，改变城市交通方式，引入自行车、电力观光车、人力观光车等低碳交通工具；最后，利用新型节能技术、使用绿色能源、建设绿色基础设施、发展绿色农业等，均对城市旅游经济的可持续增长有着至关重要的作用。

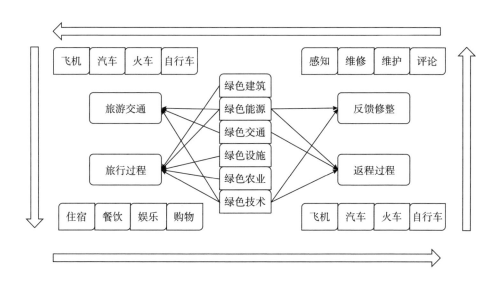

图6-1　绿色旅游供应链结构

（一）绿色能源

能源是旅游活动的重要组成部分之一。也就是说，旅游经济可持续增长与可再生能源有着密切的关系。旅游业要实现在满足全球气候政策的同时达到温室气体减排的目标，需要改变整个产业链中能源利用模式，并积极使用可再生能源。旅游业已经逐渐开始引领创新可持续能源行动。例如，许多绿色实践在旅游业中的运用已经处于前沿领域，包括节能飞机、可再生能源的运用、新一代能源技术以及酒店的提能增效措施等。

可用的可再生能源技术主要包括太阳能、风能、水能、生物能源、海洋能和地热能。例如，太阳能设备以太阳能为能源动力，通过光伏电池供电或间接通过集中太阳能发电。可再生能源的多样性为其使用提供了灵活的选择空间。尽管如此，政府及相关部门更应关注的是在整合可再生能源进入电网时，电力的供应应是安全的、稳定的和可持续性的，而太阳能的使用对于天气环境有着较强的依赖性，这在一定程度上限制了太阳能的使用。因此，在发展可再生能源项目时，可再生能源是否能够储存应是相关部门重点思考的问题。电网能源储存设备如电池，可减少不可调度能源的不确定性，缓解能源的间歇问题，实现与可再生能源的一体化管理。

此外，可再生能源的实施可能会遇到冲突，如与国家土地规划相悖，居民就项目实施持反对态度，与其他景观、建筑和遗产之间的土地利用矛盾，对生物多样性的威胁等。但是，在一些发展空间有限的旅游驱动型城市，政府面临的挑战和承载压力往往容易得到人们的理解。因此，可再生能源的实施政策应在充分调研的基础上积极听取各方意见，得到严格的评估后再进行落实推进。

（二）绿色交通

由于旅游产业是旅游者从旅游客源地到旅游目的地的转移，需要借助航空或汽车等交通工具，因此旅游经济的可持续增长与可持续转移关系密切。值得注意的是，旅游产业二氧化碳排放量主要来自旅游交通，占总量的72%，其次是住宿设施，占总量的24%，最后是旅游活动，占总量的4%。其中，选择飞机出行的游客比例只占游客总量的17%，但却产生了43%的碳排放量。旅游活动和航空是碳排放的两大来源，急需采取措施降低碳排放量。为实现交通领域的碳减排，各旅游城市的相关部门应不断改变交通出行方式，提高上座率，提高能源使用效率，降低碳排放强度，倡议低碳出行，降低污染排放，以及实行国际标准的旅游碳足迹政策。对于远程旅游消费者，减少乘坐飞机的旅行方式，改乘动车、普通火车等，是减少远程旅行碳排放的重要手段。对于中长程旅行，应加强铁路交通网络，减少自驾车、客车、飞机的乘坐比例，提高各种交通工具的上座率。对于短途旅行或本地旅行，完善交通网络，特别是优化本地公共汽车交通网络、地铁交通、城际轻轨交通等，完善城市与主要景区的公共交通连接体系，是减少短途旅行碳排放的重要途径。

世界上常用的旅游交通碳减排策略主要包括绿色出行、航线优化，经济手段如美国的航空乘客责任（Air Passenger Duties，APD）和澳大利亚的乘客奖惩措施（Passenger Movement Charge，PMC）。绿色出行主要通过资源的有效利用或改变旅游交通结构等方式来为游客提供更多的旅游出行选择，如生产、使用新能源汽车（包括太阳能、风能等），控制私家车保有量，培育居民低碳减排意识等。航线优化如管理机场空间或管理空运交通，能够促进公共设施的完善，提高飞行效率。从经济手段而言，美国的乘客责任是指航空外部性带来的环境税；澳大利亚的乘客奖惩措施则是资助边境公益组织，其中旅游产业是否能够得到乘客的税收取决于三大要素，即旅游需求价格弹性、出境与入境旅游收支平衡、国内旅游成为国际旅游的替代品。旅游服务的替代性程度会增强客源地的征税动机，同时降低旅游目的地的征税动机。

另外，可持续移动性理念逐渐在旅游领域得到运用。当今数字化时代，旅游出行与信息技术逐渐融合，无线网络环境、网络云服务、虚拟网络、智能手机等移动终端的运用进一步提高了旅游产业的便捷性，更是各旅游城市、旅游企业需要重点完善的基础设施。

（三）绿色建筑

作为人类最重要的活动场所之一，建筑在社会形成与发展、旅游活动的顺利开展中起到至关重要的作用。建筑在节能减排方面表现出较高的节能潜力，如欧洲建筑消耗了40%的总能源，同时产生了36%的温室气体。提高酒店等建筑的能源利用效率可谓是降低温室气体排放的重要措施。绿色建筑的使用能够降低 30%～50% 的能源使用量、35% 的二氧化碳排放量、70% 的废水排放量以及 40% 的水资源使用量。也就是说，绿色建筑的使用能够提高能源和资源利用效率，改善生态环境质量，减少污染排放，提高居民生活质量，营造更为健康的生活环境。因此，各大城市的旅游产业发展应积极响应绿色建筑策略，制定相应的建筑建设与使用标准，提倡使用可重复清洁的日常用品，并延长更换时间，使用可回收的餐单、纸巾和留言卡等，循环利用水资源，使用绿色建筑材料，使用节能灯，屋顶使用太阳能聚光板，加强绿化，利用植物净化空气。力争为游客创造绿色、生态的居住环境和用餐环境，从而提高游客满意度。

（四）绿色基础设施

游步道、游客中心、休憩亭、停车场、露营地、观景台等基础设施不仅能够作为一种旅游吸引物，而且是体现旅游目的地接待能力的重要因素。特别是自然保护区的旅游基础设施体系更需要体现绿色、生态理念，并与自然融为一体，在不破坏生态环境的同时，提供旅游、科考、教育等功能。因而绿色旅游设施建设被认为是城市旅游发展的重点保护项目，主要涉及城市绿色发展空间，如水源保护管理、水质改造工程、野生动物保护、娱乐设施等。绿色基础设施可有多种形式，即自然的、半自然的与人工生态网络系统。构建绿色基础设施系统的关键在于充分利用自然资源和现有基础条件，从而提高公共空间、空气质量和野生环境。各旅游城市为保护自然保护区的生态协调，应加快使用绿色生态基础设施，包括绿色廊道（林荫道）、生态防护林、可渗透地面、蓄水池、水循环系统和城市绿道系统等。

（五）绿色农业

在国家实施乡村振兴战略的背景下，大力发展乡村旅游，探索绿色生态农业体系，有利于城市旅游提供健康、绿色、生态的旅游产品和旅游体验项目。各大旅游城市应在充分利用本地资源的基础上，深入贯彻落实

"创新、协调、绿色、开放、共享"的发展理念，围绕农业增效、农民增收，进一步深化农业供给侧结构性改革，积极构建绿色产品供应链，推动集群集聚发展，大力培育农耕文化深、融合程度高、产业特色强、生态景观美、富民效应大、资源环境优、体制机制活的休闲农业特色小镇，积极创建"村庄美、产业兴、文化深、环境优、农民富、服务好、管理强"的田园综合体，集循环农业、创意农业和农事体验于一体，具备生产、加工、销售与展示等复合功能，使之成为农民创新创业基地、产业经济聚集地、休闲养生福地、观光旅游胜地和科普教育基地，实现农村生产生活生态"三生同步"、农业文化旅游"三位一体"，积极探索推进农村经济社会全面发展的新路径。

1. 坚持绿色发展，合理布局农业资源

根据绿色发展理念，坚持节约优先、保护优先、自然恢复为主的方针，实施有机产品技术等绿色技术，减少化工化肥的使用，降低农业对当地农户与环境的危害；合理配置田园及周边资源，将田园景观、农业产业与美丽乡村全面融合，重视非物质文化遗产、农耕文化、地方手工艺和民俗文化的传承与保护，将产业空间布局与自然人文环境相协调，坚持生产、生活和生态"三位一体"以及现代农业、村镇景观、居住社区和地域文化"四维共生"，培育富有地方特色与竞争力的农产品、主题形象和产业体系，构建山水林田湖和谐统一的生态系统。

2. 构建绿色农业产业体系，完善综合旅游功能

围绕田园资源和农业特色，以市场为导向，科学规划产业发展空间格局，准确定位产业发展方向，突出现代农业、特色产业、绿色科技、人文历史、资源禀赋、生态环境等优势，实施"一镇一业"、"一村一品"发展模式；推动农业与城乡统筹、绿色农业、生态文明等融合发展，构建集投资链、产业链、创新链、服务链、人才链于一体的创新创业生态系统，形成"产、城、人、文"四位一体的产业可持续发展平台；激活农村元素，丰富产业业态，形成集循环农业、创意农业、农事体验于一体的产业体系，集聚农业生产、生活居住、农业景观、文化遗产、乡村旅游、休闲

娱乐以及社区公共服务等综合功能，实现产业、文化和社区有机结合，生产、生态、生活融合发展，在促进经济发展、农村建设、产业升级、农民创业和农民增收等方面具有显著积极作用。

3. 丰富文化内涵，增强创意体验

深挖当地历史文化、饮食文化、农耕文明、农业生活、民俗节庆、地方戏曲等文化资源内涵，突出文化体验价值，展现地方特色风情，将现代与传统农耕文化有机融合、农耕文明传承与农业文化资源保护协调推进，形成农业文化新型传承机制。

4. 改善基础设施，提升旅游服务

综合性强、服务质量高的生产、生活和生态设施体系是绿色农业体系的物质保障。应具有餐饮、住宿、体验、购物等接待设施，配备内外交通、标识导览、网络通信设备、道桥游览线路、康体救护设备、安全救援以及环卫等相关基础设施，以及田园观光、农事体验、农园采摘、购物消费、农产品加工品尝以及特色餐饮等休闲娱乐项目与服务。

5. 提升管理效能，保护生态环境

各地政府坚持以市场需求为导向，以农民合作社为主要载体，以农民充分参与和受益为目标，在土地、人才、科技、金融和环境等方面出台扶持政策，并为绿色农业发展进行科学引导、规范管理和动态监督。根据区域产业规划和新型经营主体发展水平，因地制宜地探索绿色农业的发展模式和运营管理手段，建立村集体、合作组织和企业共同参与机制。区域基础环境生态良好，试点建设与经营过程中以生态保护与优化资源配置为宗旨，利用绿色、节能、环保材料，实现无污染生产、无害化经营，体现可持续发展理念。

（六）节能技术

节能减排技术在旅游领域中的运用主要体现在用水、用电、使用燃气等方面。以酒店业为例，酒店在水、电、燃气等方面的能源消耗所需要的费用占酒店经营成本的较大比重，如何降低能耗，节约成本，是困扰酒店的重要问题。目前利用节能减排技术主要体现在：变频技术在酒店中央空调系统中的运用，能够有效降低能耗，实现节能的目标；数字模糊技术在酒店空调系统与电梯系统中的运用，能够适应室外气象变化和负荷变化频繁的场合；废热、余热回收利用技术在中央空调系统中的运用；水、冷凝水的回收利用技术在灌溉、洗车、降温等方面的运用，能够实现资源再利用；照明智能化管理技术在整个照明系统中的运用、太阳能技术在供暖、供水系统中的运用等，均能够降低电热能源消耗。另外，使用节能新产品也是降低能源消耗的重要途径，如节水坐便器、节能灯、新能源汽车等（贺晓敏，2010）。

三、加强游客动态管理

游客管理是旅游相关部门采用科技、教育、经济、法律等手段对旅游目的地游客进行组织与管理的过程，其目标是实现旅游目的地的经济、环境和社会的协调可持续发展。游客管理最早用于缓解自然型旅游目的地（如国家公园、自然遗产地、自然保护区等）因游客数量增加所带来的环境冲突，主要通过管理游客行为，降低游客不文明行为对环境和资源的破坏。传统的游客管理在一定程度上起到了保护环境的作用，但缺少人性化，同时具有一定滞后性，忽略了游客需要的改变与外部环境改变所带来的影响。

根据城市旅游经济增长分析可知，做好游客管理对于缓解城市拥堵压力、解决超载问题具有重要作用。各城市应根据游客偏好、游客体验价值，以游客体验价值、生态价值和经济价值最大化为目标，构建以偏好管理、容量管理和行为管理为一体的游客管理体系。

偏好管理是对游客需求、旅游动机等内在心理因素的分析与管理，根据偏好来制定旅游产品和旅游线路，从而指导旅游规划的编制与旅游产业的发展。培育游客生态文明的旅游消费观和价值观，倡导教育、修学、科研、体验等旅游动机，开发生态旅游、文明旅游、低碳旅游、绿色旅游等旅游产品，通过网络、纸媒等方式将城市理念、景区宗旨与游客偏好形成良性互动。

游客容量管理主要是通过控制游客数量来达到游客管理的目的，传统的实现路径主要是提高门票价格或控制景区售票数量。然而事实证明，品牌价值较高的景区吸引力来自不可替代性的景区资源，不论是否提高门票价格，对其游客数量的变动影响都不大。控制门票数量能够在一定程度上控制容量，但这种方式会牺牲景区的收益，因而普及率较低，且缺乏人性化，经常因为信息不对称，导致游客在现场被景区拒之门外，影响游客心情，降低了体验价值。城市交通拥堵或景区拥挤问题往往是由于游客与旅游目的地的信息不对称。将现代信息技术、物联网技术运用到游客容量管理中，构建游客数据库系统、网上及手机 App 预订—支付—退订—反馈系统、线路导航系统、景区模拟仿真导览系统等，实时监控游客密度，发布游客历年游览数据，为游客提供准确实时的游览信息，为游客购买支付提供便利，帮助游客分析与预测客流以做出理性的消费决策，提高旅游体验感知与旅游服务质量。对于城市旅游管理部门而言，可以根据游客动态信息，及时作出调控策略，了解游客需求变化，构建智能化互动平台，制定更为科学合理的管理战略，为游客带来更大的体验价值和生态价值。

游客行为管理主要是指对游客的文明行为和旅游安全进行监督、控制与管理。游客的不文明行为，如乱涂乱画、猎杀或虐待动物、滥砍滥伐、践踏花草等，对旅游资源、生态环境均造成了负面影响，同时带来被动物咬伤、在景区摔伤等安全隐患。因而，城市应做好游客行为管理工作，从法律规范到意识形态对游客不文明行为进行规范。首先，制定严格的游客行为管理奖惩制度、地方标准和法律法规，严格规范游客的游览旅行行为、当地居民的生活行为、组织管理者的建设行为，为游客创造一个法制、安全的游览环境。其次，构建景区行为管理标识体系。在城市中心区域、景区显著位置、高速路口等设置显著的警示牌、说明牌，告知来往城市旅游的游客相关规则，通过网络、纸媒、讲解人员和志愿者等途径，通过寓教于乐、心理建树等方式向游客宣传保护理念。例如，设计具有宣传教育功能、语言可爱、外形美观、包装独特的旅游纪念卡、旅游纪念币、倡议书、明信片、地图册等，随门票赠送给游客，潜移默化地向游客灌输生态理念，并一步步引导游客养成文明行为。再次，充分发挥志愿者的带动作用。评选"环保天使"、"生态守护大使"，"志愿大使"等，调动当地居民、景区工作人员、相关环保工作者、游客的积极性，在参与城市生态环境、资源文化的保护工作中，做到从自身做起，从身边人做起，以榜样的力量带动游客，以守护者的身份监督游客。另外，通过仪式感的活动，强化游客生态保护责任。在博物馆、自然保护区、森林公园等区域设立游客参与的体验活动，通过宣誓、签章、写保证书、发勋章等一系列活动，让游客真正感受生态保护、文明行为的责任感与重要性，起到宣传教育的作用。最后，完善景区安全设施，如护栏、阶梯、缓冲减速带、救护设施、医务室等，正确引导游客产生安全行为，保障游客安全。例如，自然保护区内比较容易产生危险的地带可以用密集的植被来遮挡，并在附近设置吸引物来转移游客的注意力。经营管理者做好游客行为引导工作，使游客从强迫性地接受管理转变为主动愉悦的自觉行为，管理从生硬的直接管理转变为在增强体验环境下的间接管理，既达到了管理目的，又丰富了游客体验。

四、协调利益相关者利益

根据上文的数据分析结果，旅游环境保护措施是增强旅游环境承载能力的重要因素，因此旅游城市的环境管理应从政府、企业管理者、居民和游客等利益相关者入手，促进旅游环境承载力与旅游经济协调增长，从而优化旅游发展环境。

政府层面，旅游城市的旅游相关部门、政府机构应提高旅游环境保护投资，特别是在交通、住宿、医疗和环境保护方面的投入，实施绿色能源、污染治理政策，制定碳税和碳交易政策，促进新能源汽车的使用，建设城市绿道休闲系统，完善智能化交通体系，组建生态旅游评价机构，以及实施生态旅游政策（如评选绿色酒店、生态保护区、生态文明城市等）。加大旅游科技创新技术的投入，提升旅游资源利用效率，优化旅游发展环境。

旅游企业是旅游活动的具体执行者。旅游企业管理者应从生产、销售、服务等各个环节贯彻实施低碳政策和生态环保制度。旅游管理者可通过设计生态旅游路线和特色旅游产品，使用低碳新能源（如新能源汽车、太阳能汽车等），构建资源循环利用体系（如使用可降解的塑料袋和餐具用品、进行垃圾分类、循环利用水资源等），使用绿色基础设施（包括绿色建筑材料、绿色厕所、绿道、生态游步道、绿色停车场等），减少生产性、消费性碳排放，降低资源损耗和环境破坏程度。

城镇居民是城市旅游环境的需求主体，是旅游活动的受益者。旅游活动能够为居民带来更多的就业机会，但要在不破坏旅游环境的前提下来实现。居民应学习旅游环保知识，培育生态意识，积极投身旅游环境保护工作与宣传教育工作中，从自身做起，从身边小事做起，做到使用新型能源（如绿色能源汽车、太阳能热水器、节能灯等），贯彻垃圾分类政策，培养其绿色出行习惯。

旅游者是城市旅游环境的需求者，也是旅游活动的亲身体验者。旅游者的行为直接影响了旅游生态环境的可持续发展。为提高城市的旅游环境承载能力，旅游者应做到：形成"环境无小事"的理念，做到尊重自然，自觉遵守景区、保护区等旅游目的地的行为规则；及时了解城市旅游的生态环境状况、城市游居比、游客游览淡旺季分布等，制订合理的旅游计划，选择低碳的出行方式（如提倡步行、自行车旅行），消费绿色旅游产品，减少垃圾排放，制定科学、合理的出行决策。

五、设计分时旅游产品

　　旅游产业发展过程中淡旺季差异非常显著，旺季旅游经济收入急速增长的同时，旅游环境面临前所未有的压力。城市旅游经济增长应根据旅游产品季节性变化特征、旅游流变化规律、旅游目的地承载能力、区域旅游发展阶段以及驱动因素来协调旅游发展与环境保护。首先，根据区域所处的生命周期理论，当旅游目的地处于旅游发展萌芽期时，政府和企业管理者需要通过实施经济政策，扩大旅游接待能力来提高旅游环境承载能力。当旅游目的地进入成长期、成熟期时，相应的环境保护政策应当贯彻实施，以推动地区可持续发展。从上文旅游环境承载力评价结果可知，九大城市所处的发展阶段不同，其旅游发展政策也应有所差异。上海、苏州、重庆的旅游发展处于成熟发展阶段，这三座城市应重点实施环境保护政策。北京、天津和武汉的旅游发展驱动因素主要有区位优势和便利性，这三座城市旅游发展尚有发展空间，因此应重视经济政策的扶持，如使用新型科学技术、构建大数据智能旅游系统等。西安、成都和杭州旅游发展是资源驱动，其发展阶段相对成熟，这三座城市应采取提高资源禀赋、增强旅游资源吸引力、保护文化与自然遗产、开发分时度假旅游产品措施来促进可持续发展。其次，加强旅游企业间、区域间沟通与合作。从产品开发、设计、生产、消费与体验整个过程，通过旅游主体之间、区域间的有效合作，充分挖掘旅游资源特色与发展优势，实现旅游产品互补性、集群式发展，提高不同等级旅游资源吸引力，促进旅游信息共享，协调品牌旅游资源的时空分布，从而实现游客分流的目标，缓解旅游环境承载压力，促进旅游经济均衡增长。再次，分析游客偏好和行为特征是开发分时旅游产品的重要依据。各个旅游城市均有自身特有的自然资源特征、文化历史背景、社会经济条件，对游客的吸引力也存在差异。从游客心理出发，分析游客行为特征、消费偏好、消费动机与需求、旅游满意度和游客忠诚等心理要素，对于城市旅游相关部门制定旅游发展规划与旅游战略具有重要作用。又次，合理开发特色旅游产品体系。根据地方旅游资源特色、文化背景与现有旅游产品体系，各城市应充分调动各景区景点、旅游企业、政府部门的积极性，设计体现城市特色、地方特色的多元化旅游产品体系，制定相应的淡旺季特色旅游线路，消除非法竞争，有重点、有计划地推行产品开发战略，满足游客多元化需求。最后，加强淡季旅游产品宣传力度。各城市应通过网络、微信、微博等新媒体，借助于会议、会展或节庆活动，开发室内旅游项目等方式，加强对不同季度旅游产品的宣传，强化游客对城市淡季旅游产品的认知，深化旅游产品的印象，提高旅游产品和服务的知名度，刺激旅游动机，均衡淡旺季旅游流差异，从而实现旅游经济的可持续均衡增长。

第七章

研究结论

　　旅游经济增长对区域发展带来经济红利，在提高居民收入、增加就业、促进文化交流等方面起到积极作用，与此同时旅游带来资源损耗、环境污染、生态破坏等环境问题，表现为 Over-Tourism（过度旅游）现象，因而，促进旅游环境与旅游经济协调发展是当前亟须解决的艰巨任务。本书旨在分析旅游环境容量与旅游经济增长的作用机理，构建城市旅游目的地的旅游环境容量测算体系，分析新时期旅游经济增长与旅游环境之间的交互关系，运用系统动力学方法建立由资源、环境保护、经济系统构成的旅游环境容量测度模型，利用 Vensim 9.0 软件仿真模拟九大热点旅游城市的旅游经济发展规律，比较分析当前、经济、环境、资源四种旅游发展模式下旅游环境容量发展态势，并提出促进旅游经济与环境协调发展的政策响应管理体系，为促进旅游协调发展、旅游产业转型升级提供参考。具体内容与主要结论如下：

一、阐述旅游环境容量、旅游经济增长与旅游恢复力的相关理论

　　旅游环境容量的概念包含三大特征：①前提条件是不造成当前及今后

长期时间范围内，旅游资源、环境和社会的负面影响；②极限值的界定从游客数量转变为最大游客数量、最优游客数量或最大旅游活动量；③旅游环境容量的影响从物理影响转变为物理影响与心理影响的组合，综合考虑生态、资源与心理等多种要素。旅游环境容量的测度往往分解为生物容量、社会文化容量、心理容量、管理容量、资源容量、空间容量等多个组成部分，运用数值法或指标评价法进行评价。旅游环境容量测度初步形成了定量评价体系，评价方法以静态分析为主，缺乏动态分析，测度方法相对简单，指标并未考虑外部因素的变化特征，以及对经济社会的影响。旅游经济增长具有有效性、稳定性、持续性和协调性，容易受到产业结构、劳动力、资本、技术、资源等因素的影响。旅游恢复力表示旅游目的地生态系统遇到外界干扰的情况下的稳定性、自我组织能力、学习能力与应对能力，反映旅游目的地生态系统的可持续发展能力。

二、热点城市旅游经济增长与环境质量分析

我国城市旅游因资源禀赋、政策制度、地理位置、经济实力、市场条件和基础设施等方面的差异，城市旅游经济增长能力呈现非均衡特征，究其原因在于不同城市旅游发展的驱动要素有所不同。例如，以苏州、杭州为代表的资源驱动型，以广州、上海为代表的经济驱动型，以武汉为代表的交通区位型，以深圳为代表的市场牵引型，以毕节为代表的政策扶持型，以及以重庆为代表的综合要素型等。北京、天津、上海、杭州、苏州、武汉、成都、重庆、西安作为我国知名的旅游城市，2016年游客数量在全国排名前九，其旅游发展不仅对当地经济、社会发展带来积极影响，同时也存在游客超载、环境污染、社区冲突等问题。本书以这九大城市为研究对象，分析2000~2015年旅游经济增长特征。从旅游总收入来看，九

大热点旅游城市旅游总收入呈逐年上升趋势,其中北京、上海两市旅游总收入遥遥领先,处于第一梯队,天津、杭州、苏州、武汉、成都、重庆、西安七大城市旅游总收入处于第二梯队。从旅游总人数来看,九大热点旅游城市旅游人数均有所上升,整体表现总量逐年增加态势,武汉、成都、重庆的游客增长速度排名前三,重庆、北京、上海的游客总量排名领先。从人均消费水平来看,九大热点旅游城市在旅游人均收入这一指标上存在明显层次分异,总体上呈现波动增长。旅游人均收入年均增长率总体表现为负增长趋势(杭州除外),西安、武汉、成都、重庆的人均旅游收入始终处于低速发展趋势,旅游人均消费还需拉动。从旅游资源来看,2000~2015 年,九大热点旅游城市所拥有的 AAAA 和 AAAAA 级景区数量总体上处于攀升状态。从旅游基础设施来看,九大城市中旅游设施数额呈现两极化现象,排名第一的首都北京始终表现突出,经济大市上海紧随其后,两市平均水平远高于其他城市。另外七市水平相当,次序各异;杭州和重庆的旅游设施在数量上略显优势,今后将会保持持续增长,出现与同级别城市拉大差距的可能。九大旅游城市旅游的资源、区位、合作与竞争、政策、资本、经济与环境差异导致旅游经济增长的空间差异。同时,城市经济发展水平、交通便利程度、资源环境质量、生态环境质量也对旅游经济增长产生影响。通过柯布—道格拉斯函数构建旅游经济增长多元回归模型,用旅游总收入代表旅游经济增长,旅游从业人员代表劳动力投入,旅游企业固定资产投资代表旅游资本投入,AAAA 级旅游景区数量代表旅游资源丰度,GDP 总量、旅游基础设施总量和旅游交通代表控制变量。结果表明,旅游经济增长与旅游资源、旅游固定资本、GDP 成正比例关系,而旅游经济增长与旅游从业人员、旅游交通和基础设施总量成反比例关系。旅游经济增长与变量之间的相关度从高到低依次为 GDP、固定资本、旅游资源、旅游交通、旅游劳动力资本和旅游基础设施。

三、环境容量约束下旅游经济增长系统动力学模型

本书构建由旅游经济承载力、旅游资源承载力、旅游生态承载力三大子系统组成的旅游环境承载力模型，确定评价指标，运用系统动力学方法绘制流程图与方程式，然后进行检验，结果表明该模型测度旅游环境容量的可行性与有效性。

四、热点城市旅游环境承载力的时空模拟

以 2010 年数据为基期，运用 Vensim 软件对九大城市的旅游环境承载力进行模拟，得出九大城市 2010~2030 年的旅游环境承载力指数与旅游经济增长的变化趋势。从旅游环境承载力数值来看，各大城市旅游环境承载力数值总体呈现增长趋势，仅有上海表现出下降态势。旅游经济增长方面，除上海外，旅游经济增长总量总体呈现逐年递增趋势。九大城市之间的旅游经济地位在不断变化，北京因其特有的政治中心、经济中心、地理区位等优势，始终处于领头羊的地位，其他城市之间竞争激烈，相对而言，杭州始终保持快速增长趋势，天津和成都的增长效果较为显著，重庆、西安缓慢增长，而苏州、武汉的旅游地位受到冲击，尤其是上海因地域空间、承载压力的限制，旅游经济呈现负增长。旅游规模地位相对稳固，各大旅游城市游客之间的竞争依然存在，但由于产品之间的差异、各

大城市旅游资源吸引力、旅游品牌深度与广度的差异，九大城市特色鲜明，城市之间还是具有不可替代性，当前各城市发挥所长开展游客规模争夺战，但随着旅游发展的深入，效益才是各旅游城市关注的重点，而非仅仅是游客数量。

五、旅游环境承载力调控模拟分析

本书比较分析 2010~2030 年当前、经济、环境、资源四种调控模式下各大旅游环境承载力数值。结果表明旅游环境承载力、游客总量与旅游经济总量均保持增长的态势。与当前模拟值相比，旅游环境承载力指数在经济与环境调控模式下的增长率更高，而资源调控模式下的模拟值没有显著变化。旅游资源的开发能够增加旅游吸引力，但不一定会提高环境承载能力。不同城市的相对增长率变化趋势反映了各城市可以通过实施经济和环境政策来优化旅游增长环境。环境敏感型城市或环境问题严峻的城市，如上海、苏州和重庆，应抓紧实施环境保护策略，提高环保投资、实施工业"三废"减排政策、自然资源保护政策、交通及基础设施方面的碳减排政策、居民文明行为政策和游客生态旅游行为管理政策等，从而提高旅游环境承载能力和生态恢复力。经济敏感型城市既包括旅游资源与发展空间剩余的城市，如成都、杭州、西安，还包括位于交通枢纽或文化中心的城市，如北京、天津、武汉。随着旅游需求的增长，这些旅游城市往往会增加旅游接待设施、完善交通体系、增加劳动力投入等方式来增加旅游环境承载能力，但是这势必会增加区域的资本投入和市场竞争，从而导致旅游经济总收益的减少。这些城市需要构建大数据信息系统，发布及时的旅游信息，完善线上和线下旅游预订系统，为游客提供及时的、动态的、有效的旅游信息，从而为游客决策提供参考，还需要制定生态环保行为规范，规范游客和城市居民的出游行为，从而缓解游客与居民的矛盾。

六、热点城市旅游经济增长的政策响应管理体系

根据以上分析，为保持旅游经济稳步、可持续增长，各城市可采取以下措施：

（一）健全可持续战略管理体系

以可持续发展理论为指导，从"创新、协调、绿色、开放、共享"五大理念出发，形成"一个核心动力、二级管理体系、三类开发模式、四全空间格局、五化发展战略"的管理体系，促进城市旅游经济可持续增长。

（二）构建绿色旅游供应链

围绕低碳、绿色主题，从吃、住、行、游、购、娱六大产业要素入手，构建城市高效、集约的绿色旅游供应链，全面推进城市旅游产业的转型升级和提质增效。首先，对城市范围内的旅游餐馆、饭店、酒店、旅行社实行绿色改革，从建筑外观及内部装饰、企业文化、管理方式、员工培训、产品主题等多个方面，贯彻低碳的经营消费；其次，改变城市交通方式，引入自行车、电力观光车、人力观光车等低碳交通工具；再次，利用新型节能技术、使用绿色能源、建设绿色基础设施、发展绿色农业等，均对城市旅游经济的可持续增长有着至关重要的作用。

（三）加强游客动态管理

各城市应根据游客偏好、游客体验价值，以游客体验价值、生态价值和经济价值最大化为目标，构建以偏好管理、容量管理和行为管理为一体

的游客管理体系。

（四）协调利益相关者利益

旅游城市的环境管理应从政府、企业管理者、居民和游客等利益相关者入手，促进旅游环境承载力与旅游经济协调增长，从而优化旅游发展环境。

（五）设计分时旅游产品

城市旅游经济增长应根据旅游产品季节性变化特征、旅游流变化规律、旅游目的地承载能力、区域旅游发展阶段以及驱动因素来协调旅游发展与环境保护。

参考文献

［1］齐子鹏，王颖．创意：中国旅游经济增长的新动力．管理世界，2015（5）：178-179.

［2］Ghali M A. （1976）. Tourism and economic growth：An empirical study. Economic Development and Cultural Change, 24（3）, 527-538.

［3］Balaguer J, Cantavella-Jorda M. （2002）. Tourism as a long-run economic growth factor：The Spanish case. Applied economics, 34（7）, 877-884.

［4］Sr M V, Croes R R. （2003）. Growth, development and tourism in a small economy：Evidence from Aruba. International Journal of Tourism Research, 5（5）, 315-330.

［5］Durbarry R. （2004）. Tourism and economic growth：The case of Mauritius. Tourism Economics, 10（4）, 389-401.

［6］Proença S. （2008）. Tourism as an economic growth factor：A case study for Southern European countries. Tourism Economics, 14（4）：791-806.

［7］Gunduz L, Hatemi-J A. （2005）. Is the tourism-led growth hypothesis valid for Turkey？. Applied Economics Letters, 12（8）, 499-504.

［8］Odhiambo N M. （2012）. Is Tourism development an engine for economic growth？ The Zambian experience. Economics, Management, and Financial Markets, 7（4）, 87-100.

［9］ Dritsakis N. （2012）. Tourism development and economic growth in seven Mediterranean countries: A panel data approach. Tourism Economics, 18 （4）, 801-816.

［10］ Pablo-Romero M D P, Molina J A. （2013）. Tourism and economic growth: A review of empirical literature. Tourism Management Perspectives, （8）, 28-41.

［11］ Zuo B, Huang S S. （2018）. Revisiting the tourism-led economic growth hypothesis: The case of China. Journal of Travel Research, 57 （2）, 151-163.

［12］ Jeyacheya J, Hampton M P, Coomes O T. （2020）. Wishful thinking or wise policy? Theorising tourism-led inclusive growth: Supply chains and host communities. World Development, 131.

［13］ Baidoo F, Agbloyor E K, Fiador V, et al. （2021）. Do countries' geographical locations moderate the tourism-led economic growth nexus in sub-Saharan Africa? Tourism Economics, （5）, 135481662110155.

［14］ Oh C O. （2005）. The contribution of tourism development to economic growth in the Korean economy. Tourism management, 26 （1）, 39-44.

［15］ Katircioglu S. （2009）. Tourism, trade and growth: The case of Cyprus. Applied Economics, 41 （21）, 2741-2750.

［16］ Aliyev K, Ahmadova N. （2020）. Testing tourism-led economic growth and economic-driven tourism growth hypotheses: The case of Georgia.

［17］ Gounder R. （2021）. Tourism-led and economic-driven nexus in Mauritius: Spillovers and inclusive development policies in the case of an African nation. Tourism Economics, （4）, 135481662110132.

［18］ Dritsakis N. （2004）. Tourism as a long-run economic growth factor: An empirical investigation for Greece using causality analysis. Tourism economics, 10 （3）, 305-316.

［19］ Kim H J, Chen M H. （2006）. Tourism expansion and economic development：The case of Taiwan. Tourism Management，27（5），925-933.

［20］Tang C F.（2011）. Is the tourismled growth hypothesis valid for malaysia? A view from disaggregated tourism markets. International Journal of Tourism Research，13（1），97-101.

［21］Pérez-Rodríguez J V，Ledesma-Rodríguez F，Santana-Gallego M.（2015）. Testing dependence between GDP and tourism's growth rates. Tourism Management，（48），268-282.

［22］Chiril V，Butnaru G I，Chiril C.（2020）. Spillover index approach in investigating the linkage between international tourism and economic growth in Central and Eastern European Countries. Sustainability，12（18），7604.

［23］Yong S.（2021）. Does tourism affect economic growth of China a panel granger causality approach. Sustainability，13（3），1349.

［24］Narayan P K，Prasad B C.（2003）. Does tourism granger causes economic growth in Fiji. Empirical Economics Letters，2（5），199-208.

［25］Brida J G，Carrera E J，Risso W A.（2008）. Tourism's impact on Long-Run Mexican economic growth. Economics Bulletin，（21），1-8.

［26］Husein J，Kara S M.（2011）. Research note：Re-examining the tourism-led growth hypothesis for Turkey. Tourism Economics，17（4），917-924.

［27］Lanza A，Temple P，Urga G.（2003）. The implications of tourism specialisation in the long run：An econometric analysis for 13 OECD economies. Tourism Management，24（3），315-321.

［28］Sequeira T N，Maçãs Nunes P.（2008）. Does tourism influence economic growth? A dynamic panel data approach. Applied Economics，40（18），2431-2441.

［29］Apergis N，Payne J E.（2012）. Tourism and growth in the Caribbean-evidence from a panel error correction model. Tourism Economics，18（2），449-456.

［30］ Lanza A, Pigliaru F. （2000）. Tourism and economic growth: Does country's size matter? Rivista Internazionale di Scienze Economiche e Commerciali Volume 47, 77-85.

［31］ Lee C C, Chien M S. （2008）. Structural breaks, tourism development, and economic growth: Evidence from Taiwan. Mathematics and Computers in Simulation, 77 （4）: 358-368.

［32］ Cortes-Jimenez I, Pulina M. （2010）. Inbound tourism and long-run economic growth. Current Issues in Tourism, 13 （1）, 61-74.

［33］ Gokovali V. （2010）. Contribution of tourism to economic growth in Turkey. Anatola, 21 （1）: 139-153.

［34］ Kumar R R, Kumar R. （2012）. Exploring the nexus between information and communications technology, tourism and growth in Fiji. Tourism Economics, 18 （2）, 359-371.

［35］ Nunkoo R, Seetanah B, Jaffur Z, et al. （2019）. Tourism and Economic growth: A meta-regression analysis. Journal of Travel Research, （1）, 004728751984483.

［36］ Jeyacheya J, Hampton M P, Coomes O T. （2020）. Wishful thinking or wise policy? Theorising tourism-led inclusive growth: Supply chains and host communities. World Development, 131.

［37］ Nyasha S, Odhiambo N M, Asongu S A. （2021）. The Impact of Tourism Development on Economic Growth in Sub-Saharan Africa. The European Journal of Development Research, （33）.

［38］ 魏小安. 旅游发展的经济增长点战略［J］. 旅游学刊, 1997 （5）: 9-13.

［39］ 吴玉鸣. 旅游经济增长及其溢出效应的空间面板计量经济分析［J］. 旅游学刊, 2014, 29 （2）: 16-24.

［40］ 刘佳, 王娟, 陆菊. 中国旅游经济增长综合测度及其时空分异特征［J］. 首都经济贸易大学学报, 2017, 19 （3）: 54-63.

［41］赵金金，于水仙．区域旅游经济增长质量的测度与时空演化研究——以皖北地区为例［J］．牡丹江师范学院学报（社会科学版），2020（4）：10-19.

［42］孟政宇，周春波．文化与旅游产业融合对旅游经济增长的影响效应研究——基于58个旅游城市数据的检验［J］．生产力研究，2021（10）：74-78+86.

［43］张凌云．我国旅游业地域非均衡性增长研究初论［J］．南开经济研究，1998（2）：71-74.

［44］陆林，余凤龙．中国旅游经济差异的空间特征分析［J］．经济地理，2005，25（3）：406-410.

［45］赵金金．中国区域旅游经济增长的影响因素及其空间溢出效应研究——基于空间杜宾面板模型［J］．软科学，2016，30（10）：53-57.

［46］朱海艳，孙根年，李君轶．中国31省市国内旅游经济差异影响因素的空间计量研究［J］．干旱区资源与环境，2019，33（5）：197-202.

［47］向艺，郑林，王成璋．旅游经济增长因素的空间计量研究［J］．经济地理，2012，32（6）：162-166.

［48］赵磊．极化理论视角下我国旅游发展差异实证研究［J］．旅游科学，2011，25（6）：13-24.

［49］赵磊，方成．中国旅游发展空间非均衡与极化研究［J］．中国人口·资源与环境，2014，24（6）：154-162.

［50］赵黎明，焦姗姗，姚治国．中国旅游经济发展的分布动态演进［J］．干旱区资源与环境，2018，32（1）：181-188.

［51］王淑新，何元庆，王学定．中国旅游经济的区域发展特征及影响因素实证研究［J］．商业经济与管理，2011（4）：89-96.

［52］张鹏，郑垂勇，丘萍．中国旅游增长收敛吗——基于1990～2008年入境旅游收敛性研究［J］．技术经济与管理研究，2010（4）：148-151.

［53］骆泽顺，林璧属．河南省旅游经济差异演化特征及收敛性研究
［J］．干旱区资源与环境，2015，29（5）：197-202.

［54］张子昂，黄震方，等．新疆旅游经济时空差异与收敛性分析及
影响因素研究［J］．南京师大学报（自然科学版），2016，39（2）：134-
141.

［55］匡林．中国旅游业周期波动分析［J］．旅游学刊，2000（2）：
9-17.

［56］生延超，周玉姣，黄寅，李丹．中国旅游经济周期的测度与评
价［J］．人文地理，2014（5）：113-120.

［57］张广海，汪立新．中国旅游业经济周期性波动研究［J］．经济
与管理评论，2016（2）：129-136.

［58］林刚，龙雄彪．桂林旅游业对国民经济贡献测算［J］．桂林旅
游高等专科学校学报，2000，11（3）：16-17.

［59］魏卫，陈雪钧．旅游产业经济贡献综合评析——以湖北省为例
［J］．经济地理，2006，26（2）：331-334.

［60］武春友，谢风媛．入境旅游发展与经济增长的非线性关系——
基于门限面板数据模型的实证研究［J］．商业经济与管理，2010（2）：
76-83.

［61］张世兵．湖南省入境旅游发展与经济增长的关系研究［J］．经
济地理，2013，33（7）：182-186.

［62］赵磊，王佳．中国旅游发展与经济增长——基于省际面板数据
的协整分析［J］．旅游科学，2015，29（1）：40-57.

［63］赵磊，方成．旅游业与经济增长的非线性门槛效应——基于面
板平滑转换回归模型的实证分析［J］．旅游学刊，2017，32（4）：20-
32.

［64］赵磊，唐承财．产业结构变迁、旅游业与经济增长——来自中
国的经验证据［J］．资源科学，2017，39（10）：1918-1929.

［65］罗文斌，徐飞雄，贺小荣．旅游发展与经济增长、第三产业增

长动态关系——基于中国 1978~2008 数据的实证检验［J］．旅游学刊，2012，27（10）：20-26.

［66］刘春济，冯学钢，高静．旅游发展对经济增长的拉动作用：一个国外综述［J］．华东经济管理，2014，28（4）：143-147.

［67］刘长生，简玉峰．我国旅游业发展与经济增长的关系研究——基于不同省份的个体数据和面板数据分析［J］．旅游科学，2008，22（5）：23-32.

［68］闫蓬勃．新常态下旅游休闲经济发展与区域经济增长关联性［J］．文化产业，2020（20）：1-2.

［69］刘芳，方丽．山东省旅游产业集群与区域经济增长关系探究［J］．济宁学院学报，2021，42（2）：13-19.

［70］王兴斌．旅游产业规划指南［M］．北京：中国旅游出版社，2000.

［71］王晓云．世界博览会与城市旅游：互动中共创辉煌［J］．旅游学刊，2004（2）：70-75.

［72］周少雄．试论旅游发展与城市化进程的互动关系［J］．商业经济与管理，2002（2）：55-58.

［73］余凤龙，黄震方，曹芳东，吴丽敏，陶玉国．中国城镇化进程对旅游经济发展的影响［J］．自然资源学报，2014，29（8）：1297-1309.

［74］冯庆，孙根年．我国八大区人均 GDP 及城市化对居民国内旅游的影响［J］．地域研究与开发，2016，35（4）：92-98.

［75］徐秀美，平措卓玛．城市化水平与旅游产业发展关系的计量分析——以云南省为例［J］．安徽商贸职业技术学院学报（社会科学版），2012，11（4）：27-31.

［76］高楠，马耀峰，李天顺，白凯．基于耦合模型的旅游产业与城市化协调发展研究——以西安市为例［J］．旅游学刊，2013，28（1）：62-68.

［77］徐红罡．城市旅游与城市发展的动态模式探讨［J］．人文地理，2005（1）：6-9.

［78］张雪梅，郑循刚．城镇化水平对旅游经济增长的影响［J］．合作经济与科技，2019（8）：18-20.

［79］杨秀平，张大成．旅游经济与新型城镇化耦合协调关系研究——以兰州市为例［J］．生态经济，2018，34（8）：112-117.

［80］王坤，黄震方，余凤龙，曹芳东．中国城镇化对旅游经济影响的空间效应——基于空间面板计量模型的研究［J］．旅游学刊，2016，31（5）：15-25.

［81］舒小林，刘东强，齐培潇，高应蓓．中国城镇化与旅游业发展的动态关系研究——基于 VAR 模型的分析［J］．经济问题探索，2014（11）：122-129.

［82］邓吉祥，刘晓．湖南省新型城镇化对旅游经济影响的空间效应分析［J］．科技和产业，2021，21（5）：65-71.

［83］左冰．中国旅游经济增长因素及其贡献分析［J］．商业经济与管理，2011（10）：82-90.

［84］张广海，赵金金．我国交通基础设施对区域旅游经济发展影响的空间计量研究［J］．经济管理，2015，37（7）：116-126.

［85］翟向荣．京津城际铁路对天津旅游业的影响分析［J］．科协论坛（下半月），2011（2）：146-147.

［86］于秋阳，杨斯涵．高速铁路对节点城市旅游业发展的影响研究——以西安市为例［J］．人文地理，2014，29（5）：142-148.

［87］王新越，赵文丽．我国高铁通达性与区域旅游经济耦合关系及空间特征分析［J］．中国海洋大学学报（社会科学版），2017（1）：77-83.

［88］孔令章，李晓东，白洋，江瞳．长距离高铁对沿线城市旅游经济联系的空间影响及角色分析——以兰新高铁为例［J］．干旱区地理，2019，42（3）：681-688.

［89］苏建军，孙根年，赵多平．近30年来中国航空客运与入境旅游的关联效应及空间差异划分［J］．热带地理，2012，32（5）：553-560．

［90］王兆峰．公路交通对旅游经济影响的评价分析——以武陵山区为例［J］．湖南师范大学社会科学学报，2018，47（1）：82-88．

［91］郝晨．高速铁路开通对城市旅游经济增长的影响研究［D］．兰州大学，2020．

［92］郭健全，李维．交通基础设施、人力资本发展、旅游发展水平对经济增长的影响［J］．沈阳工业大学学报（社会科学版），2021，14（4）：337-344．

［93］王蓉蓉，齐志男．西北地区旅游资源与旅游经济省际差异分析［J］．商业经济，2012（7）：49-52．

［94］杨天英，李许卡，郭达．不同旅游资源对区域旅游经济增长的影响研究——基于中国省际面板数据分析［J］．生态经济，2017，33（6）：105-109．

［95］岳悦．中国旅游业发展浅析——从历史文化资源的角度［J］．新经济，2017（11）：32-37．

［96］朝春鲜．新疆旅游经济发展水平与旅游资源禀赋影响研究［J］．生态经济，2009（10）：62-66．

［97］卓全娇．基于地区旅游资源丰度的旅游经济效应研究［D］．江西财经大学，2018．

［98］金海波．长江三角洲城市群旅游经济差异研究［D］．安徽大学，2017．

［99］罗浩，颜钰荛，杨旸．中国各省的旅游增长方式"因地制宜"吗？——中国省际旅游增长要素贡献与旅游资源比较优势研究［J］．旅游学刊，2016，31（3）：43-53．

［100］王玉珍．旅游资源禀赋与区域旅游经济发展研究——基于山西的实证分析［J］．生态经济，2010（8）：41-45．

［101］方叶林，黄震方，胡最，李经龙，刘法建．中国大陆入境旅游

产业结构时空格局演化及类型划分［J］．经济地理，2016，36（3）：179-185.

［102］张洪，时浩楠．安徽省旅游资源与旅游经济的空间错位研究［J］．地域研究与开发，2015，34（4）：80-83.

［103］张广海，龚荷．浙江省城市旅游综合竞争力时空格局演化分析［J］．中国海洋大学学报（社会科学版），2015（1）：78-86.

［104］张莞．旅游资源禀赋与旅游经济发展关系研究进展述评［J］．大连民族大学学报，2018，20（2）：150-154.

［105］杨柳，石雯洁，万红莲，何若楠，王子梦．佛教旅游资源对地方经济增长贡献的实证研究——以陕西法门寺景区为例［J］．湖北农业科学，2021，60（11）：186-190.

［106］邓祖超，尹贻梅．我国旅游资源、区位和入境旅游收入的空间错位分析［J］．旅游科学，2009，23（3）：6-10.

［107］曹芳东，吴江，等．基于新制度经济学视角的区域旅游发展差异根源探析［J］．工业技术经济，2011（3）：25-31.

［108］余凤龙，黄震方，曹芳东．制度变迁对中国旅游经济增长的贡献——基于市场化进程的视角［J］．旅游学刊，2013，28（7）：13-21.

［109］王荣琳．A级景区评定制度对区域旅游经济发展的影响——以四川4A级及以上旅游景区的评选为例［J］．西部旅游，2020（8）：38-42.

［110］刘英基，韩元军．要素结构变动、制度环境与旅游经济高质量发展［J］．旅游学刊，2020，35（3）：28-38.

［111］何勋，全华．旅游产业结构变动对旅游经济增长和波动的作用机理［J］．经济管理，2013，35（8）：104-115.

［112］杨勇．结构变迁效应与旅游业发展潜力——基于方法的分析和检验［J］．华东师范大学学报（哲学社会科学版），2009，54（5）．

［113］陈太政，李锋，乔家君．旅游产业高级化与旅游经济增长关系研究［J］．经济地理，2013，33（5）：182-187.

［114］生延超.旅游产业结构优化对区域旅游经济增长贡献的演变
［J］.旅游学刊，2012，27（10）：11-19.

［115］李锋，陈太政，辛欣.旅游产业融合与旅游产业结构演化关系
研究——以西安旅游产业为例［J］.旅游学刊，2013，28（1）：69-76.

［116］刘春济，冯学钢，高静.中国旅游产业结构变迁对旅游经济增
长的影响［J］.旅游学刊，2014，29（8）：37-49.

［117］刘震，杨勇，程玉.消费升级与旅游经济增长：机制识别与经
验证据［J］.华东经济管理，2021，35（10）：82-92.

［118］石慧雪.旅游产业高级化与旅游经济增长关系研究［J］.国
际公关，2021（7）：40-41.

［119］崔峰.上海市旅游经济与生态环境协调发展度研究［J］.中
国人口·资源与环境，2008，18（5）：64-69.

［120］庞闻，马耀峰，杨敏.城市旅游经济与生态环境系统耦合协调
度比较研究——以上海、西安为例［J］.统计与信息论坛，2011，26
（12）：44-48.

［121］崔园园.旅游经济与生态环境协调发展关系测度及分析
［D］.浙江工商大学，2015.

［122］罗富民，陈向红.论资源与环境双重约束下的旅游经济增长方
式——基于四川汶川地震灾区的实证分析［J］.前沿，2010（1）：72-
75.

［123］查建平，王挺之，冯宇.低碳经济背景下中国旅游产业发展模
式研究［J］.资源科学，2015，37（3）：565-572.

［124］查建平.低碳经济视角下中国旅游经济发展模式研究［J］.
旅游学刊，2015，30（11）：63-73.

［125］耿松涛，谢彦君.副省级城市旅游经济与生态环境的耦合关系
研究［J］.城市发展研究，2013，20（1）：91-97.

［126］王群，陆林，杨兴柱.旅游地社会—生态子系统恢复力比较分
析——以浙江省淳安县为例［J］.旅游学刊，2016，31（2）：116-126.

［127］王群，陆林，杨兴柱．旅游地社区恢复力认知测度与影响因子分析——以千岛湖为例［J］．人文地理，2017，32（5）：139-146.

［128］李捷．云南省旅游经济增长边缘化因素的分析［J］．西部旅游，2020（8）：43-45.

［129］王兆峰．人力资本投资对西部旅游产业发展影响的实证研究［J］．江西财经大学学报，2008（5）：103-108.

［130］刘长生，简玉峰，尹华光．旅游信用、人力资本与旅游产业发展［J］．旅游学刊，2009，24（11）：13-20.

［131］柳红波．人力资本理论在民族社区旅游开发中的应用研究——基于社区居民收益权的思考［J］．旅游研究，2012，4（4）：44-48.

［132］刘佳，杜亚楠，李莹莹．旅游人才结构演化及其对区域旅游经济增长的作用研究——以中国东部沿海地区为例［J］．青岛科技大学学报（社会科学版），2017，33（1）：36-41.

［133］刘军，李庆婕，刘兴智．旅游人才结构对区域旅游经济增长的效应研究［J］．经济与管理评论，2018，34（6）：151-160.

［134］王公为．旅游人力资本培育对旅游经济发展的影响研究：时间和空间维度的双重考察［J］．内蒙古财经大学学报，2018，16（1）：49-53.

［135］宋艺．山西省旅游经济增长的影响因素分析［D］．湖北工业大学，2020.

［136］李妍．基于灰色相关模型的旅游经济增长因素研究［J］．西南师范大学（自然科学版），2017，42（9）：97-102.

［137］刘瑞明，李林，亢延锟，赵勇．景区评选、政府公共服务供给与地区旅游经济发展［J］．中国工业经济，2018（2）：118-136.

［138］刘佳，赵金金，张广海．中国旅游产业集聚与旅游经济增长关系的空间计量分析［J］．经济地理，2013，33（4）：186-192.

［139］谭娜，黄伟．文化产业集聚政策带动地区旅游经济增长了吗？——来自文创园区评选准自然实验的证据［J］．中国软科学，2021

（1）：68-75+135.

［140］罗富民. 区域旅游合作与旅游经济增长——基于旅游经济特性的理论与实证研究［J］. 改革与战略，2009，25（4）：125-128.

［141］罗浩，颜钰荛，杨旸. 中国各省的旅游增长方式"因地制宜"吗？——中国省际旅游增长要素贡献与旅游资源比较优势研究［J］. 旅游学刊，2016，31（3）：43-53.

［142］原思敏. 集中连片贫困区旅游发展动因与模式研究［D］. 北京交通大学，2011.

［143］许振晓，王国新. 县域旅游发展模式的比较与剖析——对杭州三县（市）的实证研究［J］. 人文地理，2005，86（6）：68-72.

［144］邵蕊，王文瑞，史坤博. 关于旅游经济发展模式选择的研究［J］. 旅游纵览（下半月），2013（9）：195.

［145］Mexa A, Coccossis H.（2004）. Tourism carrying capacity：A theoretical overview. In H. Coccossis, & A. Mexa（Eds.）, The challenge of tourism carrying capacity assessment：Theory and practice. England：Ashgate.

［146］Martin B S, Uysal M.（1990）. An examination of the relationship between carrying capacity and the tourism lifecycle：Management and policy implications. Journal of Environmental Management, 31（4）, 327-333.

［147］Swarbrooke J.（1999）. Sustainable tourism management. New York：CABI Publishing.

［148］Saveriades A.（2000）. Establishing the social TCC for the tourist resorts of the east coast of the Republic of Cyprus. Tourism Management, 21（2）, 147-156.

［149］Mathieson A, Wall G.（1982）. Tourism：Economic, physical and social impacts. USA：Longman House.

［150］Chen C L, Teng N.（2016）. Management priorities and carrying capacity at a high-use beach from tourists' perspectives：A way towards sustainable beach tourism. Marine Policy,（74）, 213-219.

［151］ Zacarias D A, Williams A T, Newton A. （2011）. Recreation carrying capacity estimations to support beach management at Praia de Faro, Portugal. Applied Geography, 31 （3）, 1075−1081.

［152］ Cupul−Magaña A L, Rodríguez−Troncoso A P. （2017）. Tourist carrying capacity at Islas Marietas National Park：An essential tool to protect the coral community. Applied Geography, （88）, 15−23.

［153］ Zhang Y, Li X R, Su Q. （2017）. Does spatial layout matter to theme park tourism carrying capacity?. Tourism Management, （61）, 82−95.

［154］ Santana－Jiménez Y, Hernández J M. （2011）. Estimating the effect of overcrowding on tourist attraction：The case of Canary Islands. Tourism Management, 32 （2）, 415−425.

［155］ Ivanova P. （2015）. An analysis of tourist visits to Bulgaria in terms of its carrying capacity. Народностопански архив, （4）, 19−36.

［156］ Jurado E N, Tejada M T, García F A, González J C, Macías R C, Peña J D, Gutiérrez O M. （2012）. Carrying capacity assessment for tourist destinations. Methodology for the creation of synthetic indicators applied in a coastal area. Tourism Management, 33 （6）, 1337−1346.

［157］ Cisneros M A H, Sarmiento N V R, Delrieux C A, Piccolo M C, Perillo G M. （2016）. Beach carrying capacity assessment through image processing tools for coastal management. Ocean & Coastal Management, （130）, 138−147.

［158］ Marsiglio S. （2017）. On the carrying capacity and the optimal number of visitors in tourism destinations. Tourism Economics, 23 （3）, 632−646.

［159］ Lobo H A S. （2015）. Tourist carrying capacity of Santana cave （PETAR−SP, Brazil）：A new method based on a critical atmospheric parameter. Tourism Management Perspectives, （16）, 67−75.

［160］ 赵红红. 苏州旅游环境容量问题初探［J］. 城市规划, 1983

（3）：46-53.

[161] 刘家麒．旅游容量与风景区规划 [J]．城市规划研究，1981（7）：44-49.

[162] 保继刚．颐和园旅游环境容量研究 [J]．中国环境科学，1987，7（2）：403-408.

[163] 楚义芳．旅游的空间组织研究 [D]．南开大学，1989.

[164] 崔凤军．论旅游环境承载力——持续发展旅游的判据之一 [J]．经济地理，1995（1）：105-109.

[165] 杨锐．风景区环境容量初探——建立风景区环境容量概念体系 [J]．城市规划汇刊，1996（6）：12-15.

[166] 张广海，刘佳．山东半岛城市群旅游环境承载力地域差异与功能分区 [J]．地域研究与开发，2008，27（4）：77-80.

[167] 周国海．名山旅游区旅游环境容量动态变化规律研究——以张家界森林公园为例 [J]．资源开发与市场，2011，27（6）：559-562.

[168] 曾辉．遗产型景区旅游环境承载力研究——以武隆喀斯特为例 [M]．西南大学，2015：34.

[169] 戴学军，丁登山，林辰．可持续旅游下旅游环境容量的量测问题探讨 [J]．人文地理，2002，17（6）：32-36.

[170] 张晓明．旅游环境容量研究：从理论框架到管理工具 [J]．资源科学，2004，26（4）：78-88.

[171] 杨秀平，翁钢民．旅游环境可持续承载动态模型的构建 [J]．云南地理环境研究，2005，17（4）：58-61.

[172] 翁钢民，赵黎明，杨秀平．基于旅游环境可持续承载的相关对策研究 [J]．东南大学学报（哲学社会科学版），2006，8（2）：63-67.

[173] 章小平，朱忠福．九寨沟景区旅游环境容量研究 [J]．旅游学刊，2007，9（22）：50-56.

[174] 陈玲玲．基于非线性理论的生态旅游景区环境容量研究 [J]．生态经济，2011（9）：136-140.

［175］侯志强.基于 Poisson 过程分析的景区旅游承载力管理对策研究［J］.亚热带资源与环境学报，2006，27（4）：86-88.

［176］李江天，甘碧群.基于生态足迹的旅游生态环境承载力计算方法［J］.武汉理工大学学报（信息与管理工程版），2007，29（2）：96-100.

［177］文波，冉杰.基于物元分析理论的黔东南旅游环境承载力研究［J］.四川烹饪高等专科学校学报，2010（5）：43-46.

［178］翁钢民，赵黎明.旅游景区环境承载力预警系统研究［J］.中国地质大学学报（社会科学版），2005，5（4）：55-59.

［179］王辉，林建国.旅游者生态足迹模型对旅游环境承载力的计算［J］.大连海事大学学报，2005，31（3）：57-61.

［180］杨春宇，邱晓敏，李亚斌，等.生态旅游环境承载力预警系统研究［J］.人文地理，2006，21（5）：46-50.

［181］曾琳.旅游环境承载力预警系统的构建及其分析［J］.燕山大学学报，2006（30）：463-466.

［182］梅占军.旅游环境影响预警研究［J］.滁州学院学报，2008，10（6）：64-66.

［183］杨秀平.旅游环境承载力预警系统的构建及耦合机制研究［M］.兰州：兰州大学出版社，2013.

［184］刘明丽，张玉钧.游憩机会谱（ROS）在游憩资源管理中的应用［J］.世界林业研究，2008（3）：28-33.

［185］张杨，于冰沁，谢长坤，车生泉.基于因子分析的上海城市社区游憩机会谱（CROS）构建［J］.中国园林，2016，32（6）：52-56.

［186］杨围围，乌恩.亲子家庭城市公园游憩机会满意度影响因素研究——以北京奥林匹克森林公园为例［J］.人文地理，2015，30（1）：154-160.

［187］王敏，彭英.基于游憩机会谱理论的城市公园体系研究——以安徽省宁国市为例［J］.规划师，2017，33（6）：100-105.

［188］史云，张锐，陆文励，胡伟荣．基于游憩机会谱的茶园游憩活动设计研究［J］．福建茶叶，2017，39（8）：254-255.

［189］赵敏燕，董锁成，高宁，李宇，马红，邵丹，徐宁．大都市森林公园环境解说机会谱系构建研究——以北京市为例［J］．城市发展研究，2018，25（8）：10-14+22.

［190］周佳丽，汪秋菊．游客体验视角下国家矿山公园游憩机会谱的构建［J］．旅游论坛，2021，14（5）：105-116.

［191］李雪萍，叶雨桐，冯艳滨．丽江拉市海高原湿地省级自然保护区游憩机会谱构建研究［J］．西南林业大学学报（社会科学版），2022，6（2）：63-69.

［192］易平，方世明．基于 LAC 理论的地质公园旅游规划管理研究［J］．湖北农业科学，2014，53（7）：1723-1728.

［193］韦健华．基于游客体验的森林公园旅游承载力评价研究［D］．大连理工大学，2014.

［194］石磊，李陇堂，张冠乐，杨萍，高秀云．基于 LAC 理论的沙漠型景区旅游环境容量研究——以宁夏沙湖旅游区为例［J］．中国沙漠，2016，36（6）：1739-1747.

［195］全君彦．基于 LAC 理论的古村落旅游容量综合管理研究［D］．浙江工商大学，2018.

［196］林祖锐，周维楠，常江，杨冬冬．LAC 理论指导下的古村落旅游容量研究——以国家级历史文化名村小河村为例［J］．资源开发与市场，2018，34（2）：274-280.

［197］唐泓凯，许先升，陈有锦，侯艺．基于 LAC 理论的海南热带雨林七仙岭国家森林公园旅游综合容量研究［J］．海南大学学报（自然科学版），2020，38（2）：196-206.

［198］宋文姝．VERP 框架与旅游地环境容量的规划管理［J］．绿色科技，2011（4）：27-29.

［199］沈海琴．美国国家公园游客体验指标评述以 ROS、LAC、

VERP 为例〔J〕. 风景园林，2013（5）：86-91.

〔200〕王根茂，谭益民，张双全，柏智勇，刘婉婷. 湖南南山国家公园体制试点区游憩管理研究——基于访客体验与资源保护理论〔J〕. 林业经济，2019，41（8）：10-19.

〔201〕赵若曦. 基于游客体验的八达岭长城区域社会承载力研究〔D〕. 北京林业大学，2020.

〔202〕王梦桥，王忠君. VERP 理论在国家公园游憩管理中的应用及启示——以美国拱门国家公园为例〔J〕. 世界林业研究，2021，34（1）：25-30.

〔203〕杨春宇，邱晓敏，李亚斌，等. 生态旅游环——境承载力预警系统研究〔J〕. 人文地理，2006（5）：46-50.

〔204〕赵永峰，焦黎，郑慧. 新疆绿洲旅游环境预警系统浅析〔J〕. 干旱区资源与环境，2008，22（7）：144-149.

〔205〕闫云平. 西藏景区旅游承载力评估与生态安全预警系统设计与实现〔D〕. 中国地质大学（北京），2013.

〔206〕刘佳，刘宁，杨坤，等. 我国旅游环境承载力预警研究综述与展望〔J〕. 中国海洋大学学报（社会科学版），2012（1）：73-77.

〔207〕马守春，张敏，张长耀，刘秀丽. 雅鲁藏布大峡谷景区生态旅游环境容量监测预警模型及应用〔J〕. 生态经济，2018，34（6）：205-209.

〔208〕何海洋. 东宁—绥芬河地区地质环境承载力驱动机制与监测预警研究〔D〕. 吉林大学，2020.

〔209〕冯群超. 黄鹤楼公园旅游容量及预警研究〔D〕. 湖北大学，2021.

〔210〕Lapage W F.（1963）. Some sociological aspects of forest recreation. Journal of Forestry，61（1），2-36.

〔211〕Wagar J A.（1964）. The Carrying Capacity of wild Lands for Recreation. Washington DC：Society of American Foresters.

［212］Phillips S.（1992）．The dive tourism industry of byron bay：A management strategy for the feature. Unpublished Integrated Project Dissertation, Faculty of Resource Science and Management. University of New English-Northern Rivers.

［213］Mathieson A，Wall G.（1982）．Tourism：Economic，Physical and Social Impacts. New York：Longman.

［214］崔凤军．城市水环境承载力的实例研究［J］．山东矿业学院学报，1995（2）：140-144.

［215］吴志才，彭华．旅游生态环境容量的经济学探讨［J］．云南地理环境研究，2003（1）：69-74.

［216］孙连群，张文磊，张金里．都匀螺蛳壳景区旅游资源开发研究［J］．农村经济与科技，2017，28（19）：78-81.

［217］彭岩波，宋卫红，杨晓燕，谢刚，薛宝林，谭忠昕．基于EOD模式的朱家林田园综合体规划研究［J］．北京师范大学学报（自然科学版），2020，56（3）：462-466.

［218］Lime D，Stankey G.（1975）．Carrying Capacity：Maintaining Outdoor Recreation Quality in Land and Leisure Brush Stephen. The concept of carrying capacity for system of shifting cultivationl American An thropologist，(4)，799-811.

［219］O' Reilly A M.（1986）．Tourism carrying capacity：Concepts and issues. Tourism Management，7（4），254-358.

［220］崔凤军，杨永慎．泰山旅游环境承载力及其时空分异特征与利用强度研究［J］．地理研究，1997（4）：47-51.

［221］骆培聪．武夷山国家风景名胜区旅游环境容量探讨［J］．福建师范大学学报（自然科学版），1997（1）：94-99.

［222］保继刚，楚义芳．旅游地理学［M］．北京：高等教育出版社，1999.

［223］明庆忠，李宏，王斌．试论旅游环境容量的新概念体系［J］．

云南师范大学学报（自然科学版），1999（5）：52-57.

［224］李艳娜，张国智．旅游环境容量的定量分析——以九寨沟为例
［J］．重庆商学院学报，2000（6）：32-34.

［225］文传浩，杨桂华，王焕校．自然保护区生态旅游环境承载力综
合评价指标体系初步研究［J］．农业环境保护，2002（4）：365-368.

［226］丛艳国，魏立华．广州市沙湾镇都市农业旅游环境容量的探讨
［J］．甘肃农业科技，2004（10）：3-6.

［227］黄震方，袁林旺，黄燕玲，王霄，俞肇元．生态旅游资源定量
评价指标体系与评价方法——以江苏海滨为例［J］．生态学报，2008
（4）：1655-1662.

［228］孙元敏，张悦，黄海萍．南澳岛生态旅游环境容量分析［J］．
生态科学，2015（1）：4.

［229］吴丽媛，陈传明，侯雨峰．武夷山风景名胜区旅游环境容量研
究［J］．资源开发与市场，2016，32（1）：108-111.

［230］王文，陆斌．海岛型旅游度假区旅游环境容量研究——以分界
洲岛为例［J］．绿色科技，2020（6）：264-266+269.

［231］赵建春，王蓉．蜈支洲岛景区的旅游环境容量测算研究［J］．
地域研究与开发，2021，40（3）：104-108.

［232］孙元敏，张悦，黄海萍．南澳岛生态旅游环境容量分析［J］．
生态科学，2015，34（1）：158-161.

［233］高洁，周传斌，王如松，徐琬莹，韩宝龙．典型全域旅游城市
旅游环境容量测算与承载评价——以延庆县为例［J］．生态经济，2015，
31（7）：101-104+109.

［234］刘玮．基于客源市场预测的山岳型森林公园环境容量估算
［J］．林产工业，2015，42（1）：62-64.

［235］冯婉怡，张珊．海南省蜈支洲岛旅游环境容量测算［J］．地
理空间信息，2020，18（11）：94-99.

［236］黄倩，潘华华，邓玉琴，等．基于全域旅游背景下上饶市旅游

环境承载力研究［J］．上饶师范学院学报，2021，41（6）：80-89．

［237］冯晓华，阎顺，杨海英，刘文翰．艾丁湖北景区旅游环境容量预测研究［J］．干旱区地理，2007（6）：974-980．

［238］刘佳，于水仙，王佳．滨海旅游环境承载力评价与量化测度研究——以山东半岛蓝色经济区为例［J］．中国人口·资源与环境，2012，22（9）：163-170．

［239］张桦，储九志．溱湖湿地公园旅游环境容量测算研究［J］．河北旅游职业学院学报，2013，18（2）：16-22+26．

［240］张冠乐，李陇堂，王艳茹，薛晨浩，王继霞．宁夏沙湖景区生态旅游环境容量［J］．中国沙漠，2016，36（4）：1153-1161．

［241］王文，于金生．三亚湾滨海浴场旅游环境容量研究［J］．绿色科技，2020（8）：212-214．

［242］游长江，何鑫，田良，陈海鹰，张珊，李欣达，刘锦霖．基于全球比较的中国热带海洋性岛屿综合旅游环境容量指数测度研究［J］．旅游学刊，2021，36（1）：135-145．

［243］严春艳，张明．华山风景区旅游环境容量研究［J］．陕西农业科学，2013，59（2）：203-206．

［244］胡伏湘，胡希军，谭骏珊．崀山风景区旅游环境容量分析与调控策略研究［J］．生态经济（学术版），2010（1）：241-244．

［245］王德刚，赵建峰，黄潇婷．山岳型遗产地环境容量动态管理研究［J］．中国人口·资源与环境，2015，25（10）：157-163．

［246］吴丽媛，陈传明，侯雨峰．武夷山风景名胜区旅游环境容量研究［J］．资源开发与市场，2016，32（1）：108-111．

［247］孔博，陶和平，刘邵权，杨莉．西南贫困山区旅游环境容量测算——以贵州省六盘水市为例［J］．中国人口·资源与环境，2011，21（S1）：220-223．

［248］黄骁，王梦君，唐占奎．国家公园生态旅游环境容量指标体系构建初探［J］．林业建设，2020（1）：1-9．

［249］蒋益，李雪萍，刘嘉纬．西藏珠峰大本营景区生态旅游环境容量研究［J］．绿色科技，2021，23（21）：214-217.

［250］李璋，段晓迪．基于环境容量的苍山地质公园旅游规划研究［J］．工程建设，2022，54（3）：48-53.

［251］林祖锐，周维楠，常江，杨冬冬.LAC 理论指导下的古村落旅游容量研究——以国家级历史文化名村小河村为例［J］．资源开发与市场，2018，34（2）：274-280.

［252］杨秀平．基于 DIAHP 的旅游环境容量分析及相关对策研究［J］．生态与农村环境学报，2008（1）：20-23+28.

［253］周庆，李立雄，欧阳志勤．原始部落翁丁古寨旅游环境承载力研究［J］．中国人口·资源与环境，2017，27（S1）：254-257.

［254］骆晓庆，张伟峰，黄洁．青木川古镇旅游环境容量测算及分析［J］．湖北农业科学，2018，57（15）：110-114.

［255］李金海．区域生态承载力与可持续发展［J］．中国人口·资源与环境，2001，11（3）：78-80.

［256］Lawson S, Manning R, Valliere W, et al.（2003）. Proactive monitoring and adaptive management of social carrying capacity in Arches National Park：An application of computer simulation modeling. Journal of Environmental Management, 68（3）, 305-313.

［257］彭礼红．基于系统动力学的旅游环境承载力研究——以南岭国家森林公园为例［D］．南京师范大学，2008.

［258］Wagar J A（1966）. Quality in outdoor recreation. Trends In Parks and Recreation, 3（3）, 9-12.

［259］Brown P, Driver B, McConnell C.（1978）. The Opportunity Spectrum Concept and Behavioral Information in Outdoor Recreation Resource Supply Inventories：Background and Application. Integrate Inventories of Renewable Natural Resources：Proceedings of the Workshop. USDA-Forest Service General Technical Report.

［260］冯丽萍．旅游经济学［M］．北京：北京大学出版社，2018．

［261］唐晓云．中国旅游经济增长因素的理论与实证研究［D］．天津大学，2007．

［262］左冰，保继刚．1992～2005年中国旅游业全要素生产率及省际差异［J］．地理学报，2008（4）：417-427．

［263］李仲广，宋慧林．中国旅游业增长的要素贡献率［J］．辽宁工程技术大学学报（社会科学版），2008（2）：138-140．

［264］汤明信．旅游产业高级化对旅游经济增长的影响［J］．产业科技创新，2019，1（33）：46-48．

［265］邓祖涛．文化资本对旅游经济增长的非线性影响及其机制研究——基于面板门限回归模型分析［J］．湖北文理学院学报，2021，42（11）：5-12．

［266］孟政宇，周春波．文化与旅游产业融合对旅游经济增长的影响效应研究——基于58个旅游城市数据的检验［J］．生产力研究，2021（10）：74-78+86．

［267］Stankey G H, McCool S F, Stokes G L.（1984）．Limits of acceptable change：A new framework for managing the bob marshall wildness complex. Western Wildlands, 10（3），453-473．

［268］贾晗睿．我国国内旅游收入的影响因素分析［J］．经贸实践，2016（13）：50．

［269］吴媛媛，宋玉祥．中国旅游经济空间格局演变特征及其影响因素分析［J］．地理科学，2018，38（9）：1491-1498．

［270］刁祥飞，佟玉权．黑龙江县域旅游经济发展的主导因素及其空间分异［J］．现代经济信息，2018（3）：479-480+482．

［271］李燕．基于灰色关联度分析的北部湾海洋旅游业发展影响因素及对策研究［J］．西南师范大学学报（自然科学版），2019，44（1）：56-61．

［272］詹军．长江三角洲城市群旅游经济差异及影响因素研究［J］．

世界地理研究，2018，27（3）：120-130.

［273］郑竹欣．旅游经济增长的影响因素研究——基于西南民族地区3个省域面板数据［J］．湖北文理学院学报，2020，41（5）：26-29+67.

［274］伍玉琳，吴舒璇．江苏省旅游经济增长差异时空演变特征与影响因素研究［J］．经济研究导刊，2020（7）：153-158.

［275］郑伯铭，张宣，明庆忠．"一带一路"沿线省份旅游经济与碳排放脱钩态势及影响因素研究［J］．生态经济，2021，37（11）：136-143.

［276］何敏．信息技术对京津冀地区旅游经济增长的贡献度研究［D］．北京交通大学，2018.

［277］杨天英，等．不同旅游资源对区域旅游经济增长的影响研究［J］．生态经济，2017（6）：105-109.

［278］王阳阳．甘肃省旅游经济增长影响因素分析［D］．兰州财经大学，2018.

［279］李贝贝．新疆区域旅游经济增长的空间关联［D］．新疆大学，2018.

［280］武惠．旅游资源禀赋与旅游经济发展的空间错位研究［D］．华侨大学，2018.

［281］俞霞，赖启福．福建省旅游经济联系强度时空差异及动力分析［J］．福建农林大学学报（哲学社会科学版），2018，21（2）：80-86.

［282］魏岑琛．中国旅游创新与旅游经济增长的关系——基于索罗经济增长模型的新解释［J］．商业经济，2019（6）：65-66.

［283］汪晓文，陈垚．西北地区交通基础设施与旅游经济增长的交互影响研究——基于PVAR模型的实证分析［J］．兰州大学学报（社会科学版），2020，48（4）：31-38.

［284］安敏，王丽娜，何伟军．基于VAR模型的宜昌对外贸易、入境旅游与经济增长的实证研究［J］．三峡大学学报（人文社会科学版），2021，43（1）：68-74.

［285］Holling C S.（1973）. Resilience and stability of ecological systems. Annual Review of Ecology and Systematics，（4），1-23.

［286］Carpenter S，Walker B，Anderies J M，Abel N.（2001）. From metaphor to measurement：resilience of what to what? Ecosystems，4（8），765-781.

［287］杨庚，曹银贵，罗古拜，等. 生态系统恢复力评价研究进展［J］. 浙江农业科学，2019，60（3）：508-513.

［288］Davidson D J.（2010）. The applicability of the concept of resilience to social systems：some sources of optimism and nagging doubts. Society and Natural Resources，（23），1135-1149.

［289］刘东，徐磊，朱伟峰. 基于最优组合赋权和改进 TOPSIS 模型的区域农业水资源恢复力评价［J］. 东北农业大学学报，2019，50（6）：86-96.

［290］Walker B，Holling C S，Carpenter S R，et al.（2004）. Resilience，adaptability and transform ability in social-ecological systems. Ecology and Society，9（2），5-12.

［291］周晓芳. 社会—生态系统恢复力的测量方法综述［J］. 生态学报，2017，37（12）：4278-4288.

［292］Centre for Community Enterprise（CCE）.（2000）. The community resilience manual：A resource for rural recovery and renewal.

［293］Cutter S L，Barnes L，Berry M，Burton C，Evans E，Tate E，Webb J.（2008）. A place-based model for understanding community resilience to natural disasters. Global Environmental Change，（18），598-606.

［294］Lew A A.（2014）. Scale，change and resilience in community tourism planning. Tourism Geographies，（16），14-22.

［295］郭永锐，张捷. 社区恢复力研究进展及其地理学研究议题［J］. 地理科学进展，2015，34（1）：100-109.

［296］Joerin J，Shaw R，Takeuchi Y，et al.（2012）. Action-oriented resilience assessment of communities in Chennai, India. Environmental Hazards, 11 (3), 226-241.

[297] Peacock W G, Brody S D, Seitz W A, et al. (2010) . Advancing resilience of coastal localities: developing, implementing, and sustaining the use of coastal resilience indicators. Texas: Hazard Reduction and Recovery Center.

[298] Cohen O, Leykin D, Lahad M, et al. (2013) . The conjoint community resiliency assessment measure as a baseline for profiling and predicting community resilience for emergencies. Technological Forecasting and Social Change, 80 (9), 1732-1741.

[299] Kulig J C, Edge D S, Townshend I, et al. (2013) . Community resiliency: emerging theoretical insights. Journal of Community Psychology, 41 (6), 758-775.

[300] Nystrom M, Folke C, Moberg F. (2000) . Coral reef disturbance and resilience in a human-dominated environment. Trends in Ecology & Evolution, 15 (10), 413-417.

[301] Cochrane, J. (2010) . The sphere of tourism resilience. Tourism Recreation Research, 35 (2), 173-185.

[302] Luthe T, Wyss R, Schuckert M. (2012) . Network governance and regional resilience to climate change: empirical evidence from mountain tourism communities in the Swiss Gotthard region. Regional Environmental Change, 12 (4), 839-854.

[303] Adger W N. (2000) . Social and ecological resilience: are they related? Progress in Human Geography, 24 (3), 347-364.

[304] Ruiz-Ballesteros E. (2011) . Social-ecological resilience and community-based tourism: an approach from Agua Blanca, Ecuador. Tourism Management, 32 (3), 655-666.

[305] Zurlini G, Amadio V, Rossi O. (1995) . A landscape approach to biodiversity and biological health planning: The map of Italian nature. Ecosystem

Health，5（4），296-311.

［306］Lacitignola D，Petrosillo I，Cataldi M，et al.（2007）. Modelling socio-ecological tourism-based systems for sustainability. Ecological Modelling，206（1/2），191-204.

［307］王群，陆林，杨兴柱. 旅游地社会—生态子系统恢复力比较分析——以浙江省淳安县为例［J］. 旅游学刊，2016，31（2）：116-126.

［308］王群，陆林，杨兴柱. 千岛湖社会—生态系统恢复力测度与影响机理［J］. 地理学报，2015，70（5）：779-795.

［309］陈娅玲，杨新军. 西藏旅游社会—生态系统恢复力研究［J］. 西北大学学报（自然科学版），2012，42（5）：827-832.

［310］赵勇为. 气候变化背景下的旅游社区恢复力研究［D］. 湖南师范大学，2018：23-25.

［311］Calgaro E，Dominey-Howes D，Lloyd Kate.（2014）. Application of the Destination Sustainability Framework to explore the drivers of vulnerability and resilience in Thailand following the 2004 Indian Ocean Tsunami. Journal of Sustainable Tourism，22（3）：361-383.

［312］Susanne Becken，陈洁. 风险管理纳入可持续旅游研究［J］. 旅游学刊，2014，29（3）：4-6.

［313］陈娅玲，杨新军. 西藏旅游社会—生态系统恢复力研究［J］. 西北大学学报（自然科学版），2012，42（5）：827-832.

［314］高彬. 引入未确知测度方法的旅游地恢复力测度研究——以张家界市为例［D］. 浙江工业大学，2017：18-20.

［315］展亚荣，盖美. 滨海旅游地社会—生态系统恢复力测度及协调发展研究［J］. 地域研究与开发，2018，37（5）：158-164.

［316］王群，杨万明，朱跃，杨兴柱. 贫困区旅游地社会—生态系统恢复力时空分异研究——以安徽境内大别山区 12 个贫困县（市）为例［J］. 地理科学，2021，41（6）：1030-1038.

［317］Ma P，Ye G，Peng X，Liu J，Qi J，Jia S.（2017）. Development

of an index system for evaluation of ecological carrying capacity of marine ecosystems. Ocean & Coastal Management, (144), 23-30.

［318］刘敏. 遗产旅游地环境容量系统动力学研究——以颐和园为例 ［D］. 首都师范大学, 2009: 27-30.

［319］Guan D, Gao W, Su W, Li H, Hokao K. (2011). Modeling and dynamic assessment of urban economy-resource-environment system with a coupled system dynamics-geographic information system model. Ecological Indicators, 11 (5), 1333-1344.

［320］Yang Y, Fik T. (2014). Spatial effects in regional tourism growth. Annals of Tourism Research, (46), 144-162.

［321］Mai T, Smith C. (2018). Scenario-based planning for tourism development using system dynamic modelling: A case study of Cat Ba Island, Vietnam. Tourism Management, (68), 336-354.

［322］Nunkoo R, Gursoy D. (2012). Residents' support for tourism: An identity perspective. Annals of Tourism Research, 39 (1), 243-268.

［323］Solnet D J, Ford R C, Robinson R N, Ritchie B W, Olsen M. (2014). Modeling locational factors for tourism employment. Annals of Tourism Research, (45), 30-45.

［324］Bennett N, Lemelin R H, Koster R, Budke I. (2012). A capital assets framework for appraising and building capacity for tourism development in aboriginal protected area gateway communities. Tourism Management, 33 (4), 752-766.

［325］Imikan A M, Ekpo K J. (2012). Infrastructure and tourism development in Nigeria: A case study of rivers state. International Journal of Economic Development Research and Investment, 3 (2), 53-60.

［326］Chatziantoniou I, Filis G, Eeckels B, Apostolakis A. (2013). Oil prices, tourism income and economic growth: A structural VAR approach for European Mediterranean countries. Tourism Management, (36), 331-341.

［327］Aguiló E, Palmer T, Rosselló J. (2012). Road transport for tourism: evaluating policy measures from consumer profiles. Tourism Economics, 18 (2), 281-293.

［328］Nowak J J, Sahli M. (2007). Coastal tourism and "Dutch disease" in a small island economy. Tourism Economics, 13 (1), 49-65.

［329］Kurecic P, Kokotovic F. (2017). Examining the "natural resource curse" and the impact of various forms of capital in small tourism and natural resource-dependent economies. Economies, 5 (1), 6.

［330］Tugcu C T. (2014). Tourism and economic growth nexus revisited: A panel causality analysis for the case of the Mediterranean Region. Tourism Management, (42), 207-212.

［331］Jang Y C, Hong S, Lee J, Lee M J, Shim W J. (2014). Estimation of lost tourism revenue in Geoje Island from the 2011 marine debris pollution event in South Korea. Marine Pollution Bulletin, 81 (1), 49-54.

［332］Higgins-Desbiolles F. (2018). Sustainable tourism: Sustaining tourism or something more?. Tourism Management Perspectives, (25), 157-160.

［333］Cheung L T. (2013, November). Improving visitor management approaches for the changing preferences and behaviors of country park visitors in Hong Kong. In Natural resources forum, 37 (4), 231-241.

［334］贺晓敏. 现代旅游科技与创新体系研究［D］. 北京交通大学, 2010: 32-35.

后　记

　　本书从提出写作大纲直至出版，期间分工协作、资料收集、数据核查、集体讨论、内容优化，都离不开课题组成员的辛苦努力，课题组成员包括南昌大学旅游学院王佳博士和海南大学旅游学院曹开颖教授，以及南昌大学旅游学院在校硕士研究生，全书由王佳、曹开颖共同编写出版，由王佳负责全书框架搭建、内容撰写、统稿、修改和定稿，曹开颖负责数据分析与审稿工作。在本书写作过程中笔者所指导的学生钟观秀负责第一章、第二章内容的撰写，彭涵瑜负责第三章、第四章内容的撰写，余梦婷负责第五章、第六章内容的撰写，郭愈、赖金玉、易琦慧、游翌僖等做了相关数据资料更新、整理及文稿编辑工作。作为一种新的尝试，本书对于动态视角下旅游经济增长与旅游环境容量之间的关系如何、外在因素如何影响旅游环境容量的当前态势以及未来趋势、除游客核算外是否还有其他更有效的旅游环境容量测算方法等问题进行深入探讨，旨在分析旅游环境容量与旅游经济增长的作用机理，并提出促进旅游经济与环境协调发展的绿色、低碳的环保政策与高效的管理体系，为区域制定旅游经济可持续策略提供决策依据，同时为促进旅游协调发展、旅游产业转型升级提供参考。

　　在学术价值方面，一是将旅游环境容量理论融入旅游经济研究领域，建立针对不同城市、不同时间段的旅游环境容量动态评价模型，运用回归分析法探讨外部旅游环境容量要素对旅游经济增长的作用机理，合理解析旅游经济发展与旅游环境容量之间的非均衡发展特征及其主要影响因素，并探讨如何科学运用旅游环境容量调控手段来促进旅游经济增长。二是运用系统动力学方法建立包含旅游经济要素的旅游环境容量系统动力学动态测度模型，从时空角度对旅游环境容量进行仿真模拟，分析旅游经济增长和旅游环境容量的时空演化规律，从而得出旅游环境容量约束下旅游经济可持续增长的最优路径。

在应用价值方面，一是建立旅游经济影响要素与旅游环境容量各要素之间的因果关系，更为客观、科学、动态地表达旅游环境容量与旅游经济增长之间的作用机理，并能够进行基于现实数据的预测分析，以及不同调控模式方案下的比较分析，在以定性分析为主的环境容量调控中加入了定量分析，为区域制定旅游经济可持续策略提供决策依据。二是基于旅游超载、交通拥堵、环境污染问题阻碍旅游经济发展的现实关怀，将旅游环境容量作为促进旅游经济增长的重要手段，从时、空两个维度客观比较不同类型旅游城市在不同时间段的旅游环境容量和旅游经济增长差异，更为清晰地研究城市旅游经济增长规律，建立绿色、低碳的环保政策与高效的管理体系，形成旅游环境容量约束—旅游经济增长—政策响应管理的运行机制。因此，希望对旅游管理者和决策制定者具有利用和借鉴价值，对广大旅游者和读者具有参考和启示作用。

本书为 2016 年度国家社会科学基金项目的结题成果，感谢全国社会科学规划办公室在立项和研究过程中给予的大力支持、具体指导以及帮助。

本书完成得到了许多部门的大力支持。在此，向所有参与、支持、编撰本书的成员以及对本书做出贡献、给予支持、提供帮助的各位领导、专家和同仁致以衷心的感谢！

因学识水平和数据时效的限制，文中遗漏之处在所难免，恳请各位专家和读者批评指正！

王佳

2022 年 12 月于南昌